社会保障のイノベーション

The Proposition of the Social Security Innovation

中江 章浩

信山社

序　言

　　8万年ほど前、我々の先祖は、アフリカの大地溝帯をでて、世界に広がっていきました。旧人達や他の哺乳類・鳥類・昆虫などを生存競争で圧倒できた理由の一つは「家族」というものを作ったことです。すなわち、リスク分散と子育て・老後保障を家族と呼ばれる集団内で行って無駄の少ない再生産をし、学習と教育の過程で文化を効率的に蓄積・継承して、獲得形質を事実上遺伝させることに成功したからです。動物は葬式をしません。人間は、親をみとる最初の生物で、その結果、老後保障の必要性が生まれました。現在、社会保障費のかなりの部分を老後保障費が占めています。

　　もっぱら家族保障が主体であった社会保障の歴史は、19世紀後半のドイツにおいて鉄血宰相ビスマルクが社会政策として打ち出した社会保険の導入で大きな転機を迎えました。リスク分散のための保険という極めて資本主義的な仕組みを、リスクに関係なく収入の一定割合を保険料として本人と会社が半分ずつ負担（労使折半）するという極めて社会主義的な仕組みと融合させたのです。これにより民生を安定させたドイツは、生産力を増強させ、急速にイギリスに追いついていきました。

　　明治初期の岩倉欧米視察団は、結論としてドイツ型の仕組みを日本に取り入れることにしました。そこで、当時の内務省の官僚が、第一次世界大戦後の大正デモクラシーの風潮の中で1922年に日本にも**社会保険**を導入しました。さらに、1938年、激化する日中戦争の中で、農村の健康状況を改善し強い兵士を作ることを目的として、**国民健康保険**という地域保険を作りました。

　　第二次世界大戦敗戦後、経済発展に力を集中することにした日本は、1961年に全国民を保険に強制加入させる**国民皆保険**を達成しました。このようにして民政を安定させた日本は、世界第一の長寿国・世界第二の経済大国になったのです。大変な成果を上げたわけですが、そのための出費も大変なものでした。

　　現在、国が使える経費（一般歳出）の半分以上を社会保障費が占めています。この状態は、第二次世界大戦前に一般歳出の半分以上を軍事費が占めていたのと似ています。様々な支出が必要とされるのに一つの経費だけが全体の半分以上を占めてしまうことは、その仕組みが時代遅れになり、既にシステムとしては破綻していることを暗示しています。言わば昭和の軍部と平成の厚労省が類似した社会的位置づけになっているわけで、新しい発想による新しい仕組み（イノベーション）が求められていることを示しているのです。現在、政府による**社会保障改革**が繰り返し行われていますが、その内容は、結局、「国民の負担増＋無駄削減による給付減」だけでイノベーションが感じられません。

　　破綻の原因を突き詰めれば、所得再配分という福祉機能・リスクの分散という保険機能・個人の備えという貯蓄機能という三機能の区別が国民から見えないという「透明性の欠如」、国だけが社会保障を行うという「選択性の欠如」などによって社会変化に対応できないことであるはずなのに、その点にメスが入れられていないのです。

序言

　日本の歴史を顧みると、同じことの繰り返しが目立ちます。

　幕末の日本は、欧米の植民地になってもおかしくないくらいの状態でした。欧米列強諸国との軍事的・経済的な力の差は歴然としているのに、江戸幕府の対応は緩慢かつ場当たり的で、1866年の第二次長州征伐から国内は内乱状態に陥りました。そのどん底状態から明治維新を行い、欧米に追いつくために近代化を急速に推進し、ついに1905年には、有色人種で初めてロシアという白人の大帝国に勝利（日露戦争）しました。しかし、その勝利を頂点として日本は進むべき道を誤って帝国主義の道を突き進み、満州事変・日中戦争を経て世界を相手に戦争を始めてしまい、1945年に完敗（第二次世界大戦敗戦）してしまいました。その結果、日本全体が空襲などで焦土となり広島・長崎には原爆を投下され、国民生活はどん底に陥りました。

　その敗戦から立ち上がり、東京オリンピック・大阪万博を成功させ、高度成長を続けた結果、世界第二の経済大国になりました。Japan as No. 1という本まで出版され1985年にはプラザ合意が行われ、円高容認の中で日本の一人当たりのGDPは世界一になりました。しかし、これを頂点として、その後はバブル景気の狂乱の中で、日本は再び国の進路の方向性を見失い、少子高齢化の中で地盤沈下の時期を迎えています。

　近代日本史は、ジェットコースターのように栄枯盛衰が激しいものですが、その周期が奇しくも約40年なのです。しかも、下り坂になると、1930年代の「満蒙は日本の生命線」や日独伊三国同盟締結時における「バスに乗り遅れるな」というスローガンに象徴されるように、焦りと過度の同質社会性のため、その時点における様々な選択肢中の最悪のものに一気にのってしまい、衰退の速度を速めてしまうのです。先年の政治改革における小選挙区制の導入や現在の消費税率アップの議論には、同様の危険性を感じます。

　このように、日本近代史には**40年周期説**が成立するような実態があるのですが、これは単なる偶然ではなく日本人は、いつの時代も本質的には変われないことからくる必然だと思います。日本人の気質や行動パターンは、昔から大きな変化はないため、身をもって前回の失敗を体験した世代がいなくなるとともに、結局似たような経過をたどってしまうのです。そうすると、単純計算で今度は2025年ぐらいに、日本は再びどん底を迎えてしまうことになります。

　危機管理の世界では最悪の事態に備えよと言いますから、最悪の事態を予想してみます。それは、「少子高齢化の進行で経費増が進むのに、国債の金利が急騰し、利払いにも苦しむ。政治が安定せず経済力も衰え、国際収支が悪化して、世界的な食糧危機による食糧価格急騰の中で、充分な食糧輸入ができなくなり、治安も悪くなる。日本経済の実態を反映しない円高と電力不足の中で、企業が日本国外に拠点を移してしまうために国内雇用が激減し、そこに大地震がおこって首都圏も壊滅的な打撃を受け、日本国民の生活水準はOECD加盟国の平均以下になり、多くの日本人が国外に出稼ぎに行く。」というものです。

　前回のどん底は、米ソ冷戦の始まりで米国が日本を自国陣営に引き入れる必要があったこと、前々回のどん底は、英仏が中国・東南

アジア・インドの植民地化に精力を集中しており米国内では南北戦争が起こったこと、という偶然で日本は救われました。しかし、確率論から言ってもいつもこのように幸運が訪れるはずがありません。たとえ日本丸が沈没したとしても、日本人は生き続けていかなければならないわけですから、その方策を今から考えていく必要があります。

これまでの日本は四つの土台の上に立っていました。それは、①1955 年の保守合同によってできた自民党政治家による**利益再配分体制**、②1938 年の国家総動員法による戦争遂行のためにでき戦後も続いた**官僚主導体制**、③1955 年の GATT 加盟による資源・エネルギー・食料を安く輸入して国内で加工し製品として輸出する**加工貿易体制**、④1951 年の日米安保条約による米軍に基地を提供しながら米国の核の傘の下で軽武装する**安全保障体制**です。

この土台の上に立って、日本は敗戦の痛手から立ち直り、高度経済成長を成し遂げました。しかし、1989 年のベルリンの壁の崩壊が象徴しているように、これらの土台を支える基礎条件が変化したために機能しなくなり、「空白の 20 年」と呼ばれる日本の停滞が始まりました。

変化を切望する国民の声に押されて 2009 年に自民党から民主党に政権交代が起きました。しかし、結果は国民の期待を裏切るもので、多くの分野が自民党時代より悪くなり、「政治家も官僚もダメ、結局自分たちでやらなければならない」という社会的気分が広まりました。これは、政府に頼らないという中世的な気分の広がりということができ、これからの時代は、高度な技術はあるものの、中世的な時代にならざるを得ないと思います。それは、技術を最大限活用して無駄のない仕組みを作り、自分でできることはすべて自分で行うというものです。

社会保障の分野でいうと、人類史上最大の少子高齢化に対応するために、欧米という手本がない状態で情報技術を最大限活用して、国が独占的に制度を運営する仕組みをやめることでしょう。そこで本書では、その具体的内容についてまとめてみたいと思います

なお、本文編は帝京法学 27 巻 2 号の「社会保障改革に関する一考察」を加筆修正したものであり、資料編はインターネット上で見つけたものを作成者とできる限りコンタクトしながら、URL を明記して引用したものです。また、本書を世に出してくださった信山社社長袖山貴氏・稲葉文子氏など、本書に関係した各方面の方々のご尽力に、この場を借りて心からの感謝の意を表させていただきます。

目 次

社会保障のイノベーション
── The Proposition of the Social Security Innovation

目 次

序　言

1．改革方針は透明化・重点化・選択化……………………1
　（1）基礎条件の変化……………………………2
　（2）社会保障改革の方針………………………4

2．改革要点は個人口座と医療観光………………………7
　（1）基礎条件の変化……………………………8
　（2）共通番号制の威力…………………………10
　（3）成長の原資は医療観光……………………12
　（4）一周遅れの行政手法………………………13

3．国独占から通信・鉄道型へ（年金と消費税）………17
　（1）団塊世代年金の削減………………………18
　（2）所得保障部分の民営化……………………20
　（3）生活保護と基礎年金の合体………………22
　（4）モデルとすべきは私学共済………………24
　（5）消費増税より所得増税……………………25

4．節約医療費は自由に使える仕組みへ（医療保険）……29
　（1）通信・鉄道型への転換……………………30
　（2）社会保障個人口座で経費の透明化………31
　（3）安楽死の合法化……………………………32
　（4）誰もがかかる病気を別扱いに……………34

　（5）保険・貯蓄・福祉の分離…………………36

5．ピラミッド型からネットワーク型へ（医療供給）……39
　（1）伝染病対策システムからの脱皮…………40
　（2）会社立病院の活用…………………………41
　（3）点数表・薬価基準の廃止…………………43
　（4）医療観光の稼ぎを弱者医療へ……………45
　（5）薬害の背景…………………………………46
　（6）医学部定員大幅増＋医師免許更新制導入……49

6．雇用対策は同一労働同一賃金原則法定化……………53
　（1）官僚の行かないハローワーク……………54
　（2）企業福祉時代の終焉………………………55
　（3）非正規雇用激増の現実……………………56
　（4）同一労働同一賃金原則の法定化…………58
　（5）人材教育の制度的保障……………………60

7．少子化対策は中絶禁止と会社立保育所………………63
　（1）婚外子の活用………………………………64
　（2）会社の活用…………………………………65
　（3）移民の活用…………………………………68

8．官僚改革は給与の国債支給……………………………71
　（1）官僚不信の背景……………………………72

（2）国を滅ぼした組織の共通点……………………74
　（3）スト権付与によるリストラ……………………76
　（4）幹部給与の国債支給……………………………77
　（5）人事情報のインターネット公表………………79
　（6）任期制の導入……………………………………80
　（7）民間企業の新規参入によるリストラ…………81
　（8）政治家と官僚の役割分担………………………83

9．外国から考える社会保障の将来（外国社会保障）……87
　Ⅰ　米国：皆保険反対の真意…………………………88
　（1）自己責任を基本とする仕組み…………………88
　（2）財政健全化法による債務削減…………………89
　Ⅱ　中国：持続性の秘訣………………………………90
　（1）和諧社会と社会保障個人口座…………………90
　（2）多様性を包含する独裁制度……………………93
　（3）手段としての共産主義…………………………94
　Ⅲ　ラ米：自由主義の終着点…………………………97
　（1）地球時代の先取り………………………………97
　（2）自由主義とは家族主義…………………………98

10．日本の運命を決める三策…………………………103
　（1）日本のとるべき今後の政策……………………104
　（2）消費税の増税……………………………………104
　（3）新しい仕組み……………………………………105
　（4）三つの施策………………………………………105

11．資　　料……………………………………………107

資料／目次

1．財　　政……………………………………………108
　図1　GDP名目の国別比較（108）／図2　累積債務残高の国別比較（108）／図3　政策金利の国別比較（108）／図4　対円為替レートの推移（108）／図5　世界の主な広域経済連携（109）／図6　日経平均株価の推移（109）／図7　国債発行額の推移（109）／図8　国債残高の推移（109）／図9　国債依存度の推移（110）／図10　国債金利の推移（110）／図11　国民負担率の推移（110）／図12　財政赤字を含む国民負担率構造の推移（110）／図13　国民負担率構造の国別比較（111）／図14　国民負担率構造の欧米との比較（111）／図15　国税・地方税の内訳（111）／図16　歳入構造の国別比較（111）／図17　租税負担率の国別比較（112）／図18　国と地方の歳入構造の国別比較（112）／図19　一般会計歳入歳出内訳2011年度（112）／図20　一般会計＋特別会計歳入純計226.7兆円　2010年度予算（112）／図21　一般会計＋特別会計歳出純計215.1兆円　2010年度（113）／図22　一般会計歳出内訳の推移（113）／図23　特別会計を含めた歳出の内訳2011年度（113）／図24　企業会計ベースで見た一般会計の財政規模（平成20年度決算ベース）（113）／図25　企業会計ベースで見た国全体（一般会計＋特別会計）の財政規模（平成20年度決算ベース）（114）／図26　特別会計の内訳2008年度（114）／図27　特別会計の積立金（114）／図28　特別会計の純計額（114）／図29　特別会計の国債・年金部分以外の内訳2010年度（115）／図30　特別会計歳出総額の推移（115）／図31　特別会計の国債・年金以外の推移（115）／図32　特別会計の数の推移（115）／図33　ライフサイクルで見た社会サービスの給付と負担（116）／図34　社会保障給付費の推移（116）／図35　社会保障給付構造の推移（116）／図36　社会保障給付費構造の国別比較（116）／図37　留学生数の国別推移（117）

2．社会保障個人口座…………………………………117
　図38　シンガポールの社会保障個人口座（CPF）（117）／図39　シンガポールの社会保障個人口座（CPF）の積立方法（117）／図40　共通番号制と所得把握（117）／図41　共通番号制度の設計（118）／図42　オーストリアの共通番号活用法（118）

目　次

3．年金保険 …… 118

図43　年金の仕組（118）／図44　社会保障制度の概要（118）／図45　年金受給者数増加の実態（119）／図46　年金の所得代替率（119）／図47　社会保障の世代間格差（119）／図48　国民年金被保険者の職業（119）／図49　国民年金保険料未納者の推移（120）／図50　国民年金保険料の年齢別納付率（120）／図51　高齢者人口増加の実態（120）／図52　年金積立金運用の仕組（120）／図53　年金積立金運用の基本ポートフォリオで定める資産構成割合（121）／図54　年金積立金の運用利回り（121）／図55　年金積立金の運用実績（121）／図56　年金基金ポートフォリオの国別比較（121）／図57　年金基金資産規模の国別比較（122）／図58　企業年金基金の仕組（122）／図59　企業年金基金の減少状況（122）／図60　国民年金基金加入者の減少状況（122）／図61　国民年金基金加入者の年齢（123）／図62　生活保護世帯数と保護率の推移（123）／図63　生活保護給付水準の推移（123）／図64　生活保護率の県別比較（123）／図65　生活保護に陥った原因の推移（124）／図66　地方公務員共済組合被保険者数の推移（124）／図67　地方公務員共済組合の収支（124）／図68　国家公務員共済年金の財政状況（124）／図69　在職老齢年金の仕組　64歳まで（125）／図70　在職老齢年金の仕組　65歳から（125）／図71　103万円・130万円の壁による世帯所得減（125）／図72　パート労働者の保険料（125）／図73　パート労働者の年金（126）／図74　パート労働者の税金（126）／図75　配偶者特別控除の仕組（126）／図76　日本の事業所数と従業者数の推移（126）／図77　国税収入の推移（127）／図78　所得実効税率の給与収入国別比較（2011年7月現在）（127）／図79　所得実効税率の納税者数国別比較（127）／図80　所得税率別負担者割合（127）／図81　法人実効税率の国別比較（2011年7月現在）（128）／図82　法人税課税事務所数と赤字法人数の推移（128）／図83　社会保険料事業主負担の国別比較（対国民所得比）（128）／図84　消費税の仕組の変化（128）／図85　付加価値税率の国別比較（129）

4．医療保険 …… 129

図86　保険診療の概念図（129）／図87　医療保険各制度の加入者数（129）／図88　医療保険各制度の財政規模（129）／図89　後期高齢者医療制度の財源（130）／図90　退職者医療制度（130）／図91　国民健康保険の財源（130）／図92　高額療養費制度（130）／図93　介護保険の仕組（131）／図94　国民医療費の構造（131）／図95　死亡場所の推移（131）／図96　高齢者向け住宅・施設数（131）／図97　サービス付き高齢者向け住宅の位置づけ（132）／図98　医療費の年齢別比較（132）／図99　老人と若者の医療費の比較（132）／図100　これまでの老人医療費（132）／図101　これからの老人医療費（133）／図102　これまでの介護保険財政（133）／図103　医療費GDP比率と高齢化率の各国比較（133）／図104　高齢者医療の歩み（133）／図105　高齢者医療の4つの解決案（134）／図106　老人保健制度の問題点と後期高齢者医療制度（134）

5．医療医学 …… 134

図107　医療提供体制と医療保険（134）／図108　医療法改正の歴史（134）／図109　医療従事者に関する法律（135）／図110　医療法人の設立・運営・課税（135）／図111　医療法人の内部機関（135）／図112　医療法人の形態（135）／図113　医療福祉と建設製造業の就業者数の推移（136）／図114　医療福祉就業者数の内訳（136）／図115　介護職員数の推移（136）／図116　医療福祉労働者賃金の県別比較（136）／図117　失業率と介護分野求人率（137）／図118　介護労働者求人倍率の県別比較（137）／図119　介護労働者の就業形態（137）／図120　介護職員の離職率（137）／図121　国保保険料滞納世帯数の推移（138）／図122　医薬品の治験・承認プロセス（138）／図123　薬価差の推移（138）／図124　薬剤費と薬剤比率の推移（138）／図125　既医薬品の薬価算定方式（139）／図126　新医薬品の薬価算定方式（139）／図127　新医薬品の薬価算定プロセス（139）／図128　医薬品副作用救済件数の推移（139）／図129　医学部入学定員の推移（140）／図130　医療機関の職種別従事者数（140）／図131　医療従事者数の国別比較（2008年）（140）／図132　人口当たり病床数の国別比較（140）／図133　人口1,000人当たり臨床医数の国別比較（2008年）（141）／図134　在院日数の国別推移（141）／図135　医師数・病床数の県別比較（141）／図136　医師数県別地図（平成20年）（141）／図137　病院・診療所数の推移（142）／図138　病床数の種類別推移（142）／図139　医師数の診療科別推移（平成10年を1.0とした場合）（142）／図140　分娩取扱い施設の推移（142）／図141　産婦人科・産科医数の推移（143）／図142　臨床研修制度の概要（143）／図143　自殺率の国別推移（143）／図144　死因の推移（143）／図145　生存曲線の推移（女性）（144）／図146　死因の年齢別推移（144）／図147　癌相対危険度（野菜摂取・喫煙）（144）／図148　細胞の構造（144）／図149　体の前面（144）／図150　体の後面（145）／図151　全身の骨格（145）／図152　全身の筋肉（145）／図153　全身の神経（146）

6．雇用対策 …… 146

図 154 非正規社員比率の推移（146）／図 155 非正規社員内訳の推移（146）／図 156 非正規社員常雇分の推移（146）／図 157 会社規模別正社員非正規社員割合（147）／図 158 雇用形態別年齢別賃金の推移（時給ベース）（147）／図 159 雇用形態別年間所得の分布（147）／図 160 雇用形態別婚姻率の分布（147）／図 161 正規・非正規社員別継続就業期間（148）／図 162 女性年齢別就業率の国別比較（148）／図 163 正規非正規社員割合の性別推移（148）／図 164 正規非正規社員割合の年齢別推移（148）／図 165 高齢者就業率の国別比較2008年7月（149）

7. 少子化対策 ……………………………………………… 149

図 166 保育所入所の仕組（149）／図 167 出生率と女性労働力率の関係（149）／図 168 出産希望の強さに関する国別比較（149）／図 169 離婚率の国別比較（150）／図 170 平均寿命の国別推移（150）／図 171 人口の推移（150）／図 172 人口ピラミッド（150）／図 173 80歳以上人口の男女差（151）／図 174 人口ピラミッドの推移（151）／図 175 将来推計人口（151）／図 176 出生率の国別推移（151）／図 177 国別出生率地図2005－2010平均（152）／図 178 国別人口増加率地図2005－2010平均（152）／図 179 合計特殊出生率の県別比較地図（152）／図 180 出生数と出生率の推移（152）／図 181 出生率の年齢階級別推移（153）／図 182 出生数の母親年齢別推移（153）／図 183 婚外子割合の国別推移（153）／図 184 未婚率の年齢別推移（153）／図 185 婚姻率と離婚率の推移（154）／図 186 子供向け公的支出と出生率の関係（154）／図 187 子供向け公的支出と出生率の国別推移（154）／図 188 離婚率の国別推移（154）／図 189 保育所数の推移（155）

8. 公務員改革 ……………………………………………… 155

図 190 ペストフのトライアングル（155）／図 191 政府支出GDP比の国別比較（155）／図 192 財政規模と公務員数の関係（155）／図 193 労働人口に占める公務員割合の国別比較（156）／図 194 人口千人当たりの公的部門における職員数の国別比較（156）／図 195 省庁再編以降の国の行政組織職員数の推移（156）／図 196 地方公務員の団体別内訳（156）／図 197 地方公務員の職種別内訳（157）／図 198 都道府県職員の職種別内訳（157）／図 199 市町村職員の職種別内訳（157）／図 200 国家公務員の出身大学（157）

9. 外国から考える社会保障の将来（外国社会保障） ………… 158

図 201 米国の年金制度（158）／図 202 米国におけるマネジドケア保険（158）／図 203 米国歳出歳入内訳（158）／図 204 米国連邦財政赤字の推移（158）／図 205 米国債引受先の推移（158）／図 206 ドイツの年金制度（159）／図 207 スウェーデンの年金制度（159）／図 208 世界のGDPに占める国・地域別シェアの推移（159）／図 209 中国の経済成長（160）／図 210 中国の経常収支（160）／図 211 中国社会保障の歴史（160）／図 212 中国新社会保険制度の概要（160）／図 213 中国の年金と医療（161）／図 214 中国社会保険制度別カバー人口 単位：万人（161）／図 215 中国共産党のピラミッド構造（161）／図 216 中国国家機構構成図（161）／図 217 社会保障協定の締結状況（162）／図 218 ブラジルのインフレ終息状況（162）／図 219 ブラジルの貿易収支（162）／図 220 ブラジルの対外債務（162）／図 221 ブラジルのインフレターゲット（163）

10. 日本の三策 ……………………………………………… 163

図 222 消費税増税分の使い道（163）

1　改革方針は透明化・重点化・選択化

(1) 基礎条件の変化
(2) 社会保障改革の方針

社会保障のイノベーション

1 改革方針は透明化・重点化・選択化

> 情報革命の進展によって社会全体がパラダイムチェンジを求められている現在、国が独占的に行ってきた社会保障も情報技術を使って多数の主体が競争し合う仕組みにしなければ、少子高齢化の荒波を乗り切っていけません。

（1） 基礎条件の変化

日本社会を支える基礎条件が、大きく変化しています。まず、具体的な現象として外から見え易いものとして3つのものがあると思います。

(i) まず、官僚機関車時代の終焉です。

1853年にペリーが浦賀に来航して以来、日本社会は、如何に早く欧米社会に追いつくかという近代化のための努力を、東京に権限・予算・人材を集中することにより続けてきました。特に、1940年ごろに完成した国家総動員体制と呼ばれる、戦争を遂行するために官僚機構が社会全体を仕切っていくという仕組みが戦後も残り、高度成長期の成功体験と結びついて、官僚神話を生み出しました。歴史の試練を乗り越えた正解が既に欧米社会に存在するので、これに向かって、いかに早く進むかが、これまでの日本社会の共通課題でした。正解のある問題に対して、早く正確に答を出す作業は、官僚機構の得意とするもので、実際、その期待に応え得る実績をあげてきました。ここに、官僚機構が社会の機関車として位置づけられ、天下りなどの特権的な地位が与えられる根拠がありました。

特に、社会保障については、市場ではなく、全面的に官僚機構が差配するという仕組みが作られてきました。しかし、キャッチアップ時代の終わりとともに、官僚機構の神通力が消え、逆に中立性の裏返しである形式主義の弊害などが目立つようになってきました。

たとえば、会議をしていれば、義務を果たしているので、給料をもらう権利があるというような、付加価値を無視した考え方が、官僚機構から伝染して、社会全体を覆うようになり、日本の国際競争力を大きく低下させました。しかも、霞が関による自治体支配が徹底され、ひも付き補助金に象徴される使いにくい資金構造と国に全てをお任せする自ら考えない地方マインドを作りだしてしまいました。秦の始皇帝の時代には既に強固な官僚機構があったように、社会がある限り、官僚機構は永遠です。特に日本の場合は、明治前期に大久保利通が初代内務卿として官僚主導で近代化を進める路線が大成功したため、官僚神話が出来上がってしまいました。

しかし、時代によって、その位置づけの強弱を変えるべきで、本来なら、キャッチアップ時代が終わった1990年代には官僚機関車時代の終焉にあった仕組みの変更が必要だったわけですから、現在は遅ればせながら、官僚機構の力を弱めるべき時期であると思われます。

(ii) 次に、国債発行困難時代の到来です。2011年の東日本大震災により、その復興資金まで考えると、国債などの公的債務累積額が個人資産総額を突破すると考えられます。これまでは、国債を発行しても、日本国内で買うのであるから、国が国民から借金するだけなので、大きな問題はないと言われてきました。仮にその通りだとしても、今後は、国民の貯金という裏付けのない借金ということ

になりますから、国債発行にブレーキがかかることになるでしょう。

しかし、だから、ここで消費税率を上げるべきであるということにはならないと思います。なぜなら、公的債務がここまで膨張してしまったのは、社会保障の無責任体質・公共事業に頼る景気回復策・官に頼る資産バブル崩壊対策などに原因があるからです。この体質を変えない限り、消費税率を永久に上げ続けることになってしまいます。

特に、東日本大震災復興についての政府の迷走により、政府に対する国民の信頼が大きく傷つきました。政府は頼りにならないから自分たちでやるしかないという「中世」的な気分が大きくなってきたわけです。増税に対する国民の反発が強いのも、結局自分たちでやるしかないのだから、そのために資金を自分達のところにおいておくことが必要であるという判断に基づくものです。無駄な政府支出を減らすためには、癌細胞を死滅させるには癌細胞への栄養補給を絶つ方法しかないように、政府収入を増やしてはいけないという考えが国民の間に広まっています。

(ⅲ) 最後に、食料・資源・エネルギー価格の上昇です。中国・インド・ブラジル・ロシア（BRICs）に代表される新興国民の生活レベルが、急速に先進国民に追いついてきたため、食料・資源の消費が急増し、その価格が高騰しています。しかも、2011年には、Facebookなどのソーシャル・ネットワーキング・サービスと呼ばれる情報伝達手段の大衆化により、アラブ産油地帯で民主化運動が高揚し（ジャスミン革命）、独裁政権を次々と打倒しましたが、これも原油価格の上昇につながりました。今後は、安い一次産品をふんだんに使うビジネスモデルは崩壊すると思われ、東日本大震災による計画停電は、一時的な事象ではなく、新時代の始まりを知らせるシグナルと見るべきでしょう。加工貿易立国の日本にとっては、これからは向い風の時代です。

食料自給率が低いことも、日本にとっては重荷になります。食料資源価格上昇・相対的な技術力低下・円高で日本企業の国際競争力は相対的に低下せざるを得ず、貿易収支が赤字になることも考えなければなりません。

このような環境変化の背景には、3つの歴史的変化があると思われます。

①まず、情報革命の進展です。農業革命は定住化を促し、社会の階層分化が起こりました。産業革命は工業製品の生産性アップと都市化を推し進め、商品生産量が急増しました。情報革命は、効率的な情報伝達を支える技術的基盤をつくり、社会のネットワーク化・中抜きと価値多様化が進展するでしょう。

②次は、低成長時代の到来です。第2次世界大戦後の高度成長時期は人類史上特異な時期で、人類社会の平均的な経済成長はずっと低いものでした。今後も、宇宙版大航海時代の到来までは、高技術中世とでもいうべき「定常社会」が続くものと思われます。ただ、アジア諸国成長の取込みに成功すれば、日本も、当面、ある程度の成長が可能でしょう。

③最後は、少子化傾向の継続です。明治以来の高い人口増加率は、日本史の中でも特異な時期で、人類社会の平均的な人口増加率はずっと低いものでした。自己実現と個人主義の要請の中で、少子化

傾向には、政策では変えられない部分が大きいと思われます。

（２） 社会保障改革の方針

このような基礎条件の変化に伴い、社会保障制度も変化しなければなりません。しかし、平時に変化することは、容易ではありません。しかも、他の分野と違って、少子高齢化の最先端を行く日本には、手本がありません。先行する社会を研究して答を見つける従来の、特に官僚機構が得意とする手法は使えないのです。自分で考えて、答を自ら作り出さなければならないのです。変化する契機になるのは増税でしょう。増税の機会をとらえて、仕組みの変更に踏み切らなければなりません。それでは、どのような仕組みの変更を行えばよいのでありましょうか。それは、近年急速に発達した情報技術を使って、今までの官主体の仕組をやめることだと思います。

具体的には、選択化・透明化・重点化の３つの点から、現在の制度を根本から改めることです。

①　まず、選択化ですが、これは、競争がないところには進歩がありませんから、社会保険における役所の独占体制をやめて、NPOや民間会社も保険者になれるようにすることです。強制加入にすることは現行のままですが、加入先を自分で選べる「学校型」にするわけです。特に、1940年ごろに完成した国家総動員体制と呼ばれる、戦争を遂行するために官僚機構が社会全体を仕切っていくという仕組みが、社会保障分野では色濃く残っており、成熟社会における社会保障制度の構造的赤字の原因になっています。

②　次の透明化は、負担・支出・官僚手数料などの内訳明細が、個人単位で誕生から死亡まで明確になる社会保障個人口座をつくることです。

たとえば、単に支出といっても、所得再配分をする福祉部分・リスクを分散する保険部分・本人の老後のための貯蓄部分・仕組を維持するための官僚手数料部分など様々な要素がありますが、現在は、その区別が見えにくく無駄が生まれやすいのです。何よりも、個人単位の収支が分からないので、レベルアップために各人が知恵を絞る余地がないことが致命的な欠陥です。また、病気・介護が必要になる確率、すなわち保険事故発生率は、個人ごとに違うはずですが、現在は、福祉原理を貫徹し、完全に一律という仕組みにしています。しかし、今後は、福祉部分の保障をしっかり確保したうえで、実際の保険事故発生率に基づいた保険料率にすべきです。

③　最後に、重点化ですが、これは、選択化・透明化の成果を具体的な形にするということです。すなわち、給付の優先順位をつけ、全体をスリムにして、弱者保護と既得権保護をはっきり分けることです。そして、生活保護以外の所得保障から撤退して、国が行う社会保障は医療保障だけに限ることです。現在のままですと、制度全体が崩壊し、弱者に最もしわ寄せがいくことになってしまいます。そうならないために、風邪・腹いたなどの軽微医療を保険から外す代わりに、窓口負担・保険料減額やその地域の産婦人科を維持することなどを、各人が選ぶことができるような仕組みにする必要があります。

（2） 社会保障改革の方針

　以上の3つの対策をまとめると、情報技術の活用により、官主体の仕組の是正、すなわち、お上に全てをお任せするという「パターナリズム」の是正といえましょう。国民共通番号制による中抜き・総合化を行うことにより、無駄を排除し、制度の崩壊を救うということです。

　たとえば、情報技術の活用によって、ネットによる申請ができれば、そのための人件費を節約でき、「窓口職員の仕事」を省略することができます。そうすれば、省略できた「窓口職員の仕事」を、「制度救済から漏れてしまった弱者を、職員の方から出向いて救済する仕事」に振り替えることができます。

　また、情報技術の活用によって、制度の一元化を容易に行うことができるはずです。社会保険は、社会的なリスクを分散するために、経済力の強いところから、保険集団を作ってきましたが、そのために、制度が複雑になり、職場ごとに作った職域保険が林立し、残った部分を市町村ごとにまとめた地域保険ですくい上げるという仕組みになってしまいました。

　震災による電力不足に直面して、東日本と西日本で電力の周波数が違うことに気づき、明治初期に電力供給体制を作ったときにはやむを得なかったとしても、もっと早く東西の周波数を統一しておかなかったことと社会保険も同様の状況にあります。

　歴史的な産物にすぎないはずの職域保険と地域保険の差をなくし、制度を早く統一しなければなりません。

2　改革要点は個人口座と医療観光

(1) 基礎条件の変化
(2) 共通番号制の威力
(3) 成長の原資は医療観光
(4) 一周遅れの行政手法

2 改革要点は個人口座と医療観光

> 社会保障イノベーションの中核部分は、社会保障個人口座と共通番号制によって社会保障給付費の使い方に個人の創意工夫を取り入れるとともに、医療観光などの社会保障分野での技術によって社会保障の費用を稼ぎだす仕組みを作ることです。

（1） 基礎条件の変化

　社会の仕組みが時代遅れになり、社会に閉塞感が充満しているときに一つの制度を変えることによって、社会全体が大きく変わることがあります。明治維新の際に廃藩置県、戦後改革の際の農地解放などが、そのよい例でしょう。何万トンという水を堰き止める巨大な堤防も一つの要の石を取り除くことで決壊しますが、現在の要の石は、社会保障個人口座だと思います。現在の日本社会では、税金・社会保険料など様々な拠出を求められますが、負担と給付の全体像が曖昧で、天下りなどの中間搾取が横行するように見えるため、政府に対する不信感が増大し、その結果、必要な増税も受け入れることができません。増税の代わりに公債で費用を賄うため、公的借金が、1千兆円に迫り、社会保障の改革が、国政上の急務になっています。

　しかし、議論されている対策は、結局のところ、給付削減＋負担増に尽きると言ってもよいでしょう。これでは、能がないと言わざるを得ません。最大の問題は、「個人レベルで無駄を無くすべく、各人が創意工夫して決定できる仕組み」が、社会保障制度に組み込まれていないことです。電力改革でも、スマートメーターに象徴される電気を国民各自が管理できる仕組みが注目されています。自分が、どのくらい負担し、どのくらい給付を受けているかということが、個人単位で、はっきりしません。そして、赤字を減らすために、個人レベルで、工夫するということができません。

　たとえば、医療で考えてみると、医療情報の普及が、不十分なため、国民にとっては「病院に行くか行かないかの選択肢」しかありません。しかも、自分の払った保険料だけでは費用を賄いきれないということで、補助金が出ますが、この額は、使った医療費の一定割合という、定率補助ですから、病院に行けば、財政赤字も自動的に増加してしまいます。実際に、個人が、コストとして認識するのは、窓口負担ですから、実額費用よりはるかに少なく、給付内容についての評価が甘くなり、無駄をなくすための消費者側からの圧力が、さらに小さくなることになります。

　急速な高齢化で、医療費が増大するのは仕方がない、当然であるというところから、すべての議論が始まります。でも、本当にそうなのでしょうか。高齢化の波にのって、医学知識を国民全般が共有することができれば、かえって医療費を減らすことだってできるはずではないでしょうか。老人になれば、食べる量も減り活動量も減りますから、けがをしたり、ウィルスやバクテリアと接触する機会も、少なくなるはずです。だから、「ピンピンコロリ」に成功すれば、医療費が増えるとは限らないと思います。現に、健康な人だけ生き残るという面はあるにせよ、年齢上昇とともに受療率・1人当たり医療費双方が減少しています。とにかく、個人の利己心を、うまく取り入れた制度設計をすることがどうしても必要です。

（1）基礎条件の変化

　古代の四大文明は、エジプト・メソポタミア・インダス・黄河文明ですが、それぞれの地域の現在の社会とは、当時と現在の民族が違うことからわかるように、連続性が全くない社会です。ただ一つ黄河文明だけが現在の意社会との連続性を持っています。その理由が中華文明の持続性です。人間性の本質を見据えた社会の仕組を作ることに中華文明の強さがあります。きれいごとではなく、人間は利己心な塊であるという現実を見据えた制度を作っていることにから中華文明の持続力が出てくるのです。

　貧しい東南アジアの中で、一人当たり GDP で最初に日本を追い抜き、先進国並みの所得を誇るのが、華人国家シンガポールです。この経済的な成功は、初代首相、リークアンユーの力量によるところが大きいと思います。彼は、外交・内政の両面にわたって、卓抜な手腕を見せましたが、社会保障についても、他国の政治家と違った視点からの発言をしています。リークアンユーは、1970 年代から、「先進国の社会保障は、将来きっと破綻するであろう。なぜなら、彼らの制度には、相互の助け合いを言うのみで、個人の利己心が取り入れられていないからだ。」と発言しています。

　彼が作り上げたシンガポールの社会保障制度は、すべての国民が給料の何割かを国の CPF（Central Provident Fund、中央積立基金）という強制積立貯金制度に積み立てることを中核にしています。拠出金と呼ばれる原則的な積立額は、2011 年には従業員本人が給与の 20％、会社が 16％（経済状況によって政府が機動的に変動させる）で、年 2.5％を下回らない率で利子がつき全額非課税扱いです。実際は、従業員本人の年齢・給与額に基づいて、細かく規定されています。積立金は個人ごとに管理され、インターネットで常に残高を確認できます。CPF には 3 つの口座があり、使用目的が次の様に定められています。

1）Ordinary Account ―拠出金の 75％、住宅の購入、投資、子供の教育など
2）Special Account ―拠出金の 10％、老後の年金、緊急事態など
3）Medisave Account ――拠出金の 15％、本人およびその直系親族の入院費、医療保険など

　55 歳になると Special Account の最低必要額（Minimum Sum）と Medisave Account を残して全額引き出すことが出来ます。自分が積み立てた金を自分で使うのですから、大事に使うことになります。また、無駄遣いしないで、口座に残った金は、住宅建設など自分自身の他のことに使うことができますから、制度の効率が極めてよくなります。最後まで残った金は相続の対象にもなります。更に、命に関わるような大病など、高額な医療費が必要となる場合に備えるための保険機能を担うものとしてメディシールド（Medishield）があり、加入は任意です。保険料はメディセイブ基金から支払うことも可能です。また、生活困窮者の医療費を補助するための政府拠出による基金としてメディファンド（Medifund）があり、福祉機能を担っています。この基金の利子が公立病院や医療費の支払いができない患者に支給されるのです。

　現在の日本の社会保障制度の基本的な考えは、「世代と世代の助け合い」です。賦課方式とも言われるこの考え方は、麗しく素晴らしい理念ですが、人間性の本質を過大評価したものと言わざるを得

ません。現在の日本では、医療費をなるべく無駄にしないようにしようと思っても、どれだけ、医療費を使うかについて、本人は、病院に行くか行かないかの選択しかできません。病院に行くことを選んだ場合も、無駄なく安い病院かどうかについての情報は、ほとんどありません。その結果、医療保険を使わなくては損だということになって、医療費の増大が止まらないことになります。しかも、医療においては、情報の非対称性が大きいのです。すなわち、医師は、病気についてよく知っていますが、患者は、病気についてほとんど知らない状態にあります。診察している医師自身には、患者を治そうという教育は徹底的に受けますが、医療費の無駄をなるべくなくそうという教育は、ほとんど受けていません。その結果、医師は、様々な治療方法の中から、最も効果がある治療方法をコストを度外視しても選ぶことになりやすいのです。個人の利己心を制度にうまく取り入れていないという意味で、現在の日本の社会保険制度は底が抜けている状態にあると言えるでしょう。このような、底が抜けている状態を直して、人間性の原点に根差した制度に変えるための制度が社会保障個人口座です。

（2） 共通番号制の威力

しかし、その前提として、共通番号制が導入されなければなりません。これまでの、社会保障制度が、きわめて大雑把な負担と給付の仕組しか作ることができなかったのは、あまりに緻密な仕組が技術的に機能しないことが明らかだったからです。しかし、近年の情報技術の発達は、全国民の多様な行動を子細に追跡することが可能です。情報技術が、最も力を発揮するのは、サンプルの数が多くて、それが不規則な変化をする場合ですから、社会保障にこそ適した技術といえます。社会保障個人口座が、支出面での情報化であるとすれば、共通番号制は、収入面での情報化でしょう。人間は、本来、秘密が好きです。秘密があるから、頑張ろうというところがあり、秘密は活力の源泉という面すらあります。すべて、秘密を白日のもとに晒してしまうと、人間は働く意欲をなくしてしまうかもしれません。しかし、共通番号制の導入の利点は、そのようなデメリットを補って余りあります。

まず、不公平の是正ができます。所得の捕捉率は、源泉徴収されるサラリーマンが九割、自ら納税申告する自営業者は六割、農業者などは四割にとどまるとされます。これが、長く「クロヨン問題」（九・六・四）と言われてきた問題です。「クロヨン」と呼ばれる捕捉率の不公平が、所得税の公平に関する国民の信頼を大きく傷つけてきました。また、現在の消費税は、中小企業は事務負担軽減を理由にインボイス（送り状）を使わない簡易課税が認められ、事業主が益税を懐に入れる事例に事欠きません。公正さを欠く税制を正すだけで10兆円規模の税収増が見込めるとの指摘すらあります。これらの問題が、共通番号制の導入で、解決に向かって、大きく前進すると思います。

次に，公務員配置や仕事内容の無駄が随分なくせます。現在は、税務署の把握している情報を社会保障には原則として使わせないので、本人確認や所得の把握をもう一度行うという膨大なコストがかかります。2009年に麻生内閣の行なった定額給付金のときも、事

務処理に800億円もかかったと言われています。スウェーデンや韓国では、「税務、社会保障、住民登録、選挙、教育、兵役」のすべてを共通番号で管理するオールインワンの制度をとっています。

もし、更に幅広く「社会歴」全体に共通番号制の利用範囲を拡大し、個人の既往症やアレルギーなどの「医療情報」まで加えれば、利便性はぐっと高まるでしょう。各人のIDカードから、既往症やアレルギーの情報をすぐに引き出せるようになれば、医療現場でもより迅速な対応が可能になるはずです。そして、パスポートや運転免許証、健康保険証、厚生年金手帳、印鑑登録証、さらに医療情報や交通事故の履歴まで、すべての情報を一元化して、ICカードにして各人が持ち、バイオメトリクス（生体）認証を組み合わせれば、あらゆる行政上の手続きが自宅のパソコンでできるようになりますから、利便性は格段に向上します。

共通番号を活用すれば、選挙制度の電子化も一気に進められます。衆参の国政選挙であれ、市町村選挙であれ、電子投票できるようになり、ネットや携帯電話を活用して、自宅に居ながらにして、あるいは海外から投票できるようにもなるはずです。

1575年、織田信長は長篠の戦で、戦国最強の騎馬軍団と言われた甲州の武田軍を完膚なきまでに叩きのめしました。勝利の原因は鉄砲を活用したからだと言われています。しかし、鉄砲の威力は武田軍も十分承知していました。ところが、在地領主である領内の豪族から集めた農民兵主体の軍隊では、鉄砲の威力を十二分に発揮できる組織変革をすることができなかったのです。馬に乗った騎馬武者である在地領主に土地持ち農民が刀を持ってつき従い、土地なし農民が雑用をするという小部隊の連合体にすぎなかった武田軍からは、農村からあぶれた浮浪者を足軽として大量に集め、全員に高価な鉄砲を持たせて千人単位で3組に分け、鉄砲の一斉射撃を交代で間断なく行い続けるという発想は出てくるはずはありませんでした。

現在の政府部内における共通番号制の議論は、武田軍の鉄砲導入を巡る組織変革の議論に良く似ています。情報技術の表面的な利便性だけを使い、組織原理の変更を含む社会哲学全体を変えようとはしないため、その効果が極めて限定的です。そのために、コストに見合った利便性の向上が見られないので、国民の広範な支持を得ることができません。本来、共通番号制が確立すれば、公務員配置や仕事内容の無駄排除が大規模にできるはずですが、そこには手をつけたくない官僚機構が共通番号制の導入作業を行っているため、どうしても表面的な導入にならざるを得ないのです。

現在、世界で共通番号制の導入が最も遅れているのは日本とドイツですが、その原因は19世紀半ば以降に遅れて近代国家づくりの道を歩まなければならなかったために、上からの近代化をやらざるを得ず、官僚組織に大きな力を与えるという歴史的経験を持ったことにあります。

官僚機構は、社会の機関車として特権的な地位が与えられましたが、その挙句が世界を相手にした戦争に国民を引きずりこむことになってしまい、国家総動員法に代表される日独の強力な国家統制力の歴史の中で、国家が国民の情報を悪用するのではないかという共通番号への不信感が極めて強いのです。

濫用阻止の仕組みを作ることは簡単ではありません。そのために

2 改革要点は個人口座と医療観光

は、トポロジー的発想が必要な時期に来ているのではないでしょうか。丸も四角も三角も皆、同じに考えるという数学がトポロジーですが、情報管理も発想を変えてトポロジー的にすれば道が開けると思います。プライバシーの問題は、セキュリティ技術の発達した現在では、行政の把握している個人データが漏洩するリスクはきわめて小さく、それは共通番号制によって大きくなるわけでもありません。むしろ今までいい加減に管理されてきた基礎年金番号を住民票コードに移行して合理化すれば、「消えた年金」のような事故もなくなると思います。

しかし、とにかく、この仕組みは官民を区別せずに、広範囲に民間でも利用できなければ、意味がありません。少なくとも銀行口座開設や不動産購入に共通番号が必要になるようにしないと共通番号制導入のメリットが社会全体に浸透しません。ヤミ口座やアンダーグラウンドの土地取引は、結局、庶民の暮らしを圧迫します。ちょうど、国勢調査に代表される近代的な統計は、国だけでなく国勢図絵として長く国民に親しまれているような状態にしたことで、初めてその威力を発揮したようなものです。

明治の初め、国が始めた人口・経済・社会などの統計を民間も自由に使えるようにする必要性を訴えた矢野恒太が国勢図会を作りました。このことにより、初めて日本は工業社会に適した近代国家になったともいえるのです。したがって、共通番号が民間利用も含めて広く使えるようになって初めて、日本は情報社会に適した現代国家になったといえると思うのです。

年金・医療などの社会保障制度への不信の原因の一つは、これらの制度を役所だけが担っていて、自分たちが負担した保険料や税金などが、役所のいいように使われているということにあると思います。この不信感を解消するためには、共通番号制・社会保障個人口座の制度を作り、自分が出した金の使い方を透明化し、無駄を自分で省ける仕組みを作ることが必要です。この基準は、「民でできることは民で」という新自由主義的な考えと、将来の知恵を増やすための芽を育てるために、「ヒラの人を大事にする」という趣旨の、共同体主義的な考えを調和させるものでなければならないということになります。

（3） 成長の原資は医療観光

成長せずに、無駄削減ばかりを叫んでいれば、社会は窒息して縮小再生産の渦に巻き込まれてしまいます。明治維新の際は、紡績などの軽工業製品の輸出で、第二次大戦後は、傾斜生産方式により加工貿易立国戦略をいち早く復活させたことで日本は危機を脱しました。現在、大競争時代の到来の中で、もはや労働集約的な加工貿易立国戦略をとれない事は明らかですから「物づくりから知恵づくり」という知的財産立国戦略をとらねばなりません。その象徴が、再生医療技術などを駆使してアジアの富裕層を日本に呼び寄せて治療する医療観光でしょう。この利益を社会保障につぎ込まない限り、現在の少子高齢化に対応することはできません。

現在の社会保障の仕組みの根幹ができたのは、日本の高度成長期でした。1961年に国民皆保険・国民皆年金という大枠ができています。したがって、社会保障の仕組みは、日本企業の年功序列・終

身雇用という仕組みと同様、高度成長を前提に作られています。人類史的にみれば、1960年代の日本の成長は、きわめて、特殊な時代であったと言えます。したがって、特殊な時代状況を前提にした制度が、行き詰まるのは、ある意味で、当然です。人類史の平均成長率を前提にした制度設計をしなければ、持続可能性のある制度にはなりません。現在の社会保障制度の問題の本質は、現実を無視した高成長を前提にしたもので、妥当な成長を前提とした仕組みではなく、しかも、成長の原動力が組み込まれていないことにあります。

　どんな社会にも、矛盾があります。その矛盾が、表面化しないためには、その構成員に希望を与えなければなりません。希望があれば、人間は、かなりのことを我慢できるものです。古代・中世社会は、経済成長が、あまりない社会でした。そこで、宗教界の開祖たちは、あの世というものを作りだし、極楽浄土に生まれ変わるということで、人々に希望を与え、人倫を守らせる仕組を作りました。

　現代社会においては、現実の経済成長が、極楽浄土の代わりになっています。現職米国大統領の再選が危ぶまれるのは、経済の状況が悪く、若者やマイノリティーに職がない時だけです。満員の通勤列車でも、目的地に向かって快走しておれば、乗客は、騒ぎませんが、列車が、止まってしまうと、3分も持たずに、騒ぎだすそうです。この20年の日本の状況は、この満員の通勤列車に似ています。官僚の天下りなどの既得権は、これまでもずっと存在しましたが、国民が、特に不満を表さなかったのは、経済が順調に拡大していたためです。空白の20年といわれる現在は、目的地に向かって快走している列車が、急にとまってしまったようなもので、ここに様々な不満が一気に表面化した原因があるといえましょう。

　1980-90年代のブラジルは、ハイパーインフレに悩まされていました。しかし、当時のブラジルの経営者達は、「我々は、船に乗っているようなものである。水面（物価）が上がれば、船の喫水線（賃金）もあがる。水面が下がれば、船の喫水線もさがる。何もあわてることはない。」と豪語していました。人間は、不思議なもので、賃金が、倍になっても物価も倍になれば、買えるものは、同じですから、何も変わらないはずなのに、見かけの賃金が上がるだけで、何か気分がよくなり、将来に希望が持てます。

　インフレターゲット論というものがあります。これは、政府が、インフレ率の目標を決め、その範囲内になるように経済運営するというものです。情報社会は、生産性が極めて高くなる社会でありますから、物が豊富になりデフレになりやすいのです。金を持っているものは、金のまま持っている方が、財産を増えることになり、資金を投資して、チャレンジをしようという気になりません。既得権層が、現状に甘んじようという気になることが、デフレ社会の一番の問題点です。

　やはり、社会矛盾は、経済成長で吸収しなければなりません。成長するための原資を、今までの仕組みを根本から考え直すことで、生み出すことが必要で、現在の日本社会の最大の無駄は、社会保障それ自身の中にあるということを、もっと自覚するべきです。この無駄をあぶり出して、医療観光などを成長の原資にしなければなりません。

（4） 一周遅れの行政手法

「ああせい厚生省（こうせいしょう）」という言葉があります。

これは、「ああせい、こうせい」と指令を出し、霞が関の論理だけしか考えず、自治体の状況を無視して独善的にやらせるという行政手法を皮肉った言葉です。社会保障の様々な局面で、霞が関の計画案を無理やり自治体にやらせるというわけです。その背景になる哲学は、先進国に追いつくという発展途上国が、その国の人材・資金・権限を国の中央に集め、配電盤として、その国全体に普及してゆくという途上国型の手法が大事であるというものです。

ところが、成熟社会では、追いつくべき正解が誰にもわからないのですから、とにかくいろいろチャレンジしてみて、うまくいったものを残してゆくしかありません。組織論的にいえば、「ピラミッド型からネットワーク型へ」です。上意下達で、上から下へ流すというやり方では、うまくゆかないのです。実際には、このような権力型行政から、ソフトパワーを使った情報社会型の行政に転換することが、なかなかできません。これはなぜなのでしょうか。

社会保障を所管する厚生労働省は、明治維新の立役者、大久保利通卿が作った内務省から、分離した役所です。厚生省は、日華事変翌年の1938年に、兵士の体力増強を目的として、新しく作られました。内務省には、民を羊にみたて、自分たち官僚は羊飼いであるという「牧民官」という言葉があったそうです。官僚主導のDNAがとりわけ強いわけで、先進国に追いつく場合には、最適の仕組みを持っている組織です。

第二次世界大戦後の高度成長の中で、当時の大蔵省・通産省という経済官庁が、急速に力を伸ばし、その予算・許認可権・天下り先などが、大きく拡大していきました。その姿を、羨望のまなざしで見ていた厚生省も、高齢化の進展に伴い、社会保障対策の充実が叫ばれるようになり、その結果、予算・許認可権・天下り先などが、大きく拡大しました。そして、先行していた大蔵省・通産省の真似をしようとしたわけです。その姿は、あたかも、戦国時代、織田信長・豊臣秀吉を横目でにらみながら、天下とりレースに遅れて参加した、「遅れてきた青年」とでもいえる伊達政宗の姿を彷彿とさせます。

イギリス・フランスが先行して各地に植民地を建設し終わった後で、帝国主義レースに参加した日本が、イギリスの東インド会社を真似て、満鉄を作り、中国東北部の植民地化を推し進めた姿に似ているとも言えます。時代は既に、武力を使った露骨な帝国主義的な手法を取らずに、金融などを使った間接的な、より洗練された支配が主流になっていました。補助金や許認可権で社会を引っ張るのではなく、民間活力を活用するソフトパワーで行政を進める時期に来ていたのに、高度成長期の様な補助金や許認可権を使った権力行政に頼りすぎてしまったことに、今日の社会保障行政行き詰まりの原因があるように思います。

日本は、200近くある世界の国の中でも、きわめて特殊な国です。まず、陸の国境がありません。きわめて同質性が高い社会で、国民の運命共同体的な意識がとても強いのです。多くの国では、その国の政府が、ダメになると、その国を捨て、新天地で、新たな運命を

切り開こうと言う人が、必ず出てきます。しかし、日本では、そのような人はほとんどおらず、とにかく、この日本列島で、頑張るしかないと思っている人が、大多数です。外国で大事故が起きた場合、被害者の中に日本人がいないことが分かると、ニュースの扱いが、急に小さくなります。日本人は、結局、この4つの島で、未来永劫、一緒に住んでいくしかないという意識が、きわめて強いのです。そして、日本のいろいろな制度は、この共同体意識の上に立っています。

その典型例が、社会保障です。世代と世代の助け合いという考え方が登場してくる背景には、この共同体意識の強さがあると思われます。しかし、急速なグローバル化の中で、この意識に変化が見られてきました。また、この共同体意識の異常な強さが、日本社会の発展の足を引っ張ることにもなってきました。たとえば、日本の若者が、外国留学・外国勤務を嫌い、居心地の良い日本国内で、小さくまとまっていこうという気持ちを強く持ちはじめています。天然資源が少なく、人的資源しかない日本にとっては、国民各自が、自らの資質を高め、積極的に外に打って出る気概がなければ、これからの厳しい国際状況の中で、生き残っていくことができません。現在の内向きの共同体意識を拡大強化するような仕組みは、日本の将来を切り開くようには、思えません。

ロシアには、「神は天上におわし、皇帝は遠方におわす」という言葉があります。広大な国土・厳しい気候の中で、ロシアの国民は、権力を信じて、国造りに励んできました。ですから、この言葉は、ロシア民衆の権力に対する気持ちを象徴するような言葉といえましょう。

これに対して、日本は、世界でもまれに見るほど、本音で、平等意識が高い国民です。国民の知的レベル・教育水準が極めて高く、政治に対する理解も、深いものがあります。当然、政府に対する要求レベルも高くなることになります。日本のような国民性を持つ国では、政府に対する高度な信頼を前提とする制度は、限界があると思います。

「お上を無用にあがめない」という国民性は、民間病院と公立病院の競争条件が同じ（イコールフッティング）でないなどの合理性のない官尊民卑的な仕組みを許しません。救急医療・試験研究など特別な分野は、税金を十分に投入して支えることが必要ですが、一般の診療部分に、補助金・税制優遇などで官民の格差をつける根拠は全くありません。民間活力を医療に導入するためには、イコールフッティングの原則を貫徹しなければなりません。

最近の医学部入学定員・医師数の動向を見てみると、これまでの行政手法の限界を感じます。もともと、第二次世界大戦中の軍医を養成するための臨時医学専門学校を大量に廃止した後、戦後の高度成長の中で、1970年度から新設医大のラッシュが起こりました。そして、「一県一医大構想」の閣議決定により、1970年度から1981年度にかけて、国立17校、私立16校、合計33校が新設され、医学部総計80校の時代が始まりました。ところが、厚生省保険局長吉村仁の医療費亡国論一つの契機として、翌年の1982年から医学部入学定員の10％削減が必要とされ、定員は8280名から7625名に減らされたのです。しかし、いわゆる僻地医療・産科婦人科・小

2　改革要点は個人口座と医療観光

児科などの不足が、2004年の新臨床研修制度の発足から一挙に顕在化しました。そこで、医学部定員を再度増やし、更に医大新設を含めて医師養成の増強が叫ばれています。

　増やしたり減らしたりの目まぐるしさに目が回ります。確かに、必要な医師数を事前に正確に予測するのは難しいですし、政治の影響を色濃く受けることを避けることはできないにしても、あまりに一貫性のない医師養成政策と言わざるを得ません。ここにも、従来の行政手法の限界が感じられ、情報社会を踏まえた新しい行政手法の開発が望まれる理由があると思います。

3 国独占から通信・鉄道型へ（年金と消費税）

（1）団塊世代年金の削減
（2）所得保障部分の民営化
（3）生活保護と基礎年金の合体
（4）モデルとすべきは私学共済
（5）消費増税より所得増税

3 国独占から通信・鉄道型へ（年金と消費税）

> 通信・鉄道型に制度を組み替え、年金におけるクロネコヤマト・ソフトバンクを育てる必要があります。これと並行して、共通番号制度に基づく社会保障個人口座を作り、年金制度に対する国庫負担をなくし、団塊世代の高額年金を国債で支給して事実上減額することを骨子とする長期目標を示し、実現のための工程表を明らかにすることが必要です。

（1） 団塊世代年金の削減

　日本の年金制度は3階建てになっています。基礎年金と呼ばれ毎月1.7万円弱を40年間払えば月に6.6万円程もらえる1階部分、これに上乗せするために役所・会社という職場ごとに作られる共済年金・厚生年金の2階部分、および大企業が作る企業年金と呼ばれる3階部分です。このうち、1・2階部分は国が、企業年金は年金基金という公法人が運営しています。このような公的年金のほかに民間企業が提供する個人年金もあります。

　日本国民は皆、基礎年金に加入しなければならず、医療保険への強制加入と合わせて国民皆保険制度と呼ばれています。

　現在の年金制度をリスク分散の範囲である保険集団の視点で見ると、仕事場ごとに保険集団を作る職域保険である厚生年金・共済年金と、その網に漏れた人を住所地ごとに集めて保険集団を作る地域保険である国民年金に大別されます。そして、弱者集団とでもいうべき国民年金を財政的に救うため、制度を1階部分と2階部分に分けて、1985年に1階部分を全国民共通の基礎年金としたわけです。

上乗せの3階部分として、証券取引所の1部上場企業を中心に企業年金基金を作り、医師や弁護士の様な収入の高い自営業者を想定して国民年金の上乗せ年金として国民年金基金を作りました。

　この公的年金に対して若者は不信感を持ってしまっており、その根深さは老人世代の想像をはるかに超えています。その象徴が、年金未加入者の激増です。法律違反を覚悟の上で公的年金には加入せず、場合によれば民間の個人年金にだけ加入する若者が増えているのです。

　たしかに、制度全体からみればその数は少なく、保険料未納者は年金がもらえませんから公的年金財政収支には悪影響を及ぼさないわけです。しかし、年金未加入者激増の背景には年金制度の根幹を切り崩す病因が隠れており、これを治療しないと、今後の円滑な制度運営はできないでしょう。その際の決め手は、「現代社会最大の既得権は現在の老人の年金給付である」ことを正しく認識することです。支払いを約束した年金給付のうち年金保険料などの現行の収入では賄いきれない積立不足額は、現在、800兆円と言われています。賦課方式の年金には、積立不足はないという意見もありますが、ポイントは、この800兆円のために、若者が年金に対して不信感を持ってしまっているという事実があることです。少子化により、世代間で年金についての負担と給付の違いがあることは、否定できない事実です。

　特に問題なのは、1947年から1951年頃までのベビーブーム世代です。1945年に第二次世界大戦が終わり、平和な時代がやってきましたので、それまで出産を控えていた人々が一斉に子作りに励み

(1) 団塊世代年金の削減

ました。その結果、同級生が200万人を超える世代が続きました。現在の日本の出産数は年間約100万人ですから、その2倍以上のボリュームがあります。その当時でも、前後の世代を比べて数が圧倒的に多く、人口ピラミッドを作ってみると瘤のように膨らみましたから、「団塊の世代」と呼ばれています。これまで、老人が多額の年金をもらうのは、戦争で苦労した世代なのだから、優遇するのは当然であるからと言われてきました。しかし、団塊の世代は、戦後生まれ世代ですから、若者世代より優遇される理由はありません。むしろ、現代における最大の既得権は、団塊の世代の年金給付であるという現実を認めるべきです。団塊の世代は単純に考えると、20歳から60歳までの40年間に平均して給料の約10％の保険料を納めているだけなのに、60歳から平均寿命である83歳までの20年間以上、給料の約60％の年金をもらいます（所得代替率60％）。負担と給付は同じであるべきと考えるなら、保険料負担年数は年金を給付される年数の半分ですから、現役時代には、所得代替率60％の半分である30％の保険料を納めなければならなかったはずです。しかし、実際は、1970年代初頭には、年金保険料は5％程度しか納めていません。今後、日本の経済成長と積立金運用は、大きなものが期待できないとすれば、団塊世代が負担より多くの年金をもらう「つけ」は今の若者に回るわけです。これでは「団塊の世代はもらい過ぎ」と言われても仕方がありません。

蟻とキリギリスのイソップ童話があります。蟻は、暑い夏の間、汗水たらして働き、食糧を蓄えておきましたが、キリギリスは何も働かないで毎日歌を歌って遊んでばかりいました。冬になり、草木が枯れて食べ物がなくなると、キリギリスは本当に困ってしまいましたが、蟻は蓄えた食物を食べて幸福に暮しましたという物語です。この蟻のようになろうというのが、本来の年金制度であったはずですし、これこそが人間性の本来の姿に合致した制度であるはずです。この蟻型の仕組を積立方式と言います。ところが、歴代の政府は、給付額は大盤振る舞いするのに、それに見合う負担を求めることは厳しく行いませんでした。その結果、積立金を先食いしていき、積立方式はなし崩し的に賦課方式に変わっていってしまいました。

賦課方式とは、今年の年金を給付するために、今年、若者にその費用を割りつける（賦課する）という仕組みです。そして、これを「世代と世代の助け合い」という言葉で説明しました。先輩世代を支えることは大事なことではありますが、これまでの失政のつけをきれいな言葉で飾ったという印象は拭えません。もちろん、賦課方式はインフレなどの経済変動に強いという長所はあります。しかし、近年はデフレ基調の経済ですから、この長所を発揮する場もありません。逆に、物価スライドの規定があるにもかかわらず、低額年金者を守るという理由で、これを完全適用しないため、物価が下がるのに年金額が据え置かれて、ますますもらい過ぎの状態になっています。これは、生活保障である低額年金者と所得保障的な年金も合わせて受給している高額年金者を分けないために議論が混乱しているのです。

公的年金の本体部分は積立方式で始めましたが、なし崩し的に賦課方式になってしまったのに、名前だけは今でも修正積立方式と呼んでいます。まさに、日本的な命名です。今までの日本文化の特色

3 国独占から通信・鉄道型へ（年金と消費税）

は、白黒をはっきりさせず、曖昧なままにしておくというものでした。これは、日本の温和な気候のもとでは、争うより協力した方が生き残りに有利であることから、争いを好まない行動パターンが定着した日本の社会状況を反映しています。同一言語・同一民族・同一宗教のもとで、論理や言葉で説明しなくても簡単に分かりあえるという特殊事情のもとで育ってきたものです。ところが、グローバリズムの進展とともに、このような前提条件が急速に変わってきました。今後は、論理がはっきりしない制度は、長続きしないと思われます。

最大の既得権であるかどうかを判断する決め手になるのが、共通番号制をベースにした社会保障個人口座でしょう。給付と負担を個人単位の口座にすれば、透明性が増し不公正がよく見えるようになります。

年金には、①本人の長生きのリスクを回避する保険機能と②前の世代の老後を支える福祉機能と③自分の老後の蓄えをする貯蓄機能の3つがあると思います。今までは、これらの機能を区別せず、同じ制度の中で処理をしてきましたが、今後は、明確に区分していかないと制度の公正さが疑われ、若者の信頼をつなぎとめることができなくなってくるでしょう。少なくとも、自分に対する保険・貯蓄機能と老人世代に対する福祉機能の制度を分けることが必要です。

年金保険料は、自分自身の老後生活のための積立部分と現在の老人の年金に充当するための賦課部分に明確に分けるべきです。日本の平均寿命は男性でも80歳です。定年後20年は誰でも生きるわけで、これを保険というリスク分散の仕組で扱うのはおかしく、自己責任である貯蓄機能で扱うべきです。定年後20年以降の超長生き分だけリスク分散の仕組で扱えばよいと思います。そのことにより、団塊の世代の年金給付においては、健康で文化的な最低限度の生活を保障する生活保障部分を超えた、いわゆる所得保障の部分を一定限度削減して、長期的な年金財政を安定させることを優先しなければならないことが分かるはずです。まずは、団塊世代年金の高額部分を国債で支給すべきです。

（2） 所得保障部分の民営化

年金制度の中身を分析すると企画立案・徴収・給付・運用に分けられますが、徴収・給付は、各職場が天引きを行い、銀行が各受給者に給付していますから、実質的な仕事は運用であるということになります。

民営化の本質は、選択化、すなわち競争原理を仕組の中に取り入れることですから、運用部分にもっと競争原理を持ち込むことです。スキャンダルに揺れた社会保険庁は民営化されて日本年金機構と全国健康保険協会に分割されましたが、業務独占状態は変わらず、国会のコントロールが利かなくなった分だけ実態は悪くなったともいえます。若者の信頼をつなぎとめるためには、国が関与する年金は、1階部分の福祉目的で生活保障のものだけにし、2階部分の保険・所得保障機能を担うものは、民間の手に委ねて複数の組織がサービスを競い合うという制度改正を行うべきです。

また、公的年金には、2005年度から少子化・低経済成長に合わせて実質的な年金額を減額するというマクロ経済スライドという制

（２） 所得保障部分の民営化

度が導入されました。社会の変化に柔軟に対応するという意味でよい制度なのですが、「健康で文化的な最低限度の生活をする権利を守る」という意味での生活保障を担う１階部分の年金にまでこれを適用する現在の考え方は間違っていると思います。マクロ経済スライドの適用は、豊かな生活を維持するという所得保障を担う２階部分の年金にだけにする改正も合わせて行う必要があります。

年金基金は、賦課方式ではなく蟻型の積立方式を守りぬいています。この制度は、本人のための老後の貯蓄であるという制度の趣旨が明確になっていますから、年金不信の中でも、年金基金制度に対する信頼は、それほど揺らがないはずです。しかし実際は、少子化や低成長の進展の中で、企業年金基金数はこの10年で３分の１になり、国民年金基金加入者数も激減しています。

その理由は、社会保障個人口座ができていないため、4.5％という現実離れした高い運用利率を前提として先食いの形で高額給付をしてしまい、将来給付が不可能なことが既に明らかになってしまったからです。見通しのきく効く大企業の年金基金は、代行返上・解散してしまい、中小企業の集まりである総合型年金基金だけが残ってしまったのです。

このような、制度の崩壊が噂されている現在でも、これらの機関には、多くの天下りが行われています。財政状況から考えれば、天下りなどを受け入れている余裕はないはずですが、天下りが慣習的に続いているのは、年金制度の仕組みの中に、無駄を排除するための競争原理が入っていないからです。いくら天下り禁止を決めてみても、専門知識のある官僚の行動を、専門知識のない一般国民が監視できるはずはありません。制度の中に、天下りをしていては競争に負けて、その機関が潰れてしまうような仕組みを入れておかなければ、天下り禁止の実効性はありません。

具体的には、基礎年金と生活保護の生活扶助を融合させ、厚生年金・共済年金や国民年金基金・企業年金基金は建前だけでない競争相手が存在する民営化をし、その方法は、電信電話や国鉄の民営化に倣うべきであると考えます。

なぜならば、現在の年金制度が劣化してしまった原因は、役所が制度を運営していたので、少子高齢化への対応が遅くなってしまったからです。対応の遅さは、業績に関係なく給与が保障される役所という組織の避けがたい属性です。人類は、変化に迅速に対応するために市場というものを発明しました。会社という仕組が誕生したのも、この市場の中です。年金の再生について、この人類の英知を使わない手はありません。

年金不信の原因は、逃げ水のように、支給開始年齢や支給額が、毎回変わり、その変更が、官に甘く民に厳しいような印象を一般国民に与え、しかも、「消えた年金」問題やグリーンピアのスキャンダルなど、明らかに、当事者に問題があるようなケースでも、その担当者の責任が充分追及されていないように見えてしまったことにあります。

民間には、市場原理が働くので、問題を起こす企業は、倒産して市場から退場を余儀なくされることで、公正が保たれます。従って、残念ながら、年金に対する若者の信頼を回復するには、民間のこの力を借りる以外に方法がないように思われます。その際に参考にな

3 国独占から通信・鉄道型へ（年金と消費税）

るのが、日本の電信電話や鉄道の歴史です。

　日本の鉄道は、日清戦争期に民間鉄道を国が買い上げ、全て国有化されました。その後、また民鉄とよばれる民間鉄道会社が、次々生まれ、最後には国鉄自身も1987年に民営化され、JR株式会社となりました。

　通信の分野では、1869年に国営で東京と横浜間で電信サービスが開始されました。1952年に公法上の特殊法人として日本電信電話公社が設立され、1985年に電気通信事業法への法改正が行われて公社は民営化され、第二電電・日本テレコムなどが新規参入しました。これが、現在のドコモ・AU・ソフトバンクの3社が激しい競争を繰り返し、利便性が飛躍的に向上した現在の形につながっています。このプロセスを年金にも、あてはめてゆくことが必要だと思います。

　現在、年金は、2階建てになっていますが、1階・2階ともに国しか保険者になれません。これを、2階部分は、国と民間が同じ土俵で競争する仕組みにし、国が行っている部分も民営化して、各当事者が、競争を通じて切磋琢磨できる仕組みにすることが大事だと思います。

　生活保障の部分は、国が直接行うが、その上の所得保障の部分は、国鉄民営化に倣って民営化し、国民が保険者を選べる形にすべきです。

　具体的には、厚生年金・共済年金以外にも、選択できる年金を作り、最終的には、厚生年金・共済年金も民営化して、「すべての国民は、どこかの年金制度に所属しなければならないが、自分で加入する年金の主体を選択できる」形にすることです。ちょうど、義務教育のように、国民は、どこかの中学校に行かなければならないけれども、同じ条件で競争している公立中学校と私立中学校があり、どこにするかは自分で選べるというような仕組みです。

　その手順は、まず、自動的に自分の年金が決まる現在の仕組みを自由化して、入る年金を自分で決められるようにしたうえで、民間企業が新規に年金事業を始められるようにし、同時に現在の厚生年金・共済年金を分割民営化するというものが良いと思います。

　年金業務の中身は、大きく分けると徴収・給付・資金運用に分けられますが、徴収は国税庁と日本年金機構を合体して再編した歳入庁が行い、給付は社会保険個人口座で行い、民営化した年金保険者は資金運用のみを行うことで、無駄な人員や予算があぶり出し、これを日本経済のパイを大きくする新規戦略分野に投入するわけです。これはちょうど、東日本大震災の後、地域独占の電力業界が発電・送電・配電を分離して効率化を図ろうとしていることと同じものです。

　この改革の目的は、国民の側で申請しなければ年金を払わないという仕組み（申請主義）に象徴される、親方日の丸的な体質を変えることと、運用実績を改善することです。現在の仕組みは、年金資金運用基金という天下り法人が、仲間内の民間企業に運用を委託して、年度ごとにその結果を取りまとめるだけというもので、他国の年金資金運用と比べて、明らかに無駄が多く、実績が悪いものです。まず、保険料を積み立てている被保険者本人の選択で、ハイリスクハイリターンか、ローリスクローリターンを、本人が選べる仕組み

にすべきです。その選択を受けて、通信・鉄道型に制度を組み替えて出てくる新しい保険者が本気で運用すれば、運用実績は倍になると思います。

（3） 生活保護と基礎年金の合体

1階部分は、生活保護・基礎年金の合体組織にして、国が責任を持って、マクロ経済スライドの適用も除外して運営すべきです。公的な累積債務が大きいことは、社会保障の原点を考える上では、よいチャンスです。社会保障の最低限やるべきことは、すべての人々に健康で文化的な最低限度の生活を保障することでしょう。このように考えると、公的年金の使命は、現役時代の暮らしぶりを保障する所得保障ではなく、最低限の生活を保障する生活保障に限られるべきだということになります。そして、健康で文化的な制定限度の生活を保障する制度として、生活保護がありますから、生活保護と生活保障としての年金制度は、目的が同じですから合体して一つの制度にするべきです。そうすれば、現在のように、生活保護基準が、基礎年金の水準より、高くなってしまい、年金保険料を払う意欲を失わせるようなことは起こりません。70歳以上の人は一律に7万円支給するということにすれば、ミーンズテストと言われる生活保護受給審査をする必要がなくなりますから、その人員を他の業務に振り替えることもできます。

セイフティーネットがあって初めて、サーカスの練習ができます。このセイフティーネットにあたるのが、生活保護であり、社会保障の最後の砦と言われるゆえんです。生活保護は、暴力団が受給して無駄に使われている一方、水際作戦と称して、本当に必要な人の受給が窓口で制限されています。しかも、申請主義が原則ですので、自ら「助けて」と言い得ない人は、保護の手から滑り落ちてしまいます。日本国憲法25条は、健康で文化的な最低限度の生活を営む権利を有すると定めていますから、援助が必要な人に無駄なく給付できるかが問われています。ちょうど、金融業界において、担保がないが金融支援が必要で、しっかり働いて真面目に返す能力を持っている人をどうやって選びだすかが問われているのと、きわめて似た状況にあります。

生活保護制度の運営原理には、「補足性の原理」というものがあります。これは、生活保護が適用されるのは最後の手段であるという考え方です。まず、働ける者は自ら働いて生活費を稼ぎ、財産のある者は財産を使いきった後、はじめて、生活保護を使えます。次に、家族の援助が見込める者は、それを先に受け、他の福祉の制度があれば、そちらを先に使うというもので、とにかく、生活保護が適用されるのは、最後の手段であるということです。考え方としては当然のもので、この原理に反対する者は誰もいないはずです。しかし、現実は、この原理ゆえに、暴力団の受給と水際作戦に象徴される事態が起きています。まず、本当に困っている、病気のない若者は、生活保護が受けられません。病気のない若者は働けという意見は、一見、しごく正論に思えます。しかし、情報革命の進展の中で、就職戦線における勝ち組と負け組がはっきり分かれるようになり、負け組の若者は、短期間でも生活保護が受けられれば、戦線復帰の可能性がとても大きいにもかかわらず、補足性の原理によって、

その道が閉ざされています。

　現在の日本の生活保護は、立派ですが重すぎます。生活保護基準は基礎年金の水準より高額ですが、生活保護を具体的に受給できるまでの手続きと受給要件が、厳しすぎます。その反面、最大の強者であるはずの高額所得者も、社会保険に強制加入させられ保護の対象になります。建前を貫徹させるために中身が空洞化しているわけです。水泳の練習をするときにビート板というものを使います。浮力をつけるために使う発泡スチロール製の四角い板ですが、これからの生活保護は、ビート板のようにならなければいけないと思います。今後の生活保護は、「気軽に使えて一時的に使う」ことが普通の使い方であるという制度にすべきです。

　生活保護には、Stigmaがあると言われます。Stigmaとは、1609年にエリザベス救貧法という形で世界初の生活保護ができた時に、保護受給者には罰を与える意味で浮浪者と言う焼印を体に焼き付けたことから生まれた言葉です。生活保護を受けることは、社会の敗者になることであり恥ずかしいことであるという意識です。生活保護と基礎年金を合体させれば、Stigmaを小さくし、実質的な最低保障を確保することに役立ちます。これからは、セイフティーネット部分だけ、もっと気軽に使える形にモデルチェンジして官が運営し、その上乗せ部分は民が行う形が、望ましいと思います。

（4）モデルとすべきは私学共済

　古代社会では、殺そうと思って人を殺した場合（殺人）と誤って人を殺した場合（過失致死）は、同じ重さで発することが普通でした。ともに人命の損失という法益侵害の見地からは同じであると考えられたからです。しかし、その後分析が進み、社会倫理違反の側面からも考えて、構成要件該当・違法・有責の各段階に分けて判断するようになり、現在は各国とも殺人を過失致死より重く罰するようになりました。働く老人の年金である在職老齢年金制度の状況もこれに似ています。

　基本哲学が明確でないため、近年、相矛盾する方向の改正が相次いでいます。改正の骨子は、本人の働く意欲をそがない範囲で高所得者への年金を減額して年金財政への負担を軽くするため、一定の年齢ごとに減額の割合を変化させるものです。例えば、64歳までは年金の給料の合計額が28万円を超えると給料の増加2に対して年金額1を減らすというようなもので、様々な要素の目的を明確にしないまま、結果の妥当性だけで制度改正を行うため、年齢・合計額・減額割合などが頻繁に変更され、改革の方向性がぐらついています。

　社会保障個人口座を導入して、積立方式の下で、年金の貯蓄・保険・福祉機能を分け、所得再配分機能は税制に委ねれば、改革すべき方向性は明確になります。現在のように年金額そのものを減らすのではなく、高額所得には累進所得税を課せば、高齢者の労働を奨励しながら弱者保護ができます。

　欧米にはHappy Retirementという言葉があります。労働することは苦しみであり、早くその苦しみから逃れたい。その苦しみから逃れることができるのが退職であり、退職は人生最大の幸福であるという考え方です。ドイツのビスマルクが19世紀末に年金制度を

作った時も、基本的にはこのような考え方で制度を作ったのだと思います。

一方、アジアには、生涯現役という哲学が古くからありました。働かないで食べていくのはお天道様に申し訳ないというのです。国民にアンケートを取ってみても元気なうちは働きたいと答える人が圧倒的多数を占めます。この生涯現役の哲学こそが、今後の少子高齢化社会を乗り越える切り札になると思います。

日本の共済組合は①国家公務員共済組合、②地方公務員共済組合、③私立学校教職員共済組合、の3つに分かれています。

この中で、私立学校教職員共済組合の財政は、他と比べて、かなり良好な状態にあります。掛金と呼ばれる保険料率も他の共済組合と比べて2割ほども安いのです。その理由は、若い独身の幼稚園の先生が加入していることなどがあるにしても、最大のものは、私立大学の教授は70歳まで現役でバリバリ働いているということです。天下りのような補助金を使って必要のない仕事を無理やり作った仕事ではなく、自分の実力だけを使って社会的に価値ある仕事をすることにより70歳まできちんと稼ぎ、社会に貢献しているのです。その背景は、その仕事が年齢とともに生産性が向上することにあります。米国では、憲法違反である定年制が、日本ではなかなかなくならないのは、定年制が存在することにあり若者に職を譲ることができるということ以上に、老人の仕事は生産性が低く、組織のお荷物になってしまうことにあります。ところが、大学教授のような、総合的な判断を中核とする情報処理の仕事は、年齢とともに生産性が向上し続けるものが多いのです。この種の仕事こそ、グローバル化が進む大競争時代の中で、日本が追求し続けるべき仕事の形です。単純なモノ作りでは、人件費の安い発展途上国との競争に勝ち続けることができません。ブレークスルーを伴う技術革新は、学際的な総合判断から生まれます。したがって、私学共済の組合員的な働き方を今後の日本人全体が国際社会の中でしていく必要があるのです。しかも、私学共済の組合員は仕事をし続けているので健康です。無駄な医療費を使いません。あるべき社会保障の姿は、現在の私学共済にこそあると思います。

女性と年金の問題の解決方法も、哲学を明確にすることであるという点で同じです。現在の制度は、家族単位で組み立てられ、サラリーマンの夫を第2号被保険者、その妻である専業主婦を第3号被保険者、それ以外の日本に住所を持つ人を第1号被保険者と定義しています（国民年金法7条）。週30時間未満しか労働しないパート労働者は、正社員としてその企業の厚生年金・健保組合には加入できず、国民年金（第1号被保険者）・国民健康保険に入ります。さらにその中で年収が130万円未満であれば、夫の被扶養者という形で、夫の厚生年金（第3号被保険者）・健保組合に加入し、年金保険料を払わずに基礎年金を受給できます。これは、1985年に基礎年金制度を作る際に厚生年金・共済年金という被用者年金制度から国民年金救済のための多額な拠出金を認めさせるための裏取引でした。その後、3号被保険者制度に対する国民の不満が強まったため、妻が新たな保険料を払うとか、夫の保険料の中に妻の保険料が入っているとみなすなどの様々な改革案が出ています。さらに、週20時間以上のパート労働の厚生年金強制加入、配偶者控除・配偶者特別控

除・配偶者手当の廃止、子ども手当の再検討など百家争鳴状態です。要は、女性が差別されることなく労働できるような支援制度をきちんと作り、それとは別の制度で出産・育児を助けるべきなのです。具体的には、女性も基礎年金と生活保護を合体した給付をベースに、複数の組織が競い合う民営化された上乗せ給付を本人の選択で選べるようにし、控除から手当という方針の下で同一労働同一賃金という最終形を念頭に少しずつ制度改正を進めてゆくことです。

（5） 消費増税より所得増税

日本的曖昧さを表す適例が、年金制度の財源です。世代と世代の助け合いという言葉で、保険と福祉、生活保障と所得保障を曖昧な形で同一制度に組み込んでいます。これは、現行制度が保険料と税金の双方を財源としているためです。そもそも、年金保険料と年金目的税の違いは、前者が厚生労働省、後者が財務省と所管官庁が違うことだけであると思います。そのうえで、安易に税金を入れるとコスト意識が失われ、自己責任が曖昧になって、結局、高くつくことをしっかり認識すべきです。しかし現状では、増税は不可避で、どのような形で増税すべきかを検討する必要があります。私は、増税の手段として消費税しかないという議論には反対で、半分以上は所得税率のアップで賄うべきだと思います。なぜならば、共通番号制＋社会保障個人口座を導入して仕組の透明化を図ることの最大の目的は、近年急速に発展した情報技術の成果を生かし、制度を単純にして官僚機構の無駄を省くことだからです。全国民の収入が、個人単位でかなり正確に分かるようになりますから、実際に負担する人と納める人（担税者と納税義務者）が異なるため負担の主体が曖昧になりがちで、負担事態も逆進的な消費税と異なり、所得課税では応能負担・応益負担のバランスをとった負担の公正を図ることができます。そして、何よりも増税の過程で、国税庁・県税事務所・日本年金機構・全国健康保険協会・労働基準監督署・ハローワークなどと国民から金を集める組織が乱立し各機関で類似した業務を行う現状を、改めることができます。

そこで、増税方法として消費に着目した課税方法（目的消費税）と所得に着目した課税方法（所得税・年金保険料）の両者の得失を比較してみたいと思います。まず負担者数ですが、これは、従来の保険料の場合は、もはや老人は負担しないのに対し、消費税であれば全ての世代が負担しますから、はるかに負担者数が多く税収も大きいです。しかし、年金という所得のある高齢者層も負担する所得税であれば、全国民が対象ですから、消費税と同じということになります。

次に、負担の逃れやすさからみると、一見、消費が税の方に軍配が上がるように見えます。なぜならば、従来の所得税の場合には俗にクロヨンという所得把握の問題があるからです。サラリーマンは収入の9割、自営業者は6割、農民は4割しか税務署に把握されていないので、サラリーマンほど事実上の負担が大きく、公平でないと言われます。一方、消費税の場合は、消費という点をとらえて課税しますから、この問題が発生しにくいと言われます。しかし、金融機関の利用や不動産・証券売買には共通番号をつかわなければならないとすれば、両者の差は小さくなるでしょう。ヨーロッパなど

の消費税率が高い国では、売主が「領収書を出さなくていいのなら3割引にする」からと、買主と交渉してしまう形での脱税がかなり行われていることも事実ですから、消費税が徴税について万能なわけではありません。また、消費税は、大手小売業者を中心に全国一律に取ることができますから、徴収コストは小さくて済むと言われます。

これに対し、従来の年金保険料は、天引きできる給与所得者の場合は別として、未納されると役所側が徴収に出向かなければならず、国民年金加入者は自営業者ですから、その保険料徴収コストが高くかかると言われます。しかし、共通番号制は、このコストも大幅に引き下げてくれるはずです。

消費税の欠陥は、担税者と納税義務者の分離・転嫁と逆進性です。内税になれば負担が外から見えなくなり、毎回の消費のたびに税額を集計するわけにもいきませんから、自分がどのくらい税金を負担しているかが曖昧です。しかも、実質的な負担者は流通過程での力関係で変わっていきます（転嫁）。また、実際に負担する人と納める人が別（間接税）ですから、どうしても税の負担感が薄くなり、結果的に、税の使い道に対するチェックが甘くなってしまいます。

さらに、消費税は、低所得者に対して重く負担を求めるという税になってしまいます。生活を支える食費が総収入に占める割合（エンゲル係数）は、低所得者ほど高くなります。従って、消費に税をかければ、総収入に対する税額は、低所得者ほど重い負担になります。確かに、豊かな社会では他人に見せびらかす消費（顕示的消費）が増えるので、高所得者ほど消費税の負担が多くなるという面があり、生活必需品の税率を軽減することにより逆進性を緩和できますが、弱者により重い負担を課す税であるという基本性格を消し去ることはできません。

各国状況をみると、確かに消費税率は、日本より高い国が多いのですが、その多くは欧州諸国であり、国数だけで単純に世界動向を判断することはできません。逆に、日本の所得税は各種控除が多すぎて、8割以上の人が10%以下の税率しか払っていないように、諸外国と比べて低すぎ、実効税率が40%を超えている法人税は高すぎます。もちろん、制度設計にはバランスが必要ですから、所得課税だけに偏らず消費課税や資産課税も合わせてアップする必要があるでしょうが、基本的には共通番号制＋社会保障個人口座と一体になった所得課税のアップで賄う方が合理的であると思います。

そして、まず現行制度における未収金を、きちんと取り立てるべきです。事業所・企業統計調査による日本の総事業所数は609万ですが、法人税課税事業所数は261万であるのに対し、社会保険適用事業所数は、厚生年金保険・医療保険175万、労災保険297万、雇用保険200万です。法人格を有する事業所には支払い義務があり、徴収機関には徴収権限があります。赤字企業は法人税を負担しなくてもよく、企業にとっては負担額の大きい年金保険料をなるべく払いたくないという事情があるにせよ、法人税と年金保険料の支払い対象企業数に大きな差があるのは、徴収組織が国税庁・日本年金機構と違うからで、両者の能力・意欲の差であると見られても仕方がありません。日本年金機構は、社会保険庁時代から長年にわたり国税庁から講師を招いて徴収能力のアップを図ってきましたが、電力

3　国独占から通信・鉄道型へ（年金と消費税）

の地域独占と同じく年金保険料について徴収の独占権を持っていたため、ついに本気になれなかったということでしょう。競争原理が働かない以上、歳入庁のような組織に一元化する方が良いということになります。法律上は、法人格を持っている企業は、すべての従業員を厚生年金に加入させなければならない義務を負っています。しかし、民間企業に勤め給料をもらっている人は約5400万人いるのに、厚生年金の加入者は約3400万人しかいませんから、厚生年金の適用逃れをしている企業が相当数あるはずです。厚生年金保険料は18.3％、医療・介護保険料が合計約10％、労使折半の仕組みですから、約15％が会社負担分の保険料です。これに民間平均年収の400万円と給与所得者と厚生年金加入者の差である2000万人を単純にかけ合わせても12兆円の未収金があることになり、これは消費税の5％分に相当する金額です。まず、このようなバケツの穴をふさぐことが増税の前提になるはずです。

4 節約医療費は自由に使える仕組みへ（医療保険）

(1) 通信・鉄道型への転換
(2) 社会保障個人口座で経費の透明化
(3) 安楽死の合法化
(4) 誰もがかかる病気を別扱いに
(5) 保険・貯蓄・福祉の分離

社会保障のイノベーション

4 節約医療費は自由に使える仕組みへ（医療保険）

> 安楽死を合法化することによって終末期医療費の使い方を各自で選べるようにし、社会保障個人口座の自己貯蓄部分の相続を認めて医療費の合理化を図ります。また、医療保険の国独占をやめて保険者へのNPOや営利法人からの新規参入を認め、国民が様々なタイプの医療保険を選べるようにします。

（1） 通信・鉄道型への転換

医療システムの作り方には各国とも苦慮しており、国が直接運営に乗り出す英独仏型と、運営は民間に任せる米国・シンガポール型に大きく分けられます。英独仏型は、社会保険料を財源とする独仏型（社会保険方式）と税金を財源とする英国型（NHS方式）に分けられます。米国は、老人・低所得者医療のみ公的に運営し現役世代はHMOなどの民間団体に加入することを国が援助するという形で、シンガポールは、CPF（Central Provident Fund、中央積立基金）という強制積立貯金制度で国が財源を担保する形で、国民皆保険を実現しようとしています。

現在の日本の医療制度は独仏型（社会保険方式）で、需要面では、全国民を政府が運営する医療保険制度に強制加入（国民皆保険）させ、ほとんどの医療の値段を公定価格（診療報酬点数表・薬価基準）による保険診療とする公的な色彩が強いものです。しかも、具体的な支払いは、病院入院時における看護・医学的管理などを除き「出来高払い方式」と言われる投入量に応じて単純に支払う従量方式です。そして、無駄遣いというモラルハザードを避ける方策としては、個別事情に関係なく実際にかかった医療費の3割を患者に窓口負担させることだけといってよいと思います。

保険者には、地域保険として市町村国保、職域保険として全国健康保険協会や健康保険組合・共済組合、などがありますが、これらは、業界団体としての国民健康保険中央会や健康保険連合会・診療報酬支払基金に事実上参加することが義務づけられています。以上の団体は、厚生労働省の監督権限の強い公法人で、典型的な天下り先になっています。厚生労働省が強い監督権限を持つ製薬業界が天下り先になっていることは、言うまでもありません。自分の会社の社員だけではリスク分散に耐えうるだけの大きさの保険集団を作ることができない中小企業は、全国健康保険協会に加入することが法律で義務付けられていますから、消費者サイドに選択の余地がない無競争状態です。

供給面では、営利法人の参入を事実上禁止し、医師だけがトップに立つ、政府が監督権を持つ法人（医療法人）が経営する民間病院で、保険診療を扱うことを認められた医師（保険医）が医療行為を行うことを原則にし、高度先進医療や救急医療は国や県が経営する病院（独立行政法人）で補充する形にしています。この仕組みは、国の経済基盤が弱く、国民の医療水準が低い時に、これを短時間にレベルアップしようとするときには、きわめて有効に機能します。しかし、社会が成熟し、高齢化も進んで、必然的に医療費・介護費が増大すると、現実から遊離した非効率性が目立ってきます。個人の創意工夫で医療費を管理できないため、必要以上に費用が増大し、補助金投入による見かけの上での負担感の欠如は、この傾向に拍車

をかけます。

　さらに、政府による独占的な運営からは、大幅な財政赤字にもかかわらず、天下りが横行するなどの制度の硬直化傾向が発生してきます。その結果、保険証1枚で、どこの病院にも行けるという世界に冠たる国民皆保険制度が、崩壊の危機に瀕しています。崩壊から制度を救うためには、医療でも新たな視点が必要ですが、新時代に合わせるためには、どこから手をつけていったらよいでしょうか？それは、年金と同じく通信・鉄道型に転換することです。天下りを力で禁止しても意味はなく、制度の組みこまれた競争の中で、天下りは誰にとっても割に合わないような状況を作っていかなければなりません。

（2）　社会保障個人口座で経費の透明化

　ますやるべきことは、個人の創意工夫で医療費が効率化できる仕組みを作ることだと思います。現在支払っている医療と介護の社会保険料を、積立・保険・福祉分に分け、積立分については、各人が節約すれば、他の目的のために自由に使えるようにするのです。

　個人口座が完成すると、個人単位で医療費の管理ができます。これまでの制度は、保険・貯蓄・所得再配分が、一つの大きな制度の中で区別されずに行われてきたため、無駄が見えにくかったのです。そのため、現在の医療保険の保険者は、単なる資金を流すパイプの役割しか果たしていないところも多いのです。保険者は、保険というリスクの分散だけをしっかり行うことにより、医療の給付と負担が、個人単位で、はっきり見えるようになり、国民一人一人の意識が変わってくると思います。

　今までの医療改革が皆失敗してきたのは、医療の責任を最終的に引き受ける主体を決めることができなかったことにあります。もともと旧厚生省が責任者であったわけですが、そのあまりの責任の大きさに、1982年に老人保健制度を作って、老人医療部分を別建てにしました。しかし、老人保健制度には主体がなく、健保組合などからの拠出金を流し込むパイプにすぎなかったことから失敗してしまいました。そこで、地方分権の掛け声の中で、市町村や県に責任を移そうとしました。しかし、責任を押し付けられると感じた自治体は逃げ回り、うまくゆきませんでした。困った厚労省は、新たな責任主体として広域連合なるものをでっち上げたというわけです。

　問題は、医療の責任を一つの団体にすべてまとめて、負わせてしまおうとした所にあると思います。高齢化が、ますます進行し、財政的な負担が増大することが目に見えている現在、医療の責任者となって、あえて火中の栗を拾おうとするところがないことは当然でしょう。ここは、発想を変えて、個人ごとに自分の責任を果たしてもらう分権的な仕組に変えるべきだと思われます。そして、個人単位に責任を小分けにして役所の責任を軽くする代わりに、役所もこれまでの既得権を手放す必要があります。

　後期高齢者医療制度への反対運動が、2009年の民主党への政権交代の原動力の一つになりました。それは、高齢者が、この制度改正で、よくわからないまま分離されるという恐怖を味わったからです。しかし、本来の改正趣旨は、老人医療費の財政負担の重みに耐えかねた保険財政を救うことにありました。今の制度では、老人医

4　節約医療費は自由に使える仕組みへ（医療保険）

療費の財政負担を支えきれないので、保険者集団の組み方を変えようとしたのです。政府は、保険者集団の組み方の変え方には、突き抜け方式という職業別に縦に切る方式か、後期高齢者医療制度という年齢別に横に切る方式しかないと主張し、両者を比較した結果、職業移動を阻害しないために、横に切る方が望ましいとしたのです。政権交代により、後期高齢者医療制度の見直しを迫られた厚労省は、今度は、縦に切ることにしたという審議会報告を出しました。しかし、どのように切っても問題は解決されないわけですから、この際、発想を変えて、切らない、保険者ごとに分けない方式にすることが必要です。それは、現在の情報技術水準であれば、充分できることです。

とにかく、制度が複雑になりすぎて、素人にはわからない制度になってしまいました。たとえば、交通事故における医療費の負担の問題です。国民皆保険のもとで、当然医療保険が使えますが、交通事故ということで、強制加入の自動車損害賠償責任保険も使えます。診療報酬点数表の1点単価や、窓口負担が異なるため、関係者の利害が、微妙に異なり、当事者にとっては、どちらが得かは、わかりにくいものです。現実には、現場の力関係で、どの保険を使うかが決まってしまうのが現状です。

今の日本は、中学入学の段階で、この先どのような医療保障を受けられるかが、決まってしまうように思われています。偏差値の高い大学に入って大企業に入社すれば健保組合が保障する健康保険に、公務員になれば共済組合が保障する共済組合に、偏差値の高い大学に入れなくて就職も有名企業に行けず中小企業に入れば協会健保（これまでの政管健保）に、偏差値の高い大学に入れなくて就職自体がうまくいかずにパート・フリーターになれば国保とよばれる国民健康保険に入る、という具合です。日本社会の強みは、中産階級が大きく社会の流動性が高いことでした。現在、日本社会は強い閉塞感に覆われていますが、その大きな原因は希望の格差です。一部のエリートを除き、多くの若者は、20代で自分の将来が皆見えてしまったような気持ちを持ってしまいます。堅実を求めるあまり冒険を嫌い、それなりに生きるのが良い人生だと決めつけています。学校の偏差値が保険給付偏差値になってしまうような印象を与える仕組みが、若者のチャレンジ精神を奪っています。複雑に細分化され、若者の希望を奪ってしまうような制度を早く単純化しなければなりません。

（3）　安楽死の合法化

ヨーロッパ中世の最大の病気は、黒死病と言われたペストで、第二次世界大戦前の日本の国民病は結核でした。現在の日本人の死因は、癌・心臓病・脳溢血と生活習慣病が上位を占めています。消化器系の伝染病から呼吸器系の伝染病、そして生活習慣病と、時代とともに病気の主流は変わっていきます。感染力の強い伝染病が主流の時代は上意下達のピラミッド型の医療体制が適していますが、生活習慣病が主流の時代には、ネットワーク型の医療体制が事態処理に適しています。現在の医療費増大の原因は、老人医療です。高齢者の医療費は若者の約5倍かかると言われており、総医療費の3分の1以上が65歳以上の人の医療費です。しかも、少数の超高額医

療費が保険財政を圧迫しています。この問題に対処するためには、終末期医療と介護・治療（ケアとキュア）の区別という二つの論点を考えなければならないと思います。社会に経済的余力がない時代には、「姥捨て山」という言葉がありました。この言葉は、限られた医療資源を未来のある若者に集中するため、老人への資源配分を停止することを意味しています。高度成長期には、この言葉は忘れられましたが、高齢化の中で低成長時代を迎え、再び、限られた医療資源の使い方の優先順位をつけることを迫られている今日、終末期医療についてもう一度考え直すことが必要です。

具体的には、嘱託殺人罪の適用を受けない安楽死の態様について定める安楽死法の制定と終末期の生活の質を上げる方策の研究です。

オランダは、歴史の先駆者の役割を長く果たしてきました。封建社会の象徴であるハプスブルク家の強固な支配に対して、最初に反抗の狼煙を上げ、資本主義への扉を押しあけ、株式会社や複式簿記を大衆化したのはオランダですし、ワークシェア・同性婚など成熟社会への対応に先鞭をつけ、麻薬や売春を警察権力で頭から抑えるのではなく、背後のシンジケートは厳しく取り締まり、国民に対する教育・情報提供は充分行うけれども、麻薬や売春自体は合法化するという、免疫療法とでもいう方法で対処することを始めたのもオランダです。

そのオランダが世界に先駆けて安楽死法を制定しました。この法律は、命の大事さにも限度があり、一定の条件のもとで命の終焉を認めるというものです。スパゲッティ症候群といわれる、体中を人工呼吸器などのチューブに繋がれながら、数百万円ものお金をかけて、1週間寿命を延ばすことに何の意味があるでしょうか。人間が生きる意味は、付加価値を作りだし、後世に何かを残すことにあると思います。ただ呼吸をするだけで、意識もない命に対しては、安らかに終わってもらうのが良いと思います。全ての人に生きる権利がありますが、私自身は、自分が病気になって、通常の医療で救うことができなければ、それ以上生きようとは思いません。少なくともそのために費用は、医療保険ではなく、自己負担で払いたいと思います。社会保障個人口座制度が確立すれば、終末期医療費を節約して、浮いた経費を子供に相続させようという人が増え、財政赤字の解消に大きく貢献するはずです。

終末期の生活の質を上げる最大の方法は、最後まで自宅に住むことです。そのためには、病院の中に籠って患者の来院を待つのではなく、自分から病院から出て、地域に出かけていく医療体制を確立することが必要です。現在の医療におけるマンパワーの組み立ては、医師を頂点とするピラミッド型で、医師の指示がなければ何もできない仕組みになっています。そのため、この道一筋30年の古参の看護師が、なりたての新人医師に振り回される光景をよく見かけます。自宅にいる、それほど重度ではない生活習慣病を持った多数の患者に対応するためには、そのチーム内だけで最終決定ができる数人規模の集団が、フットワーク軽く移動しながら住民の医療ニーズに応えていく仕組みが望ましいと思います。これに、情報技術を使った遠隔地診療を組み合わせ、高度な判断を必要とするものを的確に選び出せるようにするべきです。

2000年から介護保険が始まり、老人医療改革の第一歩を踏み出

しました。介護保険の哲学は、介護と治療（ケアとキュア）を区別することで、効率的な仕組みを作ろうとすることです。医療保険が、医師の指揮命令のもとで多くの医療資源を一気に投入して、病気を一気に治す短期決戦的なのに対し、介護保険は、ケアマネージャーと患者自身が相談して、生活の中で病気と共存しながら生活の質を高めることに力点を置く、長期持久戦的なものです。しかし、実際は、介護と治療の境界線は非常に微妙なのに、制度が全く別であるため振り分けが難しく、かえって手続きが面倒になっています。また、100％の人が使う医療保険と違って、2割程度の人しか使わない介護保険では、使わなければ損だというモラルハザードが起きやすく、家事援助や介護度が低い場合に、無駄な保険の使い方が増えているようです。介護についての制度の立ち上げ時期には、公的保険で弾みをつけることは、非常に意味があったのでしょうが、既に制度開始から10年が経過し、介護産業も順調に育ってきた現在、再び医療保険と合併し、医療と同じく、保険の適用範囲について規制を徐々に緩和し自由化を進めていく中で、制度の無駄を省いていくしかないと思います。

（4） 誰もがかかる病気を別扱いに

「社会保険」という言葉は、きわめて不思議な言葉です。すなわち、社会主義的発想から「社会」を、資本主義的発想から「保険」を持ってきて、合体させたわけです。言ってみれば、平等主義と自由主義を合体させた言葉です。哲学的な観点からみれば、奇妙なものと言わざるを得ません。どうしてこのような言葉が生まれてきた

のかと考えてみると、深い歴史的背景があることが分かってきます。最初に社会保険という制度を作ったのは、ドイツ（当時のプロシャ）のビスマルクです。隣国のフランスやイギリスに比べて、国家統一が遅れた当時のドイツは、鉄血政策という、力による、強力な統一政策を実施しました。当時のドイツは、マルクスが活躍していた時期でもあり、社会主義運動が、とても高揚していました。ビスマルクは、この運動を抑えるために、国民全体が、恩恵を受けられるような制度を、政府主導で先に実施してしまおうとしたのです。しかし、そのような制度を作るためには、ドイツの国庫に充分な金がありませんでした。そこで、彼が目をつけたのが、ギルドと呼ばれる同業者組合でした。政府でも個人でもない中間的な社会集団に社会保障の責任を負わせようという発想です。現代のギルドに当たるものが会社でしょう。そして、保険事故発生の統計的な確率を無視して均一保険料を、労働者本人と会社が、半分ずつ出し（労使折半）、ギルドが運営するという仕組みを作りました。すなわち、「保険」的な厳密さは、あまり追求せずに、「福祉」的な側面を大きく出し、伝統的は互助組織であるギルドの信用を利用する制度を作ったわけです。実際、この制度の登場によって、ドイツの社会主義運動は、急速に力を失っていきました。また、弱者の医療・老後の生活が、この制度の導入で、大きく改善されたことも事実です。社会保険制度は、社会全体で、強者の富を弱者に回す、うまい仕組みであることは確かです。

この概念は、19世紀半ばのドイツというきわめて、限定された時代と場所で考えられたものでしたから、発展途上国が、民政を充

実させようとする時期には、きわめて有用な制度でした。そのため、20世紀になると、社会保険制度は、多くの国で、取り入れられてきました。しかし、この制度が、大きな力を発揮できるのは、高い経済成長を維持できる時期の、追いつく対象がはっきりしている発展途上国だけです。20世紀後半の世界的な高度成長期が終わるとともに、どの先進国も、社会保険制度の財政が急速に悪化してきました。その原因は、主に２つあります。第一は、本来、弱者保護であったはずのこの制度が、国民皆保険の名のもとに強者をも支給対象にしたため、親方日の丸的な効率の悪さが、前面に出てきてしまったことです。保険制度は、本来、対等な当事者間で、リスクを分散し合うというものでありますが、全国民強制加入の制度になった途端に、「強者から取って弱者に配る制度」に変化します。したがって、その仕組みを維持するためには、強者は保護される対象ではないと自覚させるものでなければならないはずです。ところが実際は、国民皆保険の名のもとに、強者をも保護の対象としたために、強者自身も「使わなければ損だ」と考えてしまうモラルハザードが大きくなってしまいました。甘えの構造を助長する仕組の結末は、大きな赤字ということになります。ちょうど、弱い地方を助けるためであるはずの地方交付税制度で不交付団体がほとんどない現状に似ています。第二は、民主主義の名のもとにより高い給付とより低い負担の組み合わせという傾向を止めることができなかったこと（ブキャナン＝ワーグナーの批判）です。議会制民主主義のもとで、選挙で多くの投票を集めるためには、どうしても、給付にあった負担を求めることはできません。選挙のたびに、給付はより多く、負担はそれほど大きくしない制度改革が積み重ねられていきました。その結果である巨額の財再赤字解消のためには、社会保障個人口座のような仕組が必要な理由はここにもあります。

現在、「国民皆保険」は、現代社会における絶対的な正義であるように思われており、これに反対することは、とても勇気がいりますが、改革のためには、ここにメスを入れなければなりません。たとえば、平均的な所得階層の人が、普通の風邪をひいて、病院に行くとしましょう。もし、強制加入の医療保険がなければ、彼は自分で、全額の医療費を払わなければなりません。しかし、彼は、自分の行きたい病院を自由に選べますし、事前に、医療の保険料を払う必要もありません。自動車を買ったり、肉を買ったりするのと同様、市場経済の中で自分の判断に従って、医療という商品を購入することになります。医療には、情報の非対称性という特質があるにしても、それを補ってあまりある、自由競争から生まれてくるメリットが、彼には与えられます。

まず、自由競争の中で、各病院は、安くて効果のある治療法を研究し、広告することにより、お互い切磋琢磨して、医療水準が急速に向上します。ちょうど、携帯電話が、激しい企業競争の中で、急速に進化したようなものです。また、親方日の丸的な保険行政の中で、払った保険料が、すべて被保険者の医療に使われるとは限らず、中間で管理する法人の経費になり、結局いわゆる天下りの財源になってしまう部分が必ず出てしまいますが、自由競争の中では、この部分が最小限に抑えられます。更に、保険から給付費を出すほかに役所から補助金も出て、患者は安く済んだと錯覚しますから、

4 節約医療費は自由に使える仕組みへ（医療保険）

「安いのだから、質が悪く、無駄があっても、我慢しなければならない」という気分になります。しかし、自分で全額の医療費を払う場合は、自分の医療費の全貌を自分個人で掴むことができ、自分自身を最終責任者として、自分の医療を自分自身でマネージメントできます。自分の健康情報を自分自身で管理し、自分の健康に関する関心が高まらざるを得なくなります。これこそが、情報化した高齢社会において、医療の質の維持と無駄の削減を両立させる切り札になります。"Cost, Access, Quality. Take two." と言われます。すなわち、医療費の無駄を省くこと・医者にかかりやすくすること・医療の質を上げることは理論的に両立しにくいわけですが、良い方法が皆無なわけではないのです。

その方法の一つが、医療保険も年金保険と同じく、分割民営化して、通信・鉄道型のものにすることであると思います。その目的は、国民が選べる形にするためですが、その選択化の最大の目的は、軽微医療を保険から外すタイプの保険制度を作ることです。たとえば、軽微医療を保険から外すかわりに、窓口負担を現行の3割から1割に減額し、現行制度では保険診療の枠外である抗がん剤治療をすべて保険診療の対象にするというタイプの保険制度を運営する保険者が現れ、国民がそのタイプを選ぶこともできるようにするわけです。医療保険料率は、全国一律なものにしますが、その財源の範囲内で、様々な給付形態を持った医療保険が存在し、国民が自由に選べるようにします。もちろん、現在と同じタイプの医療保険を選ぶこともできるわけです。

今の制度は、肝心な時には役に立たないと言われます。鼻風邪のときには、自分でも負担できる額なのに、充分保険でカバーされますが、高額の抗がん剤治療のときには、保険がきかず、全額、自己負担しなければならないという現実があります（混合診療の禁止）。誰もが、風邪をひき、おなかを壊します。誰にも起こることは、本来、保険制度でカバーするリスクではないはずです。これを保険制度でカバーしようとすれば、余計な費用がかかります。もし、風邪などの軽微医療を保険から外せば、現在は、保険診療の対象外になっている医療行為の一定部分を、対象内にすることができます。ですから、一定額の医療費以下のものは、保険給付されないというタイプのものを国民が選べるようにすべきです。これは、コスト意識を社会全体が持つことによって、医療の無駄がなくなることにつながります。早期発見早期治療と言いますが、豊かな社会は自己管理が社会の基本になるべきで、鼻風邪には使えるが抗がん剤には使えないという現在の保険制度こそ、国民の信頼を裏切るものです。貧富の差によって、受ける医療に差が出てくるというのは誤解です。差が出るとすれば、高額医療の部分であって、これこそ保険がきくようにすべきです。

（5） 保険・貯蓄・福祉の分離

国民皆保険を機能面からいえば、保険と福祉を合体させたものといえます。なぜならば、日本の医療制度では、若く健康で収入の多い人ほど、多くの負担をしているからです。たとえば、健保組合は、自分の組合員の医療費のほかに、後期高齢者支援金と呼ばれる「老人医療費お助け金」を払っています。危険の分散という保険原理か

（5） 保険・貯蓄・福祉の分離

らすれば、病気になるリスクの小さい人ほど負担が多いという実態と反対のことが行われているわけで、福祉原理に基づき負担しているわけです。自分自身のリスクではありませんが、世代と世代の助け合いという意味で、弱者を助けようということです。しかも、各組合員の医療保険料は、リスクの大きさとは関係なく、給料の一定割合が天引きされています。その意味で、日本の医療保険制度は、保険とは言うものの、実際は福祉的な要素がかなり強いものといえます。全国健康保険協会の保険料も福祉部分と保険部分を分離した特定・基本保険料率に分けられるようになりましたが、社会保障個人口座がありませんから、個人レベルでは、透明化の実感が余りありません。このような味噌も糞も一緒にするような曖昧さが、若者のこの制度に対する信頼を失わせる原因になっていると思われます。共通番号制のうえに社会保障個人口座を作れば、この点に対する不信感を薄めることができるはずです。

　自己責任の原理が貫けない福祉の世界だからこそ、真の弱者は、だれであるかを明確にして、そのうえで、十分な保護を図るべきです。小泉構造改革では、この部分にも、毎年、2200億円の削減の網をかけたので、全体が失敗してしまいました。障害者自立支援法で、障害者に対しても１割の自己負担を求めたり、生活保護の母子加算や老齢加算を廃止したのは、この失敗例です。しかし、保険部分では、自己責任の原理が貫いて、合理性を追求しなければなりません。客観的なリスクを計算し、福祉的な見地から下駄をはかせる部分と、保険的な見地から合理化を図る部分を、国民全体に見える形にしなければなりません。その中で、生活保護水準が、基礎年金水準や最低賃金水準より高いというおかしな状況は、直さなければなりません。

　リスクが、極端に異なる人々を、異なる沿革の中で、様々な保険集団に分類し、日本人という共同体意識をベースにして、リスクと正反対の係数で負担を求める制度が、現在、国民皆保険制度を呼ばれているものの実態です。確かに、よく考えられたうまい制度ではあるのですが、そろそろ耐用年数が過ぎた制度であると思います。日本的な曖昧さの上に、性善説を積み上げたような制度です。この際、共通番号制度を導入したうえで、制度の一元化を一気に行い、軽微医療分＋福祉充当分＋高額医療分という内訳が、国民に明確に分かるようにすべきです。自分の軽微医療を賄う自己積み立て分と、自分の高額医療費を賄う医療保険料と、老人・低所得者の様な高リスク集団を援助する連帯保険料に、負担を明確に分類し、老人・低所得者の様な高リスク集団の個人口座は、現役世代からリスクに応じて資金を受け入れ、国民全体がリスク調整を個人単位で行います。そして、自己部分の節約は、自分の住宅建設などの自己目的に転用できるようにすべきだと思います。

5　ピラミッド型からネットワーク型へ（医療供給）

(1) 伝染病対策システムからの脱皮
(2) 会社立病院の活用
(3) 点数表・薬価基準の廃止
(4) 医療観光の稼ぎを弱者医療へ
(5) 薬害の背景
(6) 医学部定員大幅増＋医師免許更新制導入

社会保障のイノベーション

5　ピラミッド型からネットワーク型へ（医療供給）

> 営利法人の病院経営を認めるとともに、医学部定員を増加させ、同時に点数表・薬価基準を廃止して、競争原理の導入で富裕層の経済力を活用できる仕組みを作り、医療福祉のレベルアップを図ります。また、レベルアップした技術で稼いだ外貨で弱者医療を保障します。

（1）　伝染病対策システムからの脱皮

　日本では、病院を作ることは営利法人でなければ、原則的に自由です。これを自由開業制といいます。一方、誰もが医者にかかれるように、その費用は公的保険からです。すなわち、供給は私的で分権的、需要は公的で集権的に組み立てられているのです。歴史的に見れば、江戸時代から各地に漢方医が存在し、医者の家が大きくなって病院になりました。花岡青洲・緒方洪庵など、時代を代表する医師の逸話が数多く残っていますが、彼らは、自宅で患者を診察し、若者の教育もおこないました。『源氏物語』にも「くすし」という言葉が出てくるように、医者とは薬を出す人のことであり、日本人の薬好きは今に始まったことではありません。欧米では、神聖ローマ皇帝フリードリッヒ2世が医薬分業例を出したことからわかるように、医薬分業には長い歴史がありますが、日本で、医薬分業が言われ出したのは最近のことで、「くすし」という言葉からわかるように国民の意識としてもあまりなじみのあるものではありませんでした。医者になるには、長年の勉学が必要なことから、医者の仲間意識は非常に強く、古くから強固なギルドを形成してきました。

その影響が現在も強く残っており、自分たちの世界と外の世界をはっきり分け、よそ者が入ることを極端に嫌うことが、医者の世界の特徴です。その一例が、病院経営で、病院を経営できるのは、事実上、医療法人だけで、そのトップは医師がなり、株式会社などのビジネス界の人を制度上締め出しています。医療が産業としては小さな規模であった時代は、これでもよかったのですが、現在のように各国ともGDPの1割を占める大きな規模になる長寿・成熟社会においては、ビジネス感覚がないと医療産業は国民の大きな負担になってしまいます。

　さらに、この世界で働く人は皆、医師を頂点とするピラミッドの中に取り込まれることになります。すなわち、医師の指揮のもとでなければ、何もできないのです。どんなことでも自分だけでしてはいけないという慣習があり、それを法律上、明記した条文が、医師法・保健師助産師看護師法などに存在します。しかし、伝染病対策などの急性期医療が中心であった時代なら、これでもよかったでしょうが、生活習慣病が医療ニーズの大半を占める時代には、とても対応できません。それにもかかわらず、いまだにピラミッド型の法律体制になっていることから、医療過誤などの様々な問題が生じています。

　また、国民皆保険を強調するあまり、医療の世界は、資本主義社会という大きな川の中における統制経済という離れ小島になっています。自由価格制度の世界における統制価格という、大きな矛盾を抱えているわけです。

　たとえば、診療報酬点数表・薬価基準という診療行為や薬の値段

は、政府がすべての価格を決めてしまう公定価格であるため、医療従事者や患者の行動様式が硬直化してしまいました。病気が治らなくても治療したという形だけを整えればよいという出来高払い制的哲学が根強く浸透し、医療費増大の原因になってしまったのです。消費者に選ばれることを目指すことから質の向上が担保されるはずの市場経済の良さが発揮できなくなるわけです。

さらに、情報の非対称性というこの世界に本来的に内在する特質から、薬害の頻発の様な薬の闇が発生します。医療の売り手である診療側が医療という商品のことを良く知っており、患者という医療の売り手は、商品の中身がよくわからないので、売り手の言うことを信じるしかないということです。

例えば、新薬の承認・輸入は、薬事審議会（現薬事・食品衛生審議会）という審議会が独占的な権限を持ち、審議会のメンバーがインナーサークルといわれる少数の関係者の中からだけ選ばれるため、問題が発生しやすい構造になっています。中医協とよばれる審議会でGDPの1割の金の分配方法を決めていますが、伝統的に医師会の政治力は強いので、国民の知らないうちに様々な圧力を受けやすい仕組みになっています。また、公定価格特有の弊害として実勢価格との差が常に発生し、それが薬価差益として計上され、病院経営の必須項目になると共に腐敗の温床になりやすいのです。

（2） 会社立病院の活用

病院経営で、病院を経営できるのは、事実上、医療法人だけで、そのトップは医師がなり、株式会社などのビジネス界の人を制度上締め出しています。医療が産業としては小さな規模であった時代は、これでもよかったのですが、現在のように各国ともGDPの1割を占める大きな規模になる長寿・成熟社会においては、ビジネス感覚がないと国民のお荷物になってしまいます。そのためには、営利法人がどんどん病院経営に参入することを奨励すると共に、地方空港を補助金漬けの中で量産してしまった反省に立ち、シッカリした医療計画の下で競争させることがぜひとも必要です。そして、せめて産業界の半分でも人事評価をして、付加価値の応じた給与体系にするべきです。

ローマ法が確立した時期に法人制度ができました。配当ができる法人とできない法人を作り、それぞれ、営利法人・非営利法人と名づけました。医療・福祉・教育・宗教などは非営利法人として税金が安くなるという仕組みにしました。しかし、このために、国民の中のごく一部の人だけが医療経営に携わり、競争原理に基づいた合理的な考え方が浸透しにくくなってしまいました。

ビジネスの本家アメリカでは、営利法人が医療経営を行うことができます。いくら営利法人でも長い目で見て社会に還元ができなければ、企業が存続することができません。その意味で、暴利をむさぼることはできないのです。アメリカでは、医療サービス市場には、営利企業の参入が認められていますが、病院経営の約8割は非営利法人が行っています。問題は、その法人が営利であるか非営利であるかということよりも、短期的な利益に走らない健全な経営を志向するような制度的な担保があるかということです。

現在、アメリカの医療法人は、一言で言えば「大規模化」してい

5　ピラミッド型からネットワーク型へ（医療供給）

ます。M＆Aなどを通じて大きくなった病院もありますが、近年特に注目されるのが、IHN（Integrated Healthcare Network：統合医療事業体）と呼ばれる病院ネットワークの存在です。営利・非営利を問わず、アメリカの病院が大規模化していく背景には、医療保険の仕組みの変化によって、病院に効率化が求められるようになり、大規模化することで、「規模の経済性」を活かした、効率的な経営を行う病院のみが生き残れる環境にあるという事情があります。ここで「効率化」というのは、徹底して無駄を省くという意味です。一般に、競争が厳しいアメリカの医療サービス市場では、非営利の病院だからといって、サービスの質を低下させることはできません。そのような厳しい経営環境のなかで、多くの非営利病院が、地域に根ざした病院として生き残っていくために、様々な経営努力を行っています。

　生き残っていくために、特に重要になるのは、病院経営者の判断力・実行力です。厳しい経営環境の中で、適切な判断・意思決定を行い、チームを適切な方向に導く力をもっていなければなりません。そのような高い能力を持つ経営者を確保し、経営者に大変な仕事を高いレベルで続けてもらうためには、経営者に対し仕事に相応しい報酬を与えるとともに、その仕事を継続的に監督・指導する上位組織をつくることが重要です。

　そのような経営の監督を行う組織は、アメリカでは一般に「ボード」と呼ばれています。日本では、取締役会、理事会、あるいは評議会などと訳されます。ボードは、経営の監督を行い、経営者の任免権を持ち、経営者は経営上重要な意思決定に関しては、ボードの承認を得なければなりません。ボードを構成するメンバーは、非営利病院の場合、地域の代表、患者の代表、病院スタッフの代表、経営の専門家などです。経営者もまたボード・メンバーの一人ですが、そもそもボードが経営を監督する組織ですから、通常、経営者はボードの会長ではなく議長を務めます。

　さらに、大規模な病院や病院ネットワークでは、良い経営者に良い働きをしてもらうために、このボードの役割もきわめて重要となります。そこでボードの内部に各種委員会を設置して、経営が適切に行われているかどうか、そして病院をさらによいものにしていくためにはどうしたらよいか、といった問題を多角的に検討します。日本でも、このような「委員会設置方式」と呼ばれる取締役会をもつ株式会社が少しずつ増えていますが、アメリカでは非営利病院でも、このような仕組みの有効性を認めて積極的に導入し、経営者もそのような厳しいガバナンスの仕組みのなかにおかれます。日本で、株などの有価証券の取引の不正をただす目的で、従来の証券取引法が金融商品取引法へ全面改正され、日本版SOX法と呼ばれるようになりました。当局の規制によるのではなく、当事者である法人が内部組織をしっかり作り、それらの組織が健全に働くことによって不正を行わないようにするという「規制から内部統制へ」という流れは世界的なものです。

　病院経営においても、「病院経営の健全性」が確保されることが重要であり、それを図る仕組みが重要だということです。このような厳しいガバナンスの仕組みが採用されている背後にあるのは、「経営者が信頼できないから監督が必要だ、といった意識ではなく、

経営のコンスタントなチェックにより健全な経営が永続的に行われるような環境を整えることが重要だという意識」です。「特に、税制上の優遇措置を受けている非営利病院の場合、医療法人は個人のものではなく、社会的存在として永続的に機能することが期待されています」。したがって、そこでは「地域の代表として考えられる人々が、いわば「社外取締役」の形で、経営をコンスタントに、そして多角的に監視することが、そのような社会的存在としての病院の健全な経営と永続性を保証する仕組みとして有効なのです。

　従来、厚生労働省は、病院の税金を安くするために、その病院が個人のものではなく、公的なものであることを示す必要があるとして、特定医療法人・特別医療法人・社会医療法人など、様々な仕組みを作ってきました。しかし、その病院が事実上その一族のものであるという実態は、ほとんど変わっていません。そのような仕組みを次々に作ることよりも、営利法人の病院経営参入を認めて、市場競争の中で、一族への利益還元ばかり考えていては、病院が潰れてしまう状態を生み出す方がはるかに国民のためになります。

　もちろん、経営者が謙虚で人間的に優れた人であれば、厳しいガバナンスの仕組みなどをつくる必要はないでしょう。しかし、経営者も人間ですから、そのような状況を常に保てるとは限らない。誤った判断を行ってしまうかもしれません。もし、そのような状況が長く続くならば、病院の経営は行き詰まるでしょう。それにより地域社会もダメージを受けます。

　アメリカの病院で、患者、地域の代表者、病院スタッフが、ボードのメンバーとして参加し、場合によっては経営者を解任することもできるという厳しいガバナンスの仕組みは、そのような不健全な経営に陥るリスクを減らし、健全な経営が永続的に行われることを願って設けられた制度的工夫であると考えられます。

　もちろん、そのような環境に身を置くことは、経営者にとっては心地よいものではないでしょう。しかし、地域の人々や病院スタッフの協力を得ながら、公益性の高い、質の高い医療サービスを地域に永続的に提供していくという「病院の社会的役割」を考えると、経営者が自らそのような厳しい監視のもとで経営を行っていくという、仕組みを受け入れることが必要なのではないかと思います。

（3）　点数表・薬価基準の廃止

　織田信長が楽市楽座令を出した時には、当時の人々は仰天したと言います。誰もが、好きな所で好きな商売をやってもよいというこの法令は、好きな所をどこでも耕してよいというくらい無茶苦茶な法令のように思えたに違いないと思います。しかし、現在、近代社会において、憲法で職業選択・営業の自由が保障されていない国はありません。日本においても、憲法22条で職業選択・営業の自由が保障されており、一定の距離内に既存薬局がある場合の新薬局開設は認められない、という距離制限を規定した薬事法の違憲判決も出ました。織田信長の時代には驚かれた楽市楽座は、既に当然のことになり、空気のような存在です。

　日本社会は、自由主義の考えの下で、各人の創意工夫を最大限生かす仕組みがとられ、価格は需要と供給だけで決まります。しかし、医療の場合は、命にかかわることなので安全を充分考えなければな

5 ピラミッド型からネットワーク型へ（医療供給）

らず、情報の非対称性が強く、金がなくても人権の観点から一定レベルの医療保障は必要であるという特殊性があります。そこで、価格＝コスト＋利潤であることは当然ということで、自由経済の例外として診療報酬点数表・薬価基準などと全て公定価格制度が取られています。また、保険診療の枠内に収まらず、保険診療と自由診療の併用になる混合診療では、医療保険を一切使えないという懲罰的とでもいえる慣習が続いています。保険の枠を超えた高度医療を求めるほど経済的な余裕があるのであれば、全額自費でやれということなのでしょうか。しかし、成熟社会を迎えた現在、本当にこれからもそのような仕組みが必要なのでしょうか？　医療の特殊性を強調するあまり、時代の流れに大きく取り残されているように思います。

　液晶テレビの価格は、技術進歩のために急速に下がり、市場の爆発的な拡大にもかかわらず、企業は赤字経営になるほどです。医療の世界の技術進歩は、医療費の高騰をもたらしましたが、これは例外的な現象で、一般的には、技術進歩は価格の低下をもたらすのです。新薬の開発には、多額の費用がかかることは、情報技術の世界と同じですが、科学技術の急速な進歩にもかかわらず、薬の値段はなかなか下がりません。ジェネリックと言われる、特許の切れた薬を安く作るものさえ、国が全面的にバックアップしても、なかなか利用が広がらないのが現状です。

　両者の違いの原因は明らかで、医療の世界の価格は、公定価格であり、コストを下げようという動機がないことによります。しかも、患者という消費者からみれば、価格の半分は、税金という形で後から徴収されるので、買う時のコスト感覚が鈍ってしまいます。更に、医療という商品の中身がよくわからないので、医師という売り手の決定に従わざるをえず、事実上、選択の余地がありません。一方、売り手の側では、工夫をしてコストを下げた多少下げたところで、護送船団方式の現状の下では、ほとんど見返りはありませんから、無理して無駄を省こうという気にはなれません。結局、価格＝コスト＋利潤の状態がそのまま続き、医療保険の財政状態が、ますますひどくなっているわけです。

　たしかに、命のかかわる問題である医療の特殊性をどのくらい配慮すべきかは、難しい問題です。しかし、だからと言って、現在の仕組みを未来永劫維持しようとすれば、日本社会は経済的に立ち行きません。むしろ、特区を作って、その中で様々な実験をすることによって弊害を小さくするノウハウを蓄積し、この医療版楽市楽座を日本全国に広げるべきだと思います。閉鎖的な公定価格制度が、医療費の高騰と薬害の原因になっているからです。

　まず、すべての医療行為は、診療報酬点数表に登載されなければ、保険から代金が支払われることはなく、逆に点数表に登載されれば、1点10円として機械的に処理されます。そのために、診療報酬の評価については、出来高払いといわれる、医療行為ごとに単純に分解して、積み上げて加算していくという方法をとらざるを得ない分野がどうしても多くなり、病気は治らないのに薬や検査を必要以上に繰り返して、医療費だけがかさんでいくという事態を生む一因になっています。

　介護労働者には、「寿退社」という言葉があります。一般には、

若い女性が結婚することになって会社の退職することをと言いますが、介護業界では、男性職員の給料が少ないため、結婚するときには給料の高い他の業界に転職するために退社せざるを得ないことを言う言葉です。このような現象が起こる背景も、公定価格制度にあります。

介護保険においては、医療保険の「点数」と同じく「単位」と呼ばれる指標で介護行為を評価し報酬が支払われます。行為の価格が国によってきめられているため、各人の創意工夫の余地が少なく、売り上げが限定される中で経営を維持するために、人件費を削らざるを得ない状況が生まれやすいのです。言わば、定食メニューしか出せないレストランが、社員に高い給料を出せない様なものです。一般的にいえば、経済社会では2割の層が8割の利益を稼ぎます。医療介護においても、購買力のある富裕層の経済力で低所得層への供給を保障するのが、社会の実態に合う持続可能な仕組みなのです。公定価格制度の下では、この利益率の高い部分を自ら否定する仕組みにならざるを得ません。

医療介護という命に関する分野だから平等にしなければならないと言うなら、食料という同じく命に関する分野はどうでしょうか。食糧が足りなかった時代には、食糧管理制度が作られました。国民の生存に直結する主食であるコメは、国が全面的に値段を管理するだけでなく、流通過程そのものも管理したわけです。第二次世界大戦後も、その仕組みは長く残り、米価は公定価格の代表として、決定の際のお祭り騒ぎは政治的なイベントにさえなりました。しかし、現在、米価の決定は完全に自由化され、需要と供給の関係のみによって決定されますが、大きな問題は起こっていません。命の問題であるから公定価格にしなければならない訳ではないのです。

（4） 医療観光の稼ぎを弱者医療へ

航空業界が発展した一つの原因に、ファーストクラス制度の導入があると思います。ファーストクラス・ビジネスクラス・エコノミークラス・格安航空券と4段階あるのが、現実の航空券の姿ですが、ファーストクラスで稼いだ利益が、航空業界の設備投資に充てられました。この資金で、サービスを向上させエコノミー切符の料金を低く抑え、結果的に、今まで航空機を使えなかった層にも手が届く存在にし、市場のすそ野を広げることができたのです。

医療も同じだと思います。混合診療というものがあります。これは、保険診療の枠を超えた高度医療をやろうとするときは、上乗せ分だけ、自由診療として自己負担すればよいという制度で、多くの国で行われているものです。ところが、現在の日本では、上乗せ分があるなら今まで医療保険から給付されていた部分も自由診療扱いになって、全額を自己負担しなければならないとされています。これは、一種の懲罰的な制度と言わざるを得ません。

一般国民にとっては、現行制度における高度医療は全額自己負担の極端に高いものになってしまい、手が出せなくて諦めてしまうか、アメリカなど国外で治療を受けることになってしまいます。これでは、この治療の代金が、日本の医療レベルの向上のための資金になりません。混合診療を安易に認めると、金持ち優遇の医療になり所得によって命の値段が違うようになる可能性があります。難しい問

5　ピラミッド型からネットワーク型へ（医療供給）

題であることは間違いないので、混合診療を認める地域限定の特区制度を作って、社会実験をすべき問題だと思います。

また、景気対策として大変成功したエコポイント制度を、医療観光にも応用すべきです。この制度は、民間企業の自由競争を前提としながら、スポット的に政策目的に合致するものに税金を投入するというものです。残念ながら、政府の信頼度が高くない日本には、ぴったりの制度だったからこそ成功したのだと思います。情報社会における医療政策も、このような考え方・手法をとるべきです。

社会保障個人口座制度は、老人・低所得者などの弱者が病院に行けなくなる制度ではありません。生活保護費の半分以上は、医療扶助による支出ですし、収入が少ない人は、自分の給料からの拠出分だけでは、自分自身の医療費も賄えないはずです。実際、現在でも自営業者・非正規労働者などが入っている国民健康保険の5分の1は保険料滞納世帯（平成22年6月1日現在の滞納世帯数は436万世帯であり、前年より16万世帯減少したが、総世帯数も減少したため、滞納世帯割合は、前年と同じ20.6%）です。これらの人々の医療費は、税金で補助しなければなりません。

そのためには、その原資を、アジアの富裕層の経済力を活用する医療観光を奨励し、その利益から税金を取ることで捻出するのです。観光立国、なかんずく医療観光を国策の要にし、人間ドック・高度医療などを求める中国・インド・東南アジアなどの富裕層が来日して、観光旅行とともに治療する仕組みを作るべきです。加工貿易立国とは国外に物を売り、内需拡大とは国内にサービス・物を売るわけですが、観光立国の本質は、国外の人にサービスを売ることだと思います。物づくりから知恵づくりにステップアップしなければなりません。アジアの経済成長をとりこんで、日本国内の高齢化・少子化対策経費にすることが必要です。また、脳神経外科で国内有数の北原脳神経外科病院（東京都八王子市）が、カンボジアに進出するように、外の人を呼んでくるだけでなく、外に出ていくことも必要です。

さらに、医療情報の流通を充分に行うのです。今までの弱者保護は、金の援助だけでした。しかし、真の弱者保護は、弱者にこそ、情報をふんだんに行き渡らせる仕組みを作ることだと思います。団塊の世代がいっせいに退職する現在、団塊の世代の中から、民生委員を多く出してもらい、彼らが、家庭に入った看護師・薬剤師と連携して、社会の軽微医療のマネージメントをする仕組みを作れるはずです。低所得者は、ただでさえ、言われとおりの医療費を払うことは大変なことで、病院に行きにくいものです。地域のパラメディカルによる健康教育を通じて、予防活動に力を入れるのです。

重要なのは、情報の非対称性と命の平等を踏まえた制度設計をすることです。医療というサービスが、他のサービスと最も違うのは、売り手である医者側が、医療という商品の中身をよく知っていて、買い手である患者側が、ほとんど知らないという点です。この状況は、医療という商品特有の事情に基づくものですから、基本的には、変えることができないものです。しかし、買い手側の状況を、なるべく改善する工夫は必要です。会社でも、財務諸表の公開が義務づけられています。これと同じように、手術数・失敗率・患者が自由に書き込める感想欄などの公開を義務づけたらどうでしょうか。義

務教育の中に、医療についての認識を深める授業を必修にし、役所が、医学情報についてのネットを開設することを義務付けることのも一案だと思います。

（5） 薬害の背景

　薬害エイズ・薬害肝炎・サリドマイド・スモンなど、日本では薬害が繰り返されています。どの国でも薬害はありますが、日本の場合は多すぎます。その原因の一つが、現在の医療福祉の仕組みが、日本が発展途上国であった時代に作られた統制経済の仕組みを、成熟国になった後も全く変えてこなかったことにあると思います。すべての薬は、日本薬局方に登載されなければ、保険から代金が支払われることはなく、薬価基準に従って、機械的に処理されます。薬価基準と実勢価格との差は、薬価差益となり、この利益を得続けようとする気持ちが、薬害の一因にもなっていると思います。

　資本主義社会では、価格は、需要と供給の関係で決まります。しかし、医療に関する価格は、国が独占的に決めてしまいます。弱者救済のために作られた仕組みですが、統制の陰には必ず利権が生まれます。他の分野と違い国民の生命・身体にかかわることですから、安全が厳しく要求されます。新薬承認は薬事審議会が独占し、診療報酬の決定は、中医協（中央社会保険医療協議会）が独占している仕組みは、この世界をとても閉鎖的なものにし、その結果、きわめて陰湿な世界が誕生してしまいました。

　薬価基準によって、企業の生殺与奪の権を握られた製薬業界は、厚生労働省の医薬安全局（旧薬務局）のことばかり見ています。製薬業界への天下りが根強く残っているのも、このあたりに原因があります。薬務局が医薬安全局に組織変更され、製薬業界の振興と薬の安全という、相反する二つのことを同じ部署で見るという矛盾は解消されましたが、長い歴史の中で形作られてきた役所と業界の関係は、一朝一夕で変わるものではありません。

　丸山ワクチンが、なかなか薬事審議会で承認されないのも、このようなことが影響しているのかもしれません。丸山ワクチンは、丸山千里博士が日本医科大学で作り上げたもので、医薬品の安全性を確かめるための実験（治験）として、多くの患者に使われています。治験薬であれば、無償で使うのが原則です。しかし、丸山ワクチンの使用は、現在に至るまで、有償の治験薬として、その治験期間を更新し続けているという法的位置づけをしているのです。多くの患者が、この薬を使っているのに、医療保険は、一切関与できないのです。しかし、丸山ワクチンこそ、自分の免疫力を高めてがんと共存するという医療本来の考え方に基づくもので、結果的に医療費を抑えることにもなります。

　東日本大震災の教訓から、災害対策については、災害に真っ向から立ち向かって、これを抑えきるのではなく、自然の偉大な力を認めたうえで、災害の規模をなるべく少なくするという「減災」という考え方をとることにしました。

　医療も同じです。病気の脅威を完全に抑えきることは不可能です。病気を治すのは、本人に備わった免疫力です。その手助けをするのが医療のはずです。それなのに、今までのがん対策は、力でがんを押さえつけることに気をとられ過ぎていたように思います。抗がん

5 ピラミッド型からネットワーク型へ（医療供給）

剤や外科手術・放射線療法などは、がんと正面から戦い、これを徹底的に撲滅するというやり方です。これでは、いくら金があっても足りません。本人の免疫力を強めてがんと共存するという考え方こそ、「減災」に通ずるこれからの医療の在り方であると思います。

日本では、新薬の承認に時間がかかりすぎます。新しい薬が開発されてから、実際に患者の治療に使えるまでの時間をドラッグ・ラグ（drug lag、新薬承認の遅延）といいますが、これが日本は長いのです。これも、全てを国が差配するという現在の仕組が大きな影響を及ぼしているわけで、少なくとも、欧米で既に承認された薬を日本でも使えるかを審査するときは、治験といわれる人間に対する実験のプロセスをもっと簡素化すべきです。

新薬の承認に多大なエネルギーを費やす一方、いったん承認してしまうと、その後のフォローが極めてお粗末です。薬害エイズ事件の場合も、非加熱製剤にエイズウィルスが混入していることがアメリカで大きな問題になった後も、海外情報の収集に不熱心なせいか、既にアメリカから輸入していた非加熱製剤を使い続け、結果的には、多くのエイズウィルス感染患者を出してしまいました。

これらの現象は、大学教育において、入学試験の段階では、厳しく審査しすぎる結果、受験戦争という言葉を生み出す一方、いったん入学を許してしまうと、トコロテン式に、4年経過すると卒業させてしまうことと似ており、なかに入れるときには必要以上に厳しいが、いったん入れてしまうと野放しにするという、日本社会が陥りやすい欠陥が表れていると思います。これを是正するには、極力、統制を撤廃し、Facebook や twitter に代表される SNS などの力を使い、他人の行動にうるさい日本人の特質を利用して、分権的に監視するのが最も実態に適した方法でしょう。

さらに、農業社会に基盤を置く年功序列制度の長い伝統から、「事なかれ主義」が薬害の温床になっていることも見逃せません。戦前は、「官は悪を為さず」の哲学のもと、国に対する損害賠償は認められませんでしたが、戦後は憲法17条で公務員の不法行為に対して損害賠償を請求する権利が認められ、国家賠償法が制定されました。しかし、公務員個人に対する責任は、明確にされず、故意や重過失があった場合に、国が公務員に求償できると定められたのみでした。その結果、「ヤバイことは無理にやらずほったらかしておくのが一番責任を問われないやり方だ」という不作為信仰が蔓延することになりました。公務員個人に甘い仕組みが、「赤信号皆で渡れば怖くない」という官僚の行動様式を強めることになり、匿名性の陰に隠れた「集団責任は無責任」と言われる体質を強めたのです。医療過誤の背景も、情報の非対称性があることは当然ですが、不作為の横行があることは間違いありません。

この「集団責任は無責任」と言われる体質の広まりは、社会の大きな流れによるもので、なんとかなくさなければならないものです。なぜなら、変化の激しい現代において、「集団責任は無責任」と言われる体質は、その社会が変化に対応できずに滅びることを意味するからです。社会の複雑化は、白か黒かをはっきりできない分野を増加させ、必然的に慣習や伝統などの社会的統制力の弱体化をもたらします。たとえば、コンプライアンスが声高に叫ばれてきたこと自体が、社会の複雑化の中で、これまで官僚機構の自浄作用を支え

てきた、官僚としての誇りや伝統的に積み上げられた行政手法が急速に失われてきたことを示唆していると思います。

そこで、最後の社会的統制手段である刑罰が前面にでることが求められます。すなわち、様々なチャレンジは奨励する一方、「集団責任は無責任」的な行動は、危険犯と解釈して、厳しく罰するべきであると思います。危険犯とは、具体的な法益侵害がなくても、法益侵害のおそれがあるだけで処罰するという犯罪で、一歩間違えると大変な人権侵害になる恐れがあり、刑罰の根拠を根本的に問い直すものです。

さらに、成熟社会の事故は、扱う技術がきわめて高度化しているので、東日本大震災の際の原発事故のように、ひとたび事故になると想像を超えた規模になります。また、高度化した技術は必然的に本質的な法益を対象にすることになることから、薬害エイズ事件に象徴されるように、被害の対象が、生命身体や自然環境のようにいったん失われると回復不能なものが多くなります。

これらのことを防ぐためにも、危険発生につながるような行為に対しては、具体的な危険が発生していなくても抽象的な危険さえあれば罰するという、抽象的危険犯的な考え方をある程度広く認める必要があると思います。現在、情報社会の到来という新たな事態に日本社会が対応するために、危険犯・過失犯についての新しい考え方の確立が求められていると思います。

（6）　医学部定員大幅増＋医師免許更新制導入

インドに厳しいカースト制があるのは、もともとインドの地に住んでいて、高い文化を誇る圧倒的多数のドラビダ人を征服し、支配者になった少数派のアーリア人が、ドラビダ人の反乱を恐れたからです。カーストごとにできる仕事を細かく定め、通婚を禁じて社会を固定化しました。少数派のアーリア人の支配を安定化するためにやむを得なかったからとはいうものの、カースト制によって、インドの発展がどれほど阻害されたかは言うまでもありません。結局、イギリスの植民地になってしまい、バラモンという最上級カーストの人々でさえも、大変な搾取を受けました。

日本では、法科大学院の制度ができ、司法試験合格者が大幅に増加すると、仕事がない弁護士が増え、日本弁護士連合会は、制度の見直しを声高に叫んでいます。いつの時代も、特権をもつ人々は、自分たちの仲間の数が増えないようにすることで、その権利を守りたがるものです。しかし、その結果、他国との競争に敗れ、長い目で見ると自分がより不利な立場に置かれることをなかなか理解しようとはしません。弁護士の数が大幅に増えることは、国民の法的な水準が大幅に上昇することですから、日本の国際競争力をアップさせ、国民所得を増加させ、結局、弁護士の収入もアップさせることになります。短期的には、職のない弁護士もでてくるでしょうが、弁護士の資格を持って官僚・会社員になるなど、裁判以外の仕事を開拓すればよいのです。法的に十分訓練を受けた人が、官庁や企業にどんどん入っていけば、コンプライアンス面などで、組織の行動原理が大きく変わり、今後の日本の発展に大きなプラスになるはずです。法律職の幹部公務員は司法試験合格者でなければならないとすれば、少なくとも天下りは大幅に減少し、司法試験合格者の就職

5 ピラミッド型からネットワーク型へ（医療供給）

先確保もでき、一石二鳥です。「身分から職業」は、情報社会における社会全般にわたる要請であり、資格試験合格者を身分にしないため、司法試験合格者の業務独占の効力にも更新制を導入すべきです。

同じようなことが、医療マンパワーの世界でもいえます。産婦人科や外科のように、労働環境の厳しい診療科に若手医師が集まらず、医師が集中する都市部の一部には、医師過剰の状態が見られるものの、日本における医師の絶対数が不足していることは否定できません。それにもかかわらず、政府は、長らく医師数抑制政策を進めてきました。その理由は、医療費を抑えるためには、その供給を減らすのがいちばん良く、供給を減らすいちばんの方法は、医師数を増やさないことであるという途上国型の発想からなかなか抜け出ることができなかったことにあります。しかし、根本の原因は、新規参入をなるべく少なくして自分たちの既得権を守りたかったからです。医師数を決定する仕組みが、厚生労働省・文部科学省という政府内の一部省庁と医師会というごく少数の人間で決めるという集権的なものであり、既得権を守りたいという深層心理が行動に影響を与え、現場の変化を反映しにくかったのです。

たしかに、医師の養成には多額の費用がかかりますが、それによって医療福祉業界に健全な競争が起こり、無駄があぶり出され、社会の医療水準がアップすれば、充分に元が取れます。医師の養成の費用は、統制型の医療システムによる無駄と比べれば、はるかに少ないものです。この際、発想を180度変えて、供給を大幅に増加することで問題を解決するというスタンスに立つべきで、医学部の新設を大規模に行い、既存の医学部の定員も大幅に増員すべきです。

特に、東日本大震災で多くの若者が去った被害地区を特区に指定して、多くの医学部を誕生させるべきです。そして、免許の更新制を導入して、駄目な医師をどんどん排除し生涯教育を徹底させれば、医療費が急増することは決してありません。

日本は、欧米に比べて、同じ病気でも入院している時間が長すぎ、これが医療費の無駄の最たるものであり、その象徴が多すぎる病床数であると言われてきました。確かにそういう面もあるとは思いますが、もともと日本の病院は、欧米と違って医者の家が大きくなってできたものですから、医者の傍らでゆっくり休む場所がほしいという社会的要請があったはずです。医師数に対して病床数が多すぎるから病床数を減らせというのであれば、発想を逆転して、病床数に見合うだけ医師数を増やすことも考えるべきです。

自殺数が毎年3万人を超える現在、日本社会は、メンタルヘルスに力を入れざるを得ません。また、鳥インフルエンザ対策で弱点を露呈した新興再興伝染病との戦いにおいても更なる医師が必要です。

がん対策基本法が制定されたとはいえ、まだまだ地域格差が大きいがん治療の現場において、がん診療拠点病院を更に整備するとともに、緩和ケアを推進しなければなりません。このためにも更に医師が必要です。

健康寿命を伸ばして、健康エリートを大量生産しなければならない日本では、医療費をあまり使わずに国民の健康レベルを上げることができる「新しい名医」を作る医師養成課程が必要で、このような養成課程で育てられた人々が、医療イノベーションの先兵になる

べきです。松下電器の創業者、松下幸之助氏は「水道理論」を唱え、安い電気製品が、水道の水のようにふんだんに出回ることを理想としましたが、平均的な国民が、水道の水のように医学知識をインターネットで自由に検索して使えるようになれば、日本社会は大きく変わるはずです。

6　雇用対策は同一労働同一賃金原則法定化

(1) 官僚の行かないハローワーク
(2) 企業福祉時代の終焉
(3) 非正規雇用激増の現実
(4) 同一労働同一賃金原則の法定化
(5) 人材教育の制度的保障

社会保障のイノベーション

6 雇用対策は同一労働同一賃金原則法定化

> 正社員保護が若者の失業を増大させている現実があります。同一労働同一賃金の原則を法定化することによって正社員制度を事実上無意味化し、各自が多様な働き方を選択でき、スキルアップも制度的に保障される社会を作らなければなりません。

（1） 官僚の行かないハローワーク

人を雇うという仕組みは、氏姓制度の部民や武士の家の子・郎党など古くからありましたが、現在の仕組みの原型になるのは、江戸時代の各藩の藩士や商家の丁稚奉公・のれん分けの仕組みでしょう。明治になって、欧米から官僚制度や会社制度が導入されるとともに、その雇用形態が取り入れられましたが、欧米の仕組みをそのまま移すのではなく日本的に修正したので、江戸時代の仕組の影響を強く受けています。日本の雇用制度は、官僚機構に原型があり、これが社会全般に広がったものです。

すなわち、「内の人」とでもいう大組織の正規雇用と「外の人」とでもいう非正規雇用および小組織の正規雇用に分け、正規雇用の世界は、手厚い雇用保障のもとで年功序列の賃金体系をベースに同期採用の人の間でのみ競争をさせ、脱落者は高い給与を与えて組織から排除（天下り）するというものです。良く工夫され、高度成長期の日本を支えてきたものですが、現在は問題点の方が目立ってきました。なぜなら、この制度は、今後は期待できない高度成長を前提としており、さらに、組織の幹部を組織内評価のみで決定するため、社会の掟（コンプライアンス）より組織の論理を優先し社会のニーズから乖離する傾向が強くなってきたからです。

また、正社員保護が若者の失業を発生させるなど、手厚い雇用保障が、かえって失業を生むというパラドックスが生じています。日本の雇用保障は、世界的にみても手厚いものがあり、少なくとも、現在までは、正規雇用の首切りはできないものであるという一種の社会的な合意があったように思います。その結果、企業は、新規採用に、きわめて慎重になります。年功序列社会の中で、50代の社員を1人減らせば新卒が3人雇えるのに、それができず、企業の競争力が落ちる一方であるという話をよく聞きます。正社員保護が若者の失業を生むという現実があるのです。

失業者のための機関としてハローワークがあります。ハローワークが、職業紹介を行うわけですが、所管する厚生労働省の官僚でさえ、自分の再就職のためには、ハローワークにはいきません。これまでハローワークは、「外の人」とでもいう非正規雇用および小組織の正規雇用の職業紹介を行ってきましたから、「内の人」を自認する官僚が自分で使うはずはないのです。しかし、監督している官僚自身が利用しないハローワークが効率的に機能するはずはありません。

医療や年金と同じく、自分たちの保障は共済組合という、他とは違う制度で行う仕組みは、情報技術などの新技術の導入が遅れ、少子高齢化などの新現象への対応も遅れ、結果的に制度全体が崩壊します。早く職業紹介のデータベースを一般に開放して、国民一人一人の携帯電話からでもアクセスできるようにすることが、第一歩です。現状では、ハローワークは、厚生労働省の役人のための仕事づ

くりの機関と言わざるを得ません。

（２）　企業福祉時代の終焉

　日本は、世界に先駆けて、無縁社会に突入しました。高齢化の進展と地域社会・企業一家という仕組みの崩壊が、同時に進行し、皆婚思想の崩壊とともに、縁というものが全くない人間が急増しました。江戸時代は、武士は藩が、農民は村が、「縁」製造機として機能し、一部の「無宿者」以外は、無縁死することはまれでした。明治以降は、藩は企業に代わりましたが、基本的な構造は、同じでした。日本社会において、弱者救済・相互扶助という福祉機能や、一人前の社会人として鍛え上げるという教育機能を実際に担ってきたのは、国でも宗教団体でもなく、会社だったのです。猛烈社員・過労死などという言葉が生まれた背景は、会社こそが自分たちの生活を最終的に保障してくれるという人々の信頼があったわけです。

　今まで、日本企業が従業員の生活を福祉的に保障できたのは、世界的な資源・エネルギー・食料の低価格のもとで、勤勉で安い労働力をふんだんに使うビジネスモデルが通用したからです。加工貿易立国の政策のもとで、高い成長率を長期間維持することができ、組織の急拡大を行うことができたからです。新たにポストを作って、それまでの忠誠心に報い、冠婚葬祭や各種の会合・研修を物心両面で援助して社員同士の絆を再確認し合わせました。言いかえれば、利益を上げるために作られた集団（ゲゼルシャフト）であるはずの会社という組織を、地縁血縁などで人間が本来的に持つ意思によって作られた家族のような組織（ゲマインシャフト）に見せかけて、人々の不安を共同体意識の中に封じ込めたのです。この事情は、役所も同じです。役所は、企業の急成長に伴う税収の急増で、組織の急拡大を行うことができました。今まで、天下りが大きな問題にならなかったのは、天下り先は国民から取り上げたものではなく、新たに作ったものだったからです。

　しかし、グローバル化の進展とともに、大競争時代が到来し、世界が単一の市場になってくると、賃金も平準化が進み、相対的に高額な日本の賃金は、低下せざるを得なくなります。資源・エネルギー・食料の価格が上昇し、これを輸入に頼らざるを得ない日本は、さらに苦しくなります。少子高齢化の進展とともに、高度成長時代は終焉し、組織を縮小せざるを得なくなります。企業も役所も余裕がなくなってきたわけです。

　役所には、大蔵一家・警察一家・河川一家（国土交通省河川局を中心とした土木に携わる技術官僚集団の非公式な互助組織）など様々な「一家」があります。これらの一家組織の根幹は、天下りを斡旋し定年に関係なく事実上の終身雇用を保障することにありましたから、近年の天下りたたきとともに、構成員の組織に対する忠誠心は大きく傷つきました。いずれにせよ、絆を作り維持してきた企業・役所の高度成長という前提が崩れたわけですから、従来の仕組みでは無縁社会の蔓延を阻止できないことだけは確かです。

　日本を代表する一流企業であるJALが倒産しました。法的に言うと、会社更生法の適用を受けたということになります。JALの経営が、ここまで苦しくなった原因は、グローバル化の波の直撃を受けたからです。航空業界でも、路線の設定や運賃を、航空会社が

自分で自由に決められる（オープンスカイポリシー）ようになったため、自ら戦略を立て、それを実行するという「経営」がなければ、どんな組織でも崩壊するということが明らかになったわけです。航空機はボーイング社やエアバス社から、航空燃料は中近東から決まった値段で買い、あとは決まった路線の中で航空機を飛ばせることだけが会社の仕事であるという状態が続きました。そのため、これまで「航空会社には経営努力というものは存在しない」と多くの人が錯覚していました。ですからJALも、コスト＋利益＝価格という経営を親方日の丸の意識の中でやってきました。これが長年通用してきたことの方が、不思議なくらいですが、今回の倒産劇は、経済合理性を無視した経営では、ナショナルフラッグと呼ばれる企業ですら雇用は守れないことを、はからずも証明した形になりました。仮に、解雇や賃金カットを労働者保護のための規制強化で防止しようとしても、会社自体が利益を上げていなければ雇用を守ることは無理で、これまでのように職場に福祉・教育機能を担わせるという仕組みは限界にきているということを表していると思います。

法制面でも、今までの保護一辺倒の労働法から脱却して、雇用は契約であるという近代社会では当然のことを再確認する労働契約法が2008年から施行され、解雇権濫用の法理も労働基準法から労働契約法に移されました。現在、有期契約の社員だけを契約社員と呼ぶ奇妙な慣習がありますが、本来、すべての社員は契約社員であるはずです。また、契約であれば事情変更の原則があるはずです。経営状況が激変すれば、一定の条件の下で、就業規則によりこれまでの労働条件を悪くすることができるという、現在までに確立してきた判例法理も労働契約法で条文化されました。最終的には、ビスマルク時代に作られた、社会保険料を労使折半で負担するという仕組みも、情報革命の進展の中で、その意味を根本から問い直す時期に来ていると思います。

（3） 非正規雇用激増の現実

いま中国では、「蟻族」と呼ばれる若者が増えています。「蟻族」とは、中国の大学卒業者が、大学で学んだことを使えるレベルの正社員の仕事がなく、アルバイトで食いつなぎながら、自分の専門が生かせる仕事を探すようすを言います。なかなか意に沿う仕事が見つからず、生活費を極端に節約するため、狭いところにアリのように集まって住んでいる様を皮肉る言葉です。アリ族増加の理由は、中国には、世界の工場としてブルーワーカー的な仕事はたくさんありますが、ホワイトカラー的な仕事は大変不足しているということだと思います。世界経済の中で、先進国が頭脳部分を、中国などのエマージングカントリーが手足部分を担当するように機能分化してきて、そのような機能を担えない人が各国で居場所を失っているということです。

したがって、この現象は「頭脳の日本と手足の中国」という国ごとの国際分業の結果、生じてきた現象ともいえます。例えば、アメリカの通販コールセンターがインドにできたり、日本のパソコンについての苦情・相談窓口が大連にできたりするのは、この現象の現れです。しかし、今後は、「頭脳の日本と手足の中国」という枠組みが壊れ、最も生産性が高い仕組みを作り上げた国が頭脳を担うと

(3) 非正規雇用激増の現実

いう時代がやってきますから、日本がいつまでも頭脳の役割を担えるとは思えません。事実、日本では非正規雇用が急速に増加しており、これは日本が手足化していることも意味します。

　伝統的な日本の組織は、農業社会を背景とした「内の人」「外の人」を峻別するものです。コア要員とそれ以外をはっきり分け、ラインとスタッフが明確に区別されています。非正規労働者・中途採用者・女性・外国人・障害者等を様々な意味で差別しているのも、これらの人々を「外の人」と位置付けているからです。大学においても、非常勤講師の中には大変よい授業をする人が多いのですが、その給料は教授と比べると大変少ないのが現実です。専任講師と非常勤講師は、待遇面で大きすぎる差があり、付加価値で仕事を評価しているとはとても言えません。その最たるものが天下りです。厳しい労働にもかかわらず年収200万円しかないワーキングプアーがいる一方で、ほとんど仕事がない公社公団事業団で年収1000万円の人がいます。その人が作りだした付加価値曲線とその人の賃金曲線は、完全に一致させる必要はないかもしれませんが、あまりにかけ離れていては、厳しい国際競争の中で、その組織は生き残っていけません。実際、終身雇用・年功序列の仕組があるのは全雇用者の上位2割を占める役所関連や大企業だけですが、そこを守るために社会全体で必要以上に非正規雇用を増やしている現状があります。

　グローバリズムは、日中両国に限ったことではなく、世界中で起こっています。技術の進歩により、世界が単一の市場になり、より生産性の高い仕組が追求される結果、世界各国の賃金や雇用条件の水準が同一化してくるだろうと思います。そのため、日本のような先進国では、従来、法律や慣習で強い保護を受けていた正社員の仕組みを維持していくことができなくなり、非正規雇用の人の割合をさらに増やしていかざるを得なくなるでしょう。現在、日本の非正規雇用の割合は雇用者全体の3分の1ですが、1997年のIMFによる国家管理で従来の仕組みを徹底的に改めざるを得なかった韓国の非正規雇用の割合は、すでに5割を超えています。JALの倒産劇に見られるように、企業が存続しなければ雇用を維持できないことが明らかになった今日、すべての雇用者が、賃金や雇用条件の水準が世界標準に同一化していくことを受け入れざるを得なくなると思います。

　厳しい国際競争の中で生き残っていくため、企業は人件費が安く、市場としても急成長している発展途上国に出ていくという海外移転か、従業員の非正規雇用化を行わざるを得なくなっています。企業が従業員の非正規雇用化を行うのは、給料を安く抑えることができ、社会保障の企業負担がなく、事実上解雇が容易だからです。年金・医療・介護・雇用・労災などの社会保障の事業主負担は、既に給与総額の2割に近づきつつあります。健康保険法により130万円以上の年収のある労働者や2カ月以上の雇用期間を持つ労働者、正社員の労働時間（週40時間）の4分の3である週30時間以上の労働時間を持つ労働者は、社会保険の強制適用があります。企業は、社会保険の強制適用を受けないようにするため、パート・アルバイトという短時間労働者を雇用の主力にしたり、勤務時間は正社員と同じですが雇用期間だけ2カ月ごとに更新していくような雇い方の労働者を増やしています。また、解雇がきわめて難しい正社員の採用を

減らし、景気の変動に合わせて受注の減る不況時に「雇い止め」という形で簡単に雇用関係を終了できる期間社員や、雇用保障の責任を派遣元に持たせることができる派遣社員を増加させています。さらに、成果がでなくても給与は払わなければならない「雇用」ではなく、成果に応じて報酬を払う「請負」の形で雇う「偽装請負」を実態無視の形で横行させています。

いわゆる脱法行為が広がっているわけですが、単に規制を強化するだけなら、これらは、より巧妙に地下に潜ったり、企業自体が海外に出て行ってしまうだけですから、政策担当者の知恵が問われる局面です。非正規雇用化は、弱者である女性労働者や小規模企業ほど多いのが現実ですから、安易な規制強化は、弱者をより厳しい事態に追い込むことになりかねません。非正規雇用の問題点は、正規雇用の半分しかない低い婚姻率と希望格差の拡大です。収入が安定しないため、なかなか結婚に踏み切れず、儒教的な伝統が強い日本では、結婚しなければ出産には踏み切れません。結局、少子化が更に進むことになります。教育の偏差値化の進展と連動して、よい学校に行けなければ、よい会社に入れず、結婚もできず、子供も作れないという思い込みの連鎖の中で人々は希望を失っていくという現実があるのです。

（4） 同一労働同一賃金原則の法定化

それでは、このような希望格差が増大するトレンドに対して、どのような方策を立てていけばよいのでしょうか。それは、「同一労働同一賃金原則」の確立による正社員制度の無意味化と、天下りが誘発する組織内論理最優先体質をなくす為の法令順守（コンプライアンス）の確立だと思います。これをしっかりやれば、生産性向上に結び付かない形式的な会議・無駄な電話応対・長すぎる通勤などの時間をできるだけ少なくして、勤務付加価値を極大化しようとする流れがおこるでしょう。サラリーマンの生涯時間の統計を取ってみると、会議・電話・通勤に費やされる時間がいかに多いかに驚かされます。組織内評価を気にするあまり、主観的には仕事をしていても、客観的には、ほとんど何も付加価値を生み出していない時間が多すぎます。情報技術の進歩により、これらの時間を最小にして、生産性を更に上げることが、大競争時代の中で求められています。非正規雇用者が社内教育を受ける機会がなく、スキルが身に付かないと同様に、正社員は日本的共同体主義の中で、個人としてのレベルアップを怠り、結果として同様にスキルが身に付かず、グローバル競争の中で日本企業が脱落していくという現象を生み出しています。まず、「同一労働同一賃金の原則」を、文字通り実現することがきわめて大事です。これは、同じ付加価値を生み出したなら、同じ報酬を与えるという原則です。これによって初めて、正規非正規を問わず個人として強い社員が生まれます。個人が強くない企業は世界で勝てません。

堺屋太一氏は「団塊の世代」という言葉を作りだしました。第二次世界大戦中に抑圧されていた出生率が、戦後の平和な時代の到来とともに跳ね上がった現象で、1947年ごろからの5年間は、毎年250万人程度の出産数がありました。現在の出産数は、毎年100万人前後ですから、この数字は、総人口が現在よりはるかに少なかっ

（4） 同一労働同一賃金原則の法定化

た当時のベビーブームが、如何に大きかったかを物語っています。その子供たちの世代が、1970年代に生まれた団塊ジュニアです。親の数が多いので、団塊ジュニアも、その前後の世代と比べて、人数が、圧倒的に多いので、競争が激しいのです。団塊の世代が就職するときは、高度成長期でしたから、就職先に困るということはありませんでした。しかし、団塊ジュニアが就職するときは、グローバル化の波の中で非正規雇用が激増したため、正社員としての社会人教育を受ける機会を失ってしまった若者が多いのです。そのような若者は、単純作業の繰り返しの中で、スキルも身に付かず、賃金のベースアップもなく、ボーナスもない中で、将来に対する希望を失ってゆきます。正規雇用と非正規雇用の時給の差は約3倍で、生涯賃金に大きな差がつきますし、非正規雇用者は退職金・企業年金もなく経済面でも保障が極端に小さいのです。

しかし、最大の問題は、非正規雇用者には、技術が蓄積されていかず、日本社会の強みであった、「勤勉でレベルの高い労働力」の再生産が、大きく傷つくことです。また、非正規雇用の婚姻率は低く、少子化を更に加速させることになり、希望を失わせることは犯罪率を高め、社会不安の原因にもなります。格差が全くなければ経済は発展しませんが、希望に格差がある社会は、なお発展しません。「努力すれば報われる。同じ付加価値の労働に対しては同じ賃金を支払う。」という原則が通らないところでは、人々は頑張りようがないからです。

現在、日本社会において、希望の格差が急速に拡大しているのは、中学受験のころから、試験の点数で進学する学校の偏差値別ふるい分けが行われ、大学卒業時点で正社員と非正規労働者が振り分けられ、それで一生が決まってしまうという錯覚を、多くの人が持っていることによります。実際は、そのようなことはないのですが、そのような雰囲気を社会が醸し出していることが問題で、一部には、そのような事実も確かに存在します。したがって、「同一労働同一賃金の原則」を法律で明記し、罰則を持って担保することが必要だと思います。これは、実際には、かなり厳しいことです。なぜなら、これは単に正規労働者・非正規労働者だけの問題ではなく、女性・外国人の差別をやめることにもつながるし、農耕社会の伝統である年功序列社会の組み替えまで意味するからです。

国と国の取り決めである国際法は、各国のしがらみを乗り越えて人類社会の将来の方針を高らかに歌い上げることが、その目的のひとつです。雇用に関する国際条約にILO条約がありますが、ここでは、すでに「同一労働同一賃金の原則」が明記されています。日本は、ILO条約批准の際に、この部分を留保して批准しました。批准当時の国内事情からすれば、やむを得ない面もあったのですが、今回こそ、留保なしに実施すべきで、情報革命に対応するため年功序列社会の組み替えを本格的に行うべきです。給料の算定方法には、仕事の中身だけを評価して「同一労働同一賃金の原則」を体現する職務給と、学歴や潜在能力なども加味して給料の算定する職能給の両者がありますが、この機会に限りなく職務給に移行すべきです。社会保障の負担は、能力をベースとする応能負担と受けた利益をベースとする応益負担の対立がありますが、その前提は、「同一労働同一賃金の原則」であるはずです。

それから、有期雇用契約保障を明確にしなければなりません。現在、非正規雇用が急速に増えていますが、その大部分は、有期雇用契約です。現在の労働基準法における有期雇用契約に関する規定は、3年を超えるものは認めないという、芸者置屋における芸妓の拘束などを想定したものしかありません。有期雇用契約の更新をしない場合には、勤続年数に応じてこれまで払った賃金の1割を支給するなどの保護規定を法律上明記することなどが必要であると思われます。そのうえで、新規採用者の試用期間を有期雇用契約と明確に位置付け、本採用しない場合の補償規定を置くことも必要でしょう。更に、専門職正社員制度のような、現在の正社員と非正規労働者の中間形態を法的に規定し、正規労働者と非正規労働者の2種類しかないということではなく、多様な働き方が存在し、働き方の違いに応じて、保障の在り方が異なる仕組みを早く作るべきです。これらのことは、「内の人」とでもいう大組織の正規雇用と「外の人」とでもいう非正規雇用および小組織の正規雇用に分けている現在の仕組みに風穴をあけることにもつながります。

（5） 人材教育の制度的保障

日本のような社会こそ、人々が様々な働き方を選べなければなりません。なぜなら、日本には人的資源しかなく、この人的資源を最大限効率的に活用することができなければ、厳しい国際競争の中で生き残っていけないからです。働き方には、少なくとも3種類あっていいと思います。

①Ｊリーガーのように、高い報酬を約束されるが将来の雇用の保証がないもの、②会社員のように将来の雇用の保証があるが組織に拘束される度合いが強いもの、③吉野家のバイトのように低賃金だが組織に束縛されないものです。

問題なのは、働き方が1種類に固定されてしまって、吉野家のバイトを一生する人が出てくることです。チャレンジして失敗した人が、一時的に、このような非正規の仕事について、生活費を稼げることは、とても重要なことです。しかし、いったん、このような非正規の仕事に就くと、もう、正社員としての道が閉ざされてしまうような社会は、これからの発展性がありません。また、正社員になると、慢性的な残業や、配置転換・転勤を受け入れざるを得ない「無限定な働き方」の代償としてしか、厳しい解雇規制による将来の雇用の保障がない現状には、大きな問題があります。しかも、中高年社員労働の、付加価値が小さいのに高い賃金を払うような、経済合理性を無視した仕組みを雇用保障の規制強化という方法で守れるはずもありません。同一労働同一賃金の原則を法定化すれば、現在の正社員制度は事実上、無意味化します。このことは、Ｊリーガー・会社員・吉野家バイトなどの多様な働き方を、人生の様々なステージで人々が選ぶことができ、それらが循環するということです。

会社を新しく起こすというチャレンジをした人が、運悪く成功することができず、大きな借金を作って会社が倒産してしまったケースを考えてみましょう。その場合は、しばらく吉野家のバイトをして借金を返し、また資金を蓄えて再チャレンジするということが、日常茶飯事に行われるような社会にならなければなりません。その

際大事なことは、各自が金銭的な負担少なく大学などで再度勉強して、スキルアップできる機会を持てることを奨学金制度などで制度的に保障することです。

さらに、建前を重んずるあまり登録型派遣・製造業派遣を禁止するなど、現実離れした雇用保障規制を緩和することも重要だと思います。労働者派遣法には、常用型派遣と登録型派遣の二つの類型が規定されています。そして、登録だけしていて普段は仕事がない登録型派遣や工場のライン工具にまで派遣労働を広げる製造業派遣は労働者保護に欠けるから禁止すべきであるという意見が強いのが現状です。

しかし、登録型派遣・製造業派遣などは残すべきだと思います。なぜなら、大規模店舗法や利息制限法の教訓を学ぶ必要があるからです。イトーヨーカ堂やイオンのような大型スーパーが駅前の地元商店街の客を奪うので、地元への出店を禁止すべきであるという議論に押されて大規模店舗法が制定されました。地元への出店を禁止されたスーパーは、仕方なく郊外に店を出しました。その結果、消費者は、車に乗って郊外の大規模店舗へ買い物に行くようになり、そもそも駅前の地元商店街に行かなくなり、地元商店街はますます衰退しました。

また、サラ金から多額の金を借りて返せなくなり、厳しい取り立ての中で生活が破壊される人が続出しているという議論に押されて、利息制限法が制定されました。収入の3分の1までしか金を借りられなくなり、利息の上限も制限されて、多くのサラ金が倒産しました。その結果、金を借りることがきわめて難しくなり、どうしても金を借りなければならない人は、非合法である闇金融から借りるため、かえって搾取される度合いがひどくなりました。このように規制強化が当初の予想したことと逆の事態を生むことがあるので、規制さえすれば保護できるという単純なものではないことが分かります。

登録型派遣・製造業派遣の議論は、これと似ている面が強いのです。あるだけましな登録型派遣は禁止するよりも、派遣元企業による職業訓練を義務付けるなどで労働者を保護すべきです。雇用保障規制を緩和しさえすれば、新規分野に労働力移動が起こるという単純なものではありませんが、雇用保障の手厚い国ほど非正規雇用の割合が高いという現実があります。景気変動など、外部条件の変化に対応するために、企業には、いつでも切れる労働力が必要であると言われます。登録型派遣という仕組みを法的に認めれば、少なくとも、そのような働き口が新しく生まれることになります。もちろん、このような労働力に対しても「同一労働同一賃金の原則」を、文字通り適用することが必要です。付加価値の測定を客観的に素早く行うことは、かなり難しいですが、企業がグローバリズムに対応し、社会の希望格差を縮小するためには、乗り越えなければならない壁でしょう。

7　少子化対策は中絶禁止と会社立保育所

(1) 婚外子の活用
(2) 会社の活用
(3) 移民の活用

7 少子化対策は中絶禁止と会社立保育所

> 婚外子についての相続分制限などの法的差別を撤廃することにより婚姻率の低下による少子化を減らします。また、株式会社の保育所経営を建前だけでなく認めて働く主婦をサポートし、移民に対する差別もなくして出産に対する社会の雰囲気を変えます。

（1） 婚外子の活用

経済や衛生水準の向上に伴い、人口動態は、多産多死から多産少死、少産少死へと変化してゆき、その過程で人口増加率も低下していくのが普通です。日本史における人口動態を見てみると、明治以降の高い人口増加率は、例外的なものであることが分かります。しかし、日本の場合は、人口増加率の高い時期から低い時期への変化が極端すぎ、今後大きな社会的混乱が予想されます。

出産は為替と同じで、権力で強制することは不可能です。効果がある少子化対策があるとすれば、生物学的なものだけです。例えば、植物に種をつけさせる方法は、気温の低下や日照の減少など、その植物の生存に危険がある状況を作り出すことです。豊かな社会での草食系男子が増えるのは、本人の生存に少しも危険がないわけですから、生物学的に考えれば当然の現象ということになります。中国では、一人っ子政策を実現するために、民法で、婚姻年齢を男22歳、女20歳、と世界標準よりずっと遅くしました。早く結婚すれば、どうしても子供の数も増えるのです。独身税に意義があるとすれば、早い結婚を促すことで、カップル単位の子供の数を増やすことにあります。

少産少死の先進国の出生率は、1.5を上回る西欧・北欧・北米グループと1.5を下回る日本・アジアニーズ・南欧グループの二つに分けられます。両グループの差は、カップルを作る人の割合とカップルごとの子供の数にあります。1.5より低いグループは、儒教圏・カトリック圏という家父長的な社会構造が現在でも根強く残っており、これが、女性の出産行動に影響を与えていることが予想されます。したがって、日本社会で子供がいないケースが子供を持つように変化するためには、家父長的な社会構造を変える必要があります。そこで、日本社会の出生率を上げる具体策として、カップルを作る人の割合とカップルごとの子供の数を増やすために、婚外子・会社・移民の活用が必要です。

日本社会でカップルを作る人の割合が減ってきたことが、出生率低下の大きな原因です。日本の出生率の変化が極端すぎるのは、日本社会が、まれにみるほど同質性が高いことの裏返しとして、排除型の社会になっているからだと思います。そのよい例が、非嫡出子差別です。日本民法の規定では、非嫡出子の相続分は嫡出子の相続分の半分しかありませんし、非嫡出子は父親の名字を使う権利がありません。先進諸国でこのような差別規定を持っている国はありません。この規定が憲法14条の平等権の規定に違反するかどうかの裁判では、最高裁は一貫して合憲判決を下しています。これは、最高裁判事の、社会の変化を無視した頑固な保守性を示すものですが、最高裁判事は内閣によって任命されるわけですから、内閣の責任でもあります。アメリカの場合は、歴代の連邦最高裁には、何々コー

トと固有名詞がつけられるくらい社会を先導するポリシーが明確なのと比較すると、日本の戦略のなさが際立ちます。その背景にあるのは、日本社会においても、既に皆婚社会が崩壊しているのに、建前としての皆婚と法律婚主義を前提として、それに合わないものは排除するという日本社会の傾向を表しているものと思われます。

　また、日本社会では、出産に対する敷居が高すぎ、中絶に対する敷居が低すぎるため、これを是正することが必要だと思います。中絶数には、年間30万件と言われますが、これは、少子化問題が解決できるだけのボリュームです。中絶問題は、女性の人権問題が深く絡んでいますから、拙速な取り組みはできませんが、日本は、諸外国と比べても、容易すぎます。欧米の婚姻は、世俗婚と宗教婚の二重の仕組みが、宗教改革と政教分離の中で、しだいに自由になり、離婚も認められてきたという歴史があります。近年は、フランスのPACSに代表される事実婚主義も強まってきました。婚外子の比率も日本と比べて比較にならないほど高く、その結果、出生率も高くなっています（図）。女性の地位を保障する法律婚主義を堅持している国の方が、法律的な保障のない事実婚主義の国より出生率が小さいわけで、身分が保障されている官僚機構の方が身分保障のない民間よりパフォーマンスが悪いことと似ています。日本や韓国のような儒教文化圏の出生率が極端に低いのは、社会の男尊女卑傾向の強さと関係があるように思います。同一労働同一賃金の原則が確立されておらず、その結果、男女の賃金差が大きいことが、その原因でしょう。成熟社会では、母親の生活力と出生率に、正の相関関係があるのです。選択的夫婦別姓の本当の意味は、名のる名字の選択

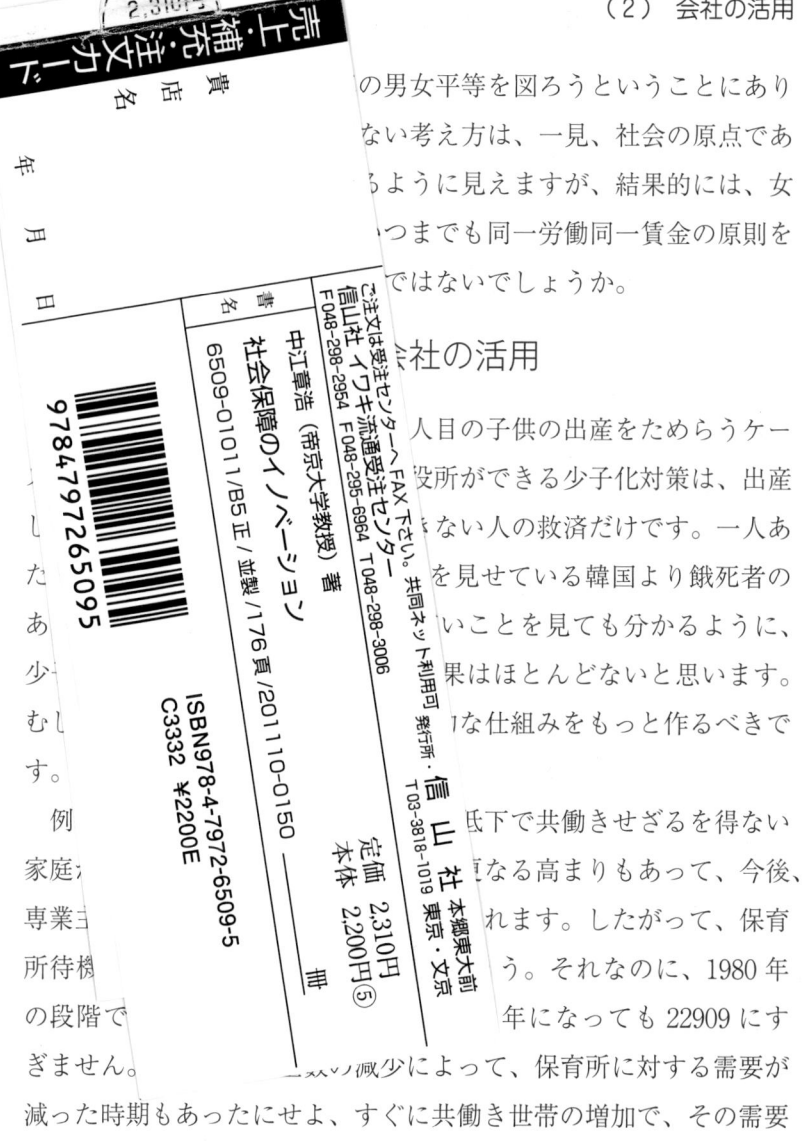

（2）会社の活用

の男女平等を図ろうということにあり　　　　　　　　　　　　　　　　　　ない考え方は、一見、社会の原点であ　　　　　　　　　　　　　　　　　　るように見えますが、結果的には、女　　　　　　　　　　　　　　　　　　つまでも同一労働同一賃金の原則を　　　　　　　　　　　　　　　　　　ではないでしょうか。

社の活用

人目の子供の出産をためらうケー　　　　　　　　　　　　　　　　　　役所ができる少子化対策は、出産　　　　　　　　　　　　　　　　　　ない人の救済だけです。一人あ　　　　　　　　　　　　　　　　　　を見せている韓国より餓死者の　　　　　　　　　　　　　　　　　　いことを見ても分かるように、　　　　　　　　　　　　　　　　　　果はほとんどないと思います。　　　　　　　　　　　　　　　　　　な仕組みをもっと作るべきです。

例　　　　　　　　　　　　　　　　　　低下で共働きせざるを得ない家庭　　　　　　　　　　　　　　　　なる高まりもあって、今後、専業主　　　　　　　　　　　　　　　　れます。したがって、保育所待機　　　　　　　　　　　　　　　　う。それなのに、1980年の段階で　　　　　　　　　　　　　　　　年になっても22909にすぎません。　　　　　　　　　　　　　　　　の減少によって、保育所に対する需要が減った時期もあったにせよ、すぐに共働き世帯の増加で、その需要は急増しました。けれども、この10年で保育所数は、わずか2％程しか増加していません。保育所に対する需要があるのに供給が増

7　少子化対策は中絶禁止と会社立保育所

加しないのはなぜでしょうか。

　そこには、既得権を守ろうとする何らかの力が働いている考えざるを得ません。例えば、保育所は社会福祉法人と市町村しか事実上作ることができません。営利法人立も制度上は認められていますが、現実の補助金を既存の保育所と比べると、雲泥の差があり、現在のきわめて厳格な経営規制の中では、営利法人が保育所を経営することは、きわめて難しいのが実情です。そして、市町村は、現在の仕組みでは、保育所を作れば作るほど、資金の持ち出しになりますから、なるべく作りたくなくなります。なぜなら、市町村立保育所の職員は公務員であり、社会福祉法人立と違い、その給与は経営状態に関係なく役所から出さねばなりませんので、役所の大きな負担になります。また、社会福祉法人立保育所と比べて運営費補助金をより多く出さなければならず、これも役所の大きな負担になります。運営主体の官民格差がありすぎるのです。

　一方、社会福祉法人は、現在ある保育所を、今まで通りのやり方で経営し、他の分野からの新規参入を極端に嫌います。身銭を切って社会事業を始めた創業者と違い、創業者が寄付した不動産の支配を実質的に続けるために、親から相続税なしで保育所運営を相続した２世経営者の中には、既得権の上に胡坐をかいているケースも見られます。現に、マクロベースで、社会福祉法人の財務データを分析してみると、収入に占める利益の割合や総資産に対する純資産の割合は、トヨタ自動車よりも格段に良くなっており、経営努力をあまりせずに、利益をため込んでいる姿が垣間見えます。もちろん、現在の保育所経営は、細かい規制と予算単価により、「手足を縛られたままで泳げ」と言われているような状態で、とても利益が上がるようなものではありません。ですから、限られたパイを食い合うものの数をこれ以上増やしたくないという気持ちになるのは、無理もないという事情もあります。市町村も、どんどん保育所を認可すると、最終的に役所の出費がかさむので、実は、なかなか認可をしようとしないことも問題です。結局、時代の変化に合わせて仕組を変えることを怠ったため、介護業界と反対に、保育従事者を改革反対の立場にしてしまった厚生労働省の責任が大きいと言わざるを得ません。

　保育所問題には、厚生労働省と文部科学省という役所の縄張りの問題、現物（保育所）か現金（子ども手当）かという給付の形態の問題、社会保障給付費を老人と子供でどう分けるかという支給対象の問題など、様々な側面があります。しかし、幼稚園・保育園やこども園の問題は、族議員や保育協会が絡まり複雑化していますが、基本的には役所の縄張り争いにすぎず、本質的な問題ではありません。

　最大の論点は、保育の世界にビジネス界の人の参入をどのくらい認めるかということだと思います。言いかえれば、金儲けをしたいバイタリティーは充分あるがガメツイ人たちの力をどう活用できるかということです。現在、保育所をやれるのは、市町村などの役所を除けば、事実上、社会福祉法人と呼ばれる公益法人だけです。現代社会を動かしている株式会社などの営利法人は、法律的には保育所を作れるようになりましたが、事実上、認可が下りないなど、作ることが許されていません。考えてみれば、福祉・医療・教育など

役所の関与が大きい分野は、皆大きな問題を抱えています。お役所仕事が、社会の急激な変化に対応しきれないからです。確かに悪徳業者は、しっかり監視しなければなりませんが、社会的ニーズにこたえるためには、この分野の建前だけでない規制緩和をもっと行わなければ、問題は永久に解決しないと思います。

しかし、不用意に規制を外すと、弱いところだけにしわ寄せが行き、反発が強まって、改革全体が頓挫することになってしまいます。小泉内閣の時には、財政のプライマリーバランスを回復するために、社会保障分野においても、自然増を認めたうえで、毎年2200億円の削減を実行しました。極めて正しい政策であったと思いますが、削減内容を厚生労働省に丸投げしてしまったため、現場の力関係の弱い障害者対策・生活保護の母子加算や産婦人科救急医療などにしわ寄せが来てしまいました。今回も、これまでの保育所運営費（1兆円）が、地方自治の名のもとに一般財源化され、使途自由な地方交付税として薄く広く撒かれ、保育以外の費用に充てられてしまう可能性が高いと思います。安定財源確保が行われない設置基準の弾力化も、保育の質の劣化を招くでしょう。

大事なことは、補助金や公的保険に頼る運営をやめ、社会保障関連の産業も、市場からサービスに見合った代金を得るという当たり前の形に、早くなるべきだということです。低所得者には、バウチャー支給などの形で援助すればよいわけです。思えば、繊維・鉄鋼産業なども官営工場で始め、民間に払い下げて、競争力をつけていったわけで、このような過去の知恵にもっと学ぶべきです。そうすれば、霞が関の力関係で給与が決まってしまい、家族を養っていけない低給与なので寿退社するという介護労働者の現実もなくなるでしょう。「措置から契約」のスローガンのもとでやってきた社会福祉基礎構造改革を推し進めるべきです。

それでは、弱いところだけにしわ寄せがいかないようにしながら、規制緩和の実を上げるにはどうしたらよいでしょうか。それは、補助金のエコポイント化だと思います。エコポイント成功の原因は、国民の信頼の低い官僚機構の関与を最低限に抑えた、期間を限った最終消費者に対するピンポイントの補助金という形をとったことだと思います。補助金の既得権化を防ぎながら、利用者に決定権を与え、潜在化している待機児童をあぶり出し、育児の社会化・控除から手当という要請にもこたえるものです。現在の保育の補助金は、市町村に直接渡され、そこから、保育園に渡されるため、利用者である児童や親の意向が反映されにくいのです（図）。そこで、保育所運営費補助金が、エコポイントのように直接利用者に行くような特例を認める特別区を作り、営利法人立の保育所も経営が成り立ち行くような場所を作ることから改革を始めるべきです。

縦割り行政の弊害は大きいですが、これは永遠になくならないものであり、利用者が選ぶことで、保育所・幼稚園・こども園・株式会社立など様々な施設が自然淘汰されていく形が望ましいと思います。さらに、小学校就学児童の放課後クラブなどの、保育所以外のきめの細かい育児サポートの取り組みも必要で、介護問題から類推しても、自分の家が一番いいはずで、母親の在宅勤務をすすめることが育児問題の最終的な解決策であると思われます。

（3） 移民の活用

　移民を安易に受け入れると大きなデメリットがあります。まず、治安が悪化し、社会保障や教育に関する支出も増加します。歴史的にみても、カンボジアの領土であったメコンデルタやメキシコの領土であったテキサスは、安易な移民受け入れで、ベトナム・アメリカの領土になってしまいました。アメリカ人移民を大量に受け入れたハワイ王国がアメリカ合衆国の一つの州になってしまったことも有名です。どこの国も移民の受け入れには苦労し、日本でも、7世紀に同盟国であった百済や高句麗の滅亡に際して、大量に発生した難民を渡来人という形で受け入れたり、明治期に欧米の先進文明を吸収するため、「お雇い外国人」として多数の知識人を受け入れました。いずれの場合も、現在のシンガポールのように、彼らに決定権は持たせず、破格の待遇を与えながら、その知識のみを活用したのです。現在の中国人の水源地購買についても、投資呼び込みと外国人コントロールのバランスが難しいところです。国民年金や国民健康保険の受給に日本国籍を持っていなくてもよいという、国籍要件の撤廃にむけた制度改正を続けてきた外国人に対する社会保障制度改革の方向性は正しかったと言えるでしょう。外国人の権利能力についての制限は、極力、撤廃すべきです。日本への赴任を嫌がらないようにするためにも、外国人学校のレベルアップも必要です。一方で、外国人の公務員就任権や参政権については、慎重に考える必要があると思います。

　しかし、移民を受け入れることのメリットも大きなものがあります。ブラジルは、日系移民を受け入れることによって、近郊農業から始まってあらゆる分野で発展の原動力を得ることができました。アメリカの強さは、世界中から優秀な人材を受け入れることにあることは、衆目の一致するところですし、多国籍企業の強さは、一地域の常識にとらわれない斬新な発想と明快な論理にあります。アジア・アフリカ・ヨーロッパという三大陸にまたがり600年以上にわたって繁栄を続けることができたオスマントルコの強さは、人種・門族民族・出身地にかかわらず優秀な人材を帝国宰相の地位につけるというような柔らかな専制にあったと言われています。その意味で、現在、日本が行っている東南アジアからの外国人看護師導入政策は、見せかけだけの人材導入と評価されてもやむを得ません。

　21世紀半ばには、人口でフィリピンやベトナムが、GDPでインドやブラジルが、日本を追い抜くでしょう。人口や経済規模が大きければよいというものではありませんが、高齢化した国家の最大の問題は、社会が保守的になり、新しいことにチャレンジしようとしなくなり、すべての面が停滞して、歴史のお荷物になってしまう危険性が大きいことだと思います。

　国境をまたぐ人の動きに関する仕組みとして、永久会員権にあたる「国籍」と一時滞在の資格である「ビザ」があります。

　「国籍」についての考え方には、親の国籍を引き継ぐという「血統主義」と生まれた土地の国籍を獲得するという「生地主義」があり、日本は血統主義の考え方で仕組みを作っています。経済の世界では、グローバル化に対応して、国民総生産GNPから国内総生産GDPと、一般的に使われる指標が変化しています。国籍要件の哲

(3) 移民の活用

学についても、民族国家である欧州でも「血統主義」から「生地主義」に考え方を変える国が出てきました。戦略的に優秀な外国人を受け入れることが必要なことは言うまでもありませんが、世界の変化は想像以上に早く、環太平洋戦略的経済連携協定（TPP）と東アジア共同体という問題は、この点からも考えなければなりません。少なくとも、「ビザ」をもっと活用すべきでしょう。歴史をみる限り、移民を受け入れると刺激を受けるのか社会全体の出生率が上昇します。現在までの出生率の結果である3割の人口減を容認し、欧州並みの1割の移民を受容して、日本社会の出生率をアップさせる決断をすべき時が来ていると思います。

8 官僚改革は給与の国債支給

(1) 官僚不信の背景
(2) 国を滅ぼした組織の共通点
(3) スト権付与によるリストラ
(4) 幹部給与の国債支給
(5) 人事情報のインターネット公表
(6) 任期制の導入
(7) 民間企業の新規参入によるリストラ
(8) 政治家と官僚の役割分担

社会保障のイノベーション

8　官僚改革は給与の国債支給

> 公務員改革の基本方針は、公務員を身分から職業にし、外交・防衛・徴税などの権力中核部分以外は民間との競争にさらすことです。官僚が機関車となって社会を引っ張る時代は終わったのですから、選挙や倒産による組織見直しの機会のない官僚機構は、官僚機関車時代に作られた様々な特権を返上するべきです。その代り民間と同じく労働基本権を認め、人事院は廃止します。幹部給与の国債支給・人事情報のインターネット公表・任期制の導入・独禁法の適用など、具体的方策によって一般社会の風をあてないと社会保障の担い手としての国民の信頼を取り戻すことができないと思います。

（1）　官僚不信の背景

　日本の公務員数は、欧米諸国と比べると多くはありませんし、汚職件数も多くはありません。それにもかかわらず、日本人の公務員に対する信頼度は、諸外国と比べると極端に低いのが現状です。ここに、日本の公務員制度の不思議があります。確かに経済成長が止まると社会の不満が増大し、その不満を発散させるためにスケープゴートを求めがちです。例えば、安土桃山時代から元禄時代と高度成長を続けた日本は、徳川吉宗の享保時代には成長が止まり、大商人が社会の不満のやり玉に挙がりました。現在の官僚批判は、吉宗の時代の大商人の役を官僚が担っている側面があります。

　しかし、その本質的な原因は、公務員制度の社会的位置づけの変化・戦前の旧制高校教育に象徴されるノブレスオブリージュ（Noblesse oblige、高貴な身分に伴う義務）教育の廃止・現場を重視する日本文化の伝統の強さ、などにあると思われます。現在、多くの先進諸国は財政的に破綻し、それが経済危機の引き金になっているため財政収入増加（増税）が必要ですが、官の信頼の低下が、増税の障害になっています。また、少子高齢化の進展で、社会保障の拡大が必要にならざるを得ませんが、現在の社会保障は、官主体で運営されていますので、官の信頼の低下がストレートに制度不信につながっています。ここに、公務員制度改革が最優先の課題になる背景があります。

　まず、公務員制度の社会的位置づけの変化ですが、キャッチアップの時代には、官僚機構は、社会の機関車としての機能が求められました。すなわち、現実の欧米社会において、歴史的な決着を得ている問題（答のある問題）に関して、いかに早く正答するかが求められました。答のある問題にいかに早く正確に答えるかは、官僚機構の得意技です。この時代、官僚機構は実力以上の社会の信頼を勝ち得ることになりました。ところが、社会が成熟し、情報革命が進行し、未来が五里霧中状態である時代になると、それぞれの現場で、それぞれが試行錯誤しながら、正解を探さなければならなくなります。そうなると官僚機構の打つ手は、巨大なピラミッド型の組織の特性から、遅く不正確になりがちです。そのため、官僚機構は社会の信頼を急速に失っていきました。

　次に、戦前の旧制高校教育に象徴されるノブレスオブリージュ教育の廃止があります。明治時代ほどではないにしても、戦後の高度成長期までは、東大卒の肩書は、それなりに権威がありました。し

かし、日本社会は、もともと、世界的にみても珍しいほど平等意識の強い社会で、人間はみな同程度の能力を持っているという「能力の平等感」がとても強いのです。大学進学率が50％を超えると、受験戦争の勝者である東大卒の肩書は、他人を蹴落とすのがうまい試験巧者、たくさん塾に行った反射能力だけが高い者といった評価しか受けないようになってきました。しかも、国際機関や外資系企業では幹部は皆博士号をもった大学院卒であり、日本の幹部公務員は学歴負けするようになり、官僚機構が出す政策を国民が信用しなくなる傾向に拍車をかけました。あえて厳しいことを言えば、幼少より塾通いをしてやっと東大に入る程度の頭脳の持ち主が、キャリア官僚として絶大な権限を振るうことに対する国民の不安と不満が根底にあるわけです。

　決定的だったのは、戦前の旧制高校教育に象徴されるノブレスオブリージュ教育の廃止です。エリートに社会的責任を自覚させ、厳しい自己抑制を求める教育は、どの社会でも行われていますが、戦後の日本は、平等主義の名のもとに、これを廃止してしまいました。明治時代の官僚は、現在と比べても遥かに多くの特権を持っていましたが、その人数は少なく、旧制高校の教育の成果もあり、公のためには自らの身を捨てる覚悟がありました。実際、現在でも、日本の官庁の倫理性は決して低くはありません。しかし、民間企業と比べて、高いとも言えません。民間企業の法令違反行動は、長期的には、市場原理によって排除されていきます。これに比べ、「薬害エイズ事件」や「消えた年金問題」からわかるように、官庁の場合は、市場の圧力がない分だけ、コンプライアンス機能が弱くなりやすい

のです。社会の強い反発にもかかわらず、天下りがなくならないのも、官僚自身の心の底に、「自分はこれだけ勉強して公務員試験に合格し、厳しい職務に耐えてきたのだから、その代償をよこせ」という気持ちがあるからでしょう。天下りをすることに自責の念があるにもかかわらず、自分の省から最初に天下り廃止をすることには頑強に抵抗すること自体、現在の霞が関にノブレスオブリージュが存在しないことを証明しています。

　最後に、現場を重視する日本文化の伝統の強さです。歴史学によると、地方に主権が移動したという純粋な意味での封建社会が存在したのは、欧州と日本だけだそうです。中国や南アジアでも中央政府の力が衰えれば、国家は分裂し地方は中央の言うことを聞かなくなります。しかし、これらの地域では、各地域に主権があると考えられているわけではなく、一時的に国王の主権を代行しているだけなのです。封建社会では、中央政府の力が衰えると、軍事・徴税・司法などの権限が本来これを持っていた「地方」に移ります。現場の決定が中央政府の決定に優先するという、本来の形に戻ることになるわけで、もともと、日本社会は現場が強い社会なのです。

　また、中国・朝鮮・日本・ベトナムという漢字文化圏の中で、日本だけが科挙を行いませんでした。唐の文化を何でも受け入れた当時の日本において、科挙と宦官だけは取り入れなかったのです。これは、試験の合格者に極端に強い力を与えることになる科挙制度の危険性を自覚していたものと思われます。このような現場重視の伝統があったからこそ、律令体制の枠組みの中ではあるものの、源頼朝が1185年に守護・地頭を東国におくことで1192年に鎌倉幕府を

作り上げ、1221年の承久の乱で武士の全国政権が確立し、1232年に御成敗式目を作り上げて、最後には律令体制の枠の外で自分たち自身の正義を確立することができたのです。

現在、世界各国の民法に時効という制度がありますが、世界史上、最初にこれを明文化したのは日本の御成敗式目であると言われています。これは、当時、地頭などの武士が公家の所有地を実力で支配して20年経過したケースが数多くあり、公家から武士に法律上も所有権を移転させる社会的要請が非常に強かったことに応えたものなのです。このように現場に合わないものは社会の信頼を失って無視されてゆくという歴史に学ばなかった日本の官僚機構は、自己目的化する仕組み・責任を取らない仕組み・変化に対応しにくい仕組みから脱却することができず、社会の信頼を急速に失ったわけです。

（2） 国を滅ぼした組織の共通点

国家が誕生すると、最初にできる組織は、軍隊と官僚です。秦の始皇帝が、中国を統一できたのは、秦の軍隊と官僚が、他の6国より、組織体として優れていたからです。組織体として優れているということの意味は、ある目的を掲げたら、それをどのくらい早く、コストを少なく、確実に実行できるかということです。実行のために、その組織には大変なストレスがかかります。そのストレスをはねのけるために、組織は、その構成員に運命共同体的な意識を持たせます。何々一家という言葉はそれを表しているわけです。年金という制度は、軍隊に対する恩給から始まりました。生涯面倒をみると約束することほど、その組織に対する忠誠心を高めることはあり

ません。現代の日本において、構成員が所属する組織に対して忠誠心を最も強く持っているのは、官庁でしょう。このように共同体意識の強い官僚組織は、国にとって諸刃の剣であり、使い方しだいによって、国を飛躍もさせるし崩壊にも導きます。世界の歴史をみると国を崩壊に導いてしまった組織には共通の性格があります。それは、その組織構成員の評価権（人事権）を組織内で持ってしまい、かつ市場による倒産や選挙による落選のような、外からのチェックが全く働かなくなってしまったことです。その例を世界史上から探してみます。

オスマントルコは、700年にわたって、アジア・ヨーロッパ・アフリカにまたがる大帝国を建設・維持しました。この帝国を支え発展させたのは、イェニチェリと呼ばれる特殊な軍隊でした。オスマントルコは、征服した地域のキリスト教徒の子弟を集め、徹底的に教育して、当時のヨーロッパのどの国にもない、効率的な軍隊を作り上げました。16世紀まで、オスマントルコとヨーロッパ諸国の軍事バランスが、圧倒的にオスマントルコに有利だったのは、イェニチェリの存在によるところが大きいのです。しかし、17世紀になると、イェニチェリは、自分たちの権益を守ることに汲々とし、改革に抵抗しました。ついに、ムハンマド＝アリーは、玉石共に砕くと、イェニチェリを皆殺しにしなければ、近代化を始めることができなかったのです。

有能な君主、有能な政治家が、適切な目標を提示し、組織を乗りこなしていかなければ、組織は必ず暴走します。第二次世界大戦前の日本軍部も、それなりに、国家の行く末を案じ、その問に自ら解

答を示して、国難を救おうとしました。しかし、その共同体の強さゆえに、組織の論理が先立ってしまい、国家としての意思をなかなか形成することができず、戦略的にみると最悪の決定をしてしまいました。軍部が提示した「日中戦争を継続したまま、アメリカハワイの真珠湾を連合艦隊の総力を挙げて奇襲攻撃をする」という救国案は、どう考えても正しい解答ではありませんでした。結果は、太平洋戦争への突入であり、国土は廃墟となり、日本民族は滅亡の淵に立たされました。

官僚制には、長い歴史があります。アケメネス朝ペルシャのキュロス2世や、秦の始皇帝が、官僚制を作ったのは、それまでの世襲貴族による恣意的な行政をやめようとしたからです。そのために、官僚制の匿名性が強調されました。誰がその問題を担当しても、同じ結果を出すために、個人の名前を出さず、官僚機構を一つのマシンとして機能させようというものです。しかし、このことにより責任があいまいになり、失敗してもその教訓を次に生かせなくなり、同じような失敗を繰り返すようになってきました。「薬害エイズ事件」に象徴される薬害に対する日本の官僚機構の対応などは、その典型例です。前例を墨守して同じ誤りを繰り返し、不作為を決め込み、2-3年ごとの人事異動による職員入れ替えで前任者との約束がウヤムヤになり、縦割り行政の中で陳情をたらい回しするような、無責任体制が蔓延してしまいました。匿名による行政の恣意性の排除という利点よりも、責任をとらないという悪い面の方が大きくなってきたわけです。国家賠償請求訴訟でも、公務員個人の賠償責任は問えないという最高裁判所の立場が、最近では、職務を萎縮させないという利点より、無責任を助長するという欠点の方を大きくするという弊害を生み出してきました。

役所という組織は、税金という形で収入が自動的に入ってくるため、外部環境の変化が組織の基盤を切り崩していることが、その構成員には認識しにくいのです。外部変化を組織に取り入れる仕組みが弱いことが、国民の信頼を失う原因にもなっています。オオジカは、大きな角が武器になり、生存競争に打ち勝っていきました。しかし、その角は、どんどん大きくなって、移動の支障になってしまっても、大きくなり続けてしまいました。外部環境の変化に対応できず、一定の方向に変化が進んでしまうことを定向進化といいますが、現在の役所の状況は、これに似ています。オスマントルコのイェニチェリや中国歴代王朝の宦官、江戸幕府の旗本、昭和の軍部など、国を滅ぼした組織はオオジカの角のようなものです。

しかし、昭和の軍部や平成の官僚機構は、新人採用が公正な能力試験によって行われる非世襲の組織なのに、なぜ既得権擁護組織になってしまったのでしょうか。それは、組織の構成員の評価（人事権）を組織内で持ってしまい、他のチェック機能がないために、組織の利益を図ったものを出世させることになってしまったからです。省益は考えるが国益は考えない行動をとってしまう原因はここにあります。もし平成の官僚が、今後も同じような行動をするのなら、後世の歴史家から、「昭和の軍人と平成の官僚が国を滅ぼした」と言われることになるでしょう。官僚機関車時代の終焉を受けて、巨大な官僚帝国に大胆に切り込むことが求められています。その際ネックになるのが、公務員の労働基本権の制限です。この制限の代

償として給与の人事院勧告があり、安価な公務員宿舎・天下りなどの聖域までが守られてきた面があります。大胆な公務員のリストラを断行するためにも、労働基本権を公務員に与える代わりに、幹部給与の国債支給・人事情報のインターネット公表・任期制の導入・独禁法の適用を行うべきだと思います。

（3） スト権付与によるリストラ

　第二次世界大戦前の大日本帝国憲法の下においては、法により認められた労働者の権利というものは工場法・健康保険法などの一部を除いては存在せず、労働運動に対しては弾圧的な政策がとられました。一方、官僚は国家に対して、忠実に無定量の勤務に服するものとされ、その代償として、保険料負担なしで恩給を受給し、死後も、転給制度により遺族年金よりも遥かに広い形で家族に受け継がれる特権を有していました。第二次世界大戦の日本の無条件降伏を受けて1945年、連合軍総司令部GHQは治安立法を廃止し、公務員にも民間労働者と同様に労働基本権を保障し、警察・消防・刑事施設職員に団結権を禁止したのみでした。しかし、第二次世界大戦終戦後、公務員に対しても労働基本権が全面的に認められたこともあり、労働運動は激化を極め、危機感を強めたGHQは、1947年2月1日に予定されていた国鉄を含むゼネラルストライキを中止させ、政令201号を公布し、一切の公務員について団体交渉権・争議行為を禁止し、争議を行った者に対して懲役刑を含む罰則が設けました。この時期の解釈は、公務員は全体の奉仕者であり、公共の利益のために勤務し、職務の遂行にあたっては、全力を挙げてこれに専念しなければならないので、争議行為を全面的に禁止することは合憲であるというものでした。

　その後、1966年のいわゆる「全逓東京中郵事件」で、最高裁判所は、従前の「公共の福祉等を理由とした公務員の労働基本権規制は全面的に合憲である」という立場を変更しました。すなわち、憲法第28条の労働基本権の保障については公務員にも基本的には及ぶものとし、労働基本権を制約する法規定は一定の考慮がなされてはじめて合憲であるとする「限定的合憲論（合憲限定解釈）」をとりました。さらに、1973年の全農林警職法事件で、再び解釈を変更しました。それまでの合憲限定解釈を否定し、争議行為を一律に禁止する国家公務員法の規定を合憲としたのです。このような歴史を見てゆくと、公務員労働基本権の制限は、何よりも政治的な産物であるということがわかります。

　現在、公務員には労働基本権が制限されており、中でも団体行動権はすべての公務員で否定されています。これは、公務員は全体の奉仕者であるから、自分たちの給与のことは考えずに、しっかり仕事をしろという意味だと言われています。そのかわり人事院勧告というものを作って、社会全体の状況を専門家が鑑みて、それなりの給与を保障するというのです。しかし、この仕組みは、発展途上国が急いで先進国に追いつこうという場合のように、社会目標が単純かつ明確で、そのための手段である官僚機構にできるだけの力を与えようというときには必要ですが、現在のように政府が多額の借金を抱える時代には、根本から考え直す必要があります。なぜなら、労働基本権の制限が官僚機構を聖域視させ、抜本的なメス入れを阻

んでいる面が強いからです。むしろ、労働基本権の制限を撤廃する代わりに、幹部給与の国債支給・人事情報のインターネット公表・任期制の導入・宿舎廃止・人事院廃止などの抜本改革を行うべきです。

　欧米諸国は、軍人、警察官等を明文で禁止しているほかは、争議権も認めています。争議権がなければストライキをしないわけではないからです。民営化に反対した国鉄が、1980年代に順法闘争という形でストライキを強行したことは、歴史的な事実です。どんな形にせよ、ある政策に絶対反対しようという集団が、実力行使を決意したら、それを止めることはできず、政府は、その行動に対して、毅然として対抗するしかありません。特に、ゴミ収集、公営交通機関、水道・電気・ガス、学校給食調理師、用務員、公用車の運転手のように、公権力に直接係わらない仕事をする現業公務員を特別扱いして、身分保障する必要性はないと思います。

（4）　幹部給与の国債支給

　財政は、国も地方も、一般会計と特別会計に分かれます。税金一般の収入は一般会計に入り、保険料や着陸料のような個別収入は特別会計に入ります。したがって、特別会計だから悪いという理屈はないはずです。どんなに透明化しても、担当者の裁量の幅は必ずありますから、「担当者自身が無駄をなくそうという気持ちになる仕組み」を制度に組み込まなければ、無駄はなくなりません。財務省の前身の大蔵省があったころは、大蔵官僚の「官僚の中の官僚」という誇りが、均衡財政を支える砦になっていました。しかし、大蔵省の地盤沈下とともに、この機能は大きく弱まりましたから、これからは、別の手段も考えなければなりません。例えば、全省庁の幹部公務員に対しては、平均給与を超える給与を国債で支給することが、財政破綻の一つの歯止めになると思います。

　2009年総選挙で、民主党は、「公務員の総人件費2割削減」を公約に政権を奪取しましたが、明治の公務員給与は、国民の平均所得と比べて、現在より遥かに高かったのです。しかし、その数は、絶対数のみならず、労働人口に占める割合というような相対数でも、現在より遥かに少なかったのです。明治期の官僚制度は、少数の優秀な人材に非常に高い給与を払って、官でしかできない仕事だけを完璧にやったのです。情報社会における官僚制度は、明治期の官僚制度を目指すべきだと思います。官でしかできない仕事だけを官がやり、そのかわり、優秀な人材を集めるために、高い給与を出すべきです。しかも、その給与は、結果に連動したもので、金銭を直接出すのではなく、国債などのストックオプション的なものにする必要があります。そして、人件費2割削減の根拠は、仕事の削減に求めるべきです。官でしかできない仕事だけを官がやることにより、仕事の総量が減り、結果的に公務員総数が減り、その結果、人件費も減るというものでなければなりません。

　税金の無駄はどこにもありません。なぜなら、役所が、税金を使うときには、必ず合理的な理由をつけるからです。公務員試験に合格するくらいの法律や経済の知識がある公務員の論理を、一般国民が打ち破れるはずはありません。したがって、税金の無駄はどこにも見つけることはできないはずです。しかし、これだけ借金ができ

8　官僚改革は給与の国債支給

てしまった現在の日本国においては、あるにこしたことはないが、優先度の低い事業は、止めなければなりません。その方策は、幹部公務員に国の財政と運命共同体になってもらうしかありません。人間は、自分に近い金ほど大事に使えます。なぜなら、使い方の善し悪しが直接自分に返ってくるという責任があるとともに、使い方を自分で自由に変えられるという権限もあるからです。自分の金、家族の金、会社の金、国の金、など自分から離れれば離れるほど、直接自分の懐が痛まないのでどうでもよくなり、実際、自分自身で使い方を工夫することもできないので、どうにもならないのです。だから、金がないときには、それを最大限有効に使うために、なるべく自分自身に金を集中させなければなりません。社会全体で言えば、小さな政府にして、個々人のところに金を残しておくとともに、政府部内では、間接的に各公務員に払われる庁費や天下り先に使われる補助金としてではなく、直接各公務員に払われる給料にするのです。特に幹部公務員には、幹部社員に会社と運命共同体になってもらうために会社の株で給与を払うのと同じ感覚で、国債で給与を支給すべきです。

更に、給与の仕組みを変えなければなりません。給与を業績と連動する仕組みが必要です。そのためには、現在の給与法の年功序列的な給与表を廃止すべきです。また、幹部公務員の給与は、少なくとも、その一部は、国債で支給することだと思います。民間でも、ストックオプションは、一般化しています。中小企業の強さは、会社の債務を社長が個人保証していることにあります。現代社会において、会社が大きな存在感を持つのは、その効率性と変化対応力です。進化論が教えるところでは、生存競争を続ける生物の世界で、どの生物が生き残るのかは、最も強いものではなく、最も変化に対応できたものであったことは、広く知られています。

役所の幹部は、経営者でもなければなりません。経営に責任を持たなければなりません。会社という仕組みは、経営に責任を持たせるという仕組みゆえに、現代社会において、重きをなしています。この仕組みを、公務員制度にも取り入れなければなりません。財務省が大蔵省と呼ばれていた時代には、「官僚の中の官僚」といわれた大蔵官僚の誇りが、国債の乱発の歯止めになっていました。しかし、今や、その誇りもなくなってしまいました。国債を増発し続ければ、いつかは、国債が紙くずになることは、だれの目にも明らかです。それを阻止する力が、政府部内で生まれにくいのは、国債発行者である官僚の生活と、国債の増発が何も関係ないからです。日本経済の強さは、中小企業の強さであると言われます。それは、中小企業の社長は、自分の生存と会社の生存が、同義であるからです。自分自身の生死がかかっているために、必死で、会社が生き延びる道を模索します。この仕組みを、役所にも、導入しなければなりません。そして、給与法を改正して年功序列的な俸給表を廃止し、同一業務に民間企業の参入を許すことによって業績本位の給与体系に改めざるを得ないようにすべきです。結果的に50代の給与を削って30代へまわし、公約であった給与2割カットへの道筋をつけないと国民負担増への支持を得られません。

（5） 人事情報のインターネット公表

　平時の組織改革は、きわめて難しいことですから、増税の機会をとらえて、増税と引き換えにやるしかありません。しかも、これは、現在のピラミッド型の組織をネットワーク型に変える起爆剤にならなければなりません。公務員改革の基本方針は、雑務廃止・身分保障廃止・給与業績連動の３方針で行うべきだと思います。まず、雑務廃止のために、官僚機構の人事権を実質的に官僚自身から第三者に移さなければなりません。すなわち、自分の評価を仲間内でなく外の人間が評価するという近代組織では当然のことを行うことから改革を始めるべきです。そのために、役所と役所類似機関（役所からの金が事業費の１割以上を占めるいわゆる天下り先）は、すべての人事の辞令をインターネットで公表することを義務付けることを提案します。

　会社は、社員の人事権を社内の人間である社長が持っていますが、下手の経営をすれば倒産してしまうという市場によるチェックを受けています。特に中小企業の場合は、倒産すれば、その債務は社長が自分の個人財産で償わなければならないことが、その行動の真剣さを裏付けています。

　官僚機構の場合は、建前の上では、その人事権は、役所の外の人間である大臣が持っています。しかし、選挙運動のことだけを考えて当選回数を重ね、やっとの思いで大臣になった政治家では、官僚が作ってくる官僚の人事案をそのまま承認するしかありません。その結果、実質的には、官僚機構自身が自分の人事権をはじめとする実質的な権限を持っているのに、あくまでも民主的な選挙で選ばれた大臣が人事権をはじめとする実質的な権限を行使しているという形を作らざるを得ないことになります。そのために、国会答弁をはじめとする根回し作業に膨大な時間とエネルギーを費やさなければならない羽目に陥るのです。ですから、官僚機構が自分の人事権を手放すことが、公務員に無駄な作業をさせないことに繋がります。そこで、建前通り、役所の外の人間である大臣が実質的に人事権を行使することが必要になります。しかし、実際には、落下傘のように役所にやってきて、いつ辞めるかわからない大臣に、すぐに実質的に人事権を行使することを求めるのはきわめて難しい要求です。首長の場合は、任期が決まっており、何回か自分で人事をやるうちに、実質的にも自分で人事権を行使できるようになりやすいものですが、大臣の場合は、よほどのスーパーマンでない限り、これを望むのは無理というものです。そこで、多少のプライバシーは犠牲にしても、インターネットを利用して人事案件をすべてオープンにすることによって、世論の力を借りて、人事の公正さを担保することが良いと思います。

　特に天下り先の人事情報の公開は必要です。なぜならば、現在の日本国の閉塞感の原因を象徴しているのが、公務員の天下りだからです。官僚は、大臣より事務次官を見ています。官僚機構が、大臣より事務次官を事実上のトップとする組織になってしまうのは、大臣は１年内外で変わってしまうのに、事務次官は十年以上にわたって影響力を行使し官僚自身の老後の面倒を見てくれるからです。退官後の天下りに関する人事は退官前の通常の人事と一体化しており、

事務次官・官房長・人事課長の最大の仕事であり、官僚王国の中枢部分です。この仕組みの長所も大きいのですが、現在では、共同体化の危険性・閉塞感の原因・部外者発想の欠如など、短所の方が大きくなってしまいました。公務員が国会答弁の想定問答作りや根回しなどを深夜まで行い、法令違反を犯してまでも、自分の出身官庁の利益を守るという現在の「お役所の掟」を作り上げてしまった原因は、優等生特有の臆病さもあるものの、給料の後払い・人事ローテーション上の避難所としての機能を天下り先が果たしてきたところにあるとも言えます。本省で酷使されても天下り先の課長ポストでゆっくり休んで英気を養い、退官後は、理事ポストで高額の給与・退職金をもらうという仕組みが、役所に対する小さな忠誠を最優先するという現在の役所の構造を維持しています。ですから、天下り先の理事ポストを一般公募するといっても、どうしても建前だけになってしまいます。これまでの知見を生かせる職として官僚が応募してもかまいませんが、ボランティア的にやるべきです。キャリア官僚は、東大出身者が圧倒的に多いわけですから、国民の税金で勉強させてもらってきたわけです。学生時代も就職後も税金を使う側にいるわけで、せめて退官後くらいは税金を払う側に立ってもらいたいものです。最大の問題は、法令違反を犯してまでも、自分の役所の利益を国益より優先してしまう行動に出てしまうことで、この構造は、次々に戦線を拡大して遂には世界を相手に第二次世界大戦を引き起こしてしまった昭和の軍部の構造に酷似しています。市場や選挙によるコントロールを受けないこの構造を壊していくには、人事情報をインターネットで公開するなどして、役所関連の人事全般が世論のチェックを受ける仕組みにするしかないと思います。

（6） 任期制の導入

次に、身分保障の仕組みを変えるべきです。教育公務員には、既に資格更新制が導入されました。何故、一般公務員だけ、身分保障が必要なのでしょうか。現在の公務員制度の問題は、公務員試験合格が、「職業」のための単なる資格試験ではなく、公務員の身分保障制度のために、生涯の地位を保障する「身分」になってしまっていることです。成績主義の公務員制度を維持するためには、任命権者による恣意的な人事を禁ずる必要があるからと説かれますが、これは、公務員に限ったことではありません。一般の労働法で、保護されれば充分です。全体の奉仕者・職務の中立性を言うのであれば、裁判官の身分保障・国会議員の不逮捕特権など、職種ごとに必要な身分保障をすればよいのであって、一律の身分保障は、官界のぬるま湯化を助長してしまいます。日本の公務員数は、欧米と比べた場合は多くはありません。しかし、官僚機構が、日本社会の機関車として、全体を引っ張ってきたという位置づけから、官僚機構の雰囲気が、社会全体の雰囲気を決定しています。そして、この官僚機構の気分が、日本社会全体に蔓延し、「日本丸の船底に穴があいて水がなだれ込んできているのに、何とかなる」という気持ちを国民全体に与えています。

それから、幹部公務員の一括採用が必要です。現在の省庁ごとの採用と天下りも含めた終身雇用のシステムの中では、自分の省の利益より国全体の利益を考えることを求める方が無理というものです。

あらゆる組織には、縄張り争いがあります。これは、動物界全般について言えることであり、これが活力の源泉になっている面もあります。しかし、現在の縄張り争いはひどすぎます。兄弟会社が、過当競争をしている状態であり、その弊害をなくすためには、各省庁の局長以上（指定職）は、政治任用する形で一括採用するしかありません。労働基本権については、公務員を一律に考える必要はなく、治安・防衛関係の公務員は、特別にしても、それ以外は同じはずです。現業公務員が行っている業務は、なるべく民営化して、その職員の権利義務は、一般の労働法で取り扱うようにし、非現業公務員には、争議権を与えるようにします。以上のような前提条件をクリアしたうえで、徹底した官僚機構のリストラ（地方支分部局・公益法人・社会保障）を行う必要があります。そのポイントは、必要だが優先度の低い物を切る物差しと共通番号制・社会保障個人口座の導入の2つです。

（7） 民間企業の新規参入によるリストラ

財政赤字が大きな国はどこでも、財政再建のために公務員制度改革に取り組んでいます。しかし、それに対する反発も大きく、多くのストライキが起こっています。2010年5月に政権交代が起こったイギリスでは、議会第1党となった保守党のキャメロン党首が首相に就任し、公的部門の改革を試みました。2015年度までに財政赤字のGDP比率を10.1％から1.1％に下げるために、公務員49万人の削減し、医療と対外援助を除く各省庁のすべての予算は今後4年間で最低25％削減し、地方自治体予算の3分の1のカットと削減した公共サービスの外注・民営化を行っています。また、法人税率を2015年までに28％から24％に引き下げ、年金支給年齢を2020年までに65歳から66歳に引き上げ、付加価値税を2011年1月に17.5％から20％に引き上げて銀行新税も導入しました。

フランスでは、財政支出削減目標を達成するため、今後3年間に450億ユーロ（5兆1000億円）の支出を削減する計画を発表しました。ニコラ・サルコジ大統領は、就業連帯所得制度（RSA）と呼ばれる「働くことを促進しながら弱者に所得保障する制度」や、所得をベースにする福祉目的税をつくり、社会保障事業主負担を減らし、年金受給開始年齢を現行の60歳から62歳に引き上げ、最高所得階層にも、所得税の1％追加を求めました。年金受給開始年齢はミッテラン政権の1983年に65歳から60歳に引き下げられたわけで、国民運動が獲得した大きな成果だったのですから、その再引き上げは国民にとって容易に妥協できる内容ではないはずです。しかし、改革の必要性が、そこにも手をつけなければならないほど大きかったということの証明でもあります。ユーロ危機の発端となったギリシャ、イタリアやPIGS（ポルトガル・アイルランド・ギリシャ・スペイン）と呼ばれる財政状態の悪い国では、どこでも公務員制度改革に躍起になっています。なぜならば、経済危機の引き金が財政危機だったわけですから、財政赤字を埋めるための増税を国民に飲んでもらわなければならないからです。しかし、多くの国民が、穴のあいたバケツに、水を注いでもしょうがないと思っており、バケツの穴をふさぐ象徴が公務員制度改革ということになのです。国民が増税を支持する前提が、建前だけでない実質的な公務員制度改革とい

8　官僚改革は給与の国債支給

う状況が、多くの国で生じているわけです。

日本の公務員の人口当たりの数は、欧米に比べて、少ないという事実があります。特に近年、国家公務員数は、2001年の自衛隊を除いての84万人から、現在の30万人へと激減しました。しかし、これは、近年の公務員バッシングを受けて、見かけの上で、公務員数を減らしただけで、実態は以前と比べてあまり変わっていません。減らされた公務員は、独立行政法人・特殊法人などの職員になりました。ですから、日本の場合は、欧米に比べて、公社・公団・事業団・公益法人などに勤務する疑似公務員とでもいうべき准公務員の比率が多いのです。そこで、それらを含めないと巨大な官僚帝国の実態が見えてきません。これらの疑似公務員は、正規の公務員と比べると、法律によるコントロールがはるかに弱いのに、市場経済によるチェックも受けません。役員の一般公募を勧めていますが、建前に過ぎず、官僚一家の身内を採用することが事前に決まっていることが多いのです。いくら職員を非公務員化しても、競争がなければ、その組織に変化が起こるはずがありません。官民の悪いところを併せ持ったような存在が、大きな社会的比重を占めてしまっているのです。したがって、公務員制度改革においては、この部分にメスを入れることが是非とも必要です。諸外国に比べて、日本国民が日本の官僚制度に対する評価が低い原因の一つは、ここにあります。天下りの温床になっているこの分野を改革するためには、事実上の規制を撤廃して、民間企業の新規参入を大いに奨励して、競争の中で、天下りが淘汰されていく形にしなければなりません。日本の通信がほんとうに発展したのは、逓信省の独占だったこの分野に、ソフトバンクやKDDIが新規参入したからであることを忘れてはなりません。

市場の圧力や選挙の洗礼を受けない役所は、常に膨張を続ける性癖があります。その対策として、定期的なリストラを制度に組み込まなければなりません。歴代の政権は、今まで、定員や予算を通じて、この課題に取り組んできましたが、この手法だけでは、限界があります。それは、今後のリストラは、無駄排除ではなくて、優先順位の低い物の排除へと大きく力点が変わるからです。ものごとに優先順位をつけるためには、判断のための物差しがはっきりしていなくてはなりません。その物差しは、「個人でできることは個人に委ねること」と、「将来の知恵を増やすことを大事にすること」の2つだと思います。すなわち、国から基礎自治体に、そして基礎自治体から個人に権限を移し、各人が自己決定するように仕組みを変えることが必要です。また、一票の格差を是正して、子育て・教育・研究に金を使わざるをえない仕組みを作ることです。具体的には、国の出先機関と県などの重複行政を排し、身近なところで金の使い道を決められるようにすることに基づくリストラを行うべきで、その最大のものが社会保障です。

リストラとは、本来、首切りの意味ではなく、外部環境の変化に合わせて、組織を再構成することであったはずです。リストラは、歴史の流れに沿ったものでなければ成功しません。維新の元勲、大久保利通卿が、先進国に追いつくために、日本の官僚機構の原型を作ってから1世紀半、その基本原理に大きな変更はありませんでしたが、今回は、その基本原理に変更を加えなければならないのです。

基本原理の変更を一言でいえば、インターネットを利用した重複のあぶり出し・中抜き・ピラミッド型からネットワーク型へ変更ということになると思います。たとえば、国税庁と日本年金機構の業務は、国民から金を集めるという点で似ており、一体化した方が重複部分を省略できるので効率的です。しかし、現在のように業務の競争相手がおらず、職員の給与が業績と関係なく決まる現状では、一体化しようという動機が生まれません。重複行政の象徴である日本年金機構と国税庁の統合問題は、役所に金がなくなれば、自然と解決するはずです。ですから、法的に独占禁止法をできる限り広く適用することで、権力によらず市場の力で官僚帝国をスリム化していくことが必要だと思います。

（8） 政治家と官僚の役割分担

　政治家と官僚の役割分担は、どの社会でも、議論の多い、普遍的なテーマです。選挙によって選ばれ、国民の意思を代表すると思われる政治家と、試験によって選ばれ専門知識を持つと思われる官僚のバランスをどうとるかという問題で、世界各国は、政治家をより重視する政治任用制（米英型）の国と官僚をより重視する資格任用制（独仏型）の国に大きく分かれます。政治家を政府機構の部署につける「政治任用のあり方」については国によって定義・形態とも様々で、米英型の国では変化に対応するダイナミズムはあるものの政策の一貫性・中立性に問題があり、独仏型の国はその逆です。日本は、明治維新以来、先進国にキャッチアップするために官僚をより重視する独仏型の仕組みをとってきました。第二次世界大戦前は、事務次官が結局、その省の大臣になるケースが多く、大臣は名実ともにその省のトップでした。第二次世界大戦後、日本国憲法の主権在民の下で、選挙で選ばれた議員の力が強くなり、事務次官が結局、その省の大臣になるケースは少なくなりました。その結果、素人の大臣が、玄人の官僚に指揮命令しなければならなくなり、高度成長期に長期政権を築いた自民党と官僚機構の一体化が進みました。いわゆる政官財の鉄のトライアングルという仕組みです。この過程で生まれてきたのが、国会答弁の大臣レクチャーや従来の自民党の部会のおける官僚の説明です。

　優秀な人間に無駄な作業をさせるのは、社会の損失です。無駄な作業の最たるものが、国会・議会答弁のレクチャーです。この種の作業が存在する根本原因は、実質は官僚主導の仕組みであるのに、民主主義の建前から選挙で選ばれた議員が実権を握っているという形を作らざるを得ないところにあります。無理に形を整えることをやめれば、無駄な国会待機や明け方までの資料作りは、大幅に節減できるはずです。そのためには、選挙の洗礼を受けた官僚が、役所の幹部になるという仕組みを作ることも一案です。事情がよく分かった人間を、その職につけるのです。そして、彼らが、野党の質問に対して自分自身の見解をもとに答弁し、国会は実質的な議論をする場にするのです。そのためには、霞が関から、人材が政界にもっと出ていくべきです。専門知識を持った人間が、選挙の洗礼を受けて、責任を持って国会答弁する仕組作りが是非とも必要です。

　アメリカでは大統領制がとられているため、三権分立が厳格に適用され、立法府の人間である議員は行政府の職を兼ねることができ

ません。そのために、行政府に対する政治任用職を最大限に活用しています。アメリカの政治任用職は、中央官庁の課長職以上の数千人に及びますが、財界や学界など職業公務員（官僚）以外から選ばれ、大統領選に伴う政権交代期に一気に行われます。

イギリスでは議院内閣制がとられているため、三権分立が厳格に適用されず、議員が行政府の長を兼職します。それも、大臣・副大臣・政務官とチームを組み、多数で行政府の各省に乗り込みます。そのかわり、議員以外の政治任用職は100人に達しません。

フランスでは、半大統領制と呼ばれる仕組みが取られています。第四共和政のころは、大統領の力は弱く、首相が実質的に国政を切り盛りしていましたが、小党分立状態で政治が安定せず、フランスの植民地であったアルジェリア独立の承認を巡る5月危機と呼ばれる政治的混乱が起こってしまいました。これを収拾したドゴールが憲法改正して現在の第五共和政を作ったわけですが、議院内閣制の下で米国大統領にもない議会解散権を大統領に与えるなどの強力な大統領職を作り上げました。フランスは、太陽王と呼ばれたルイ14世の時代から官僚が大きな力を持っており、フランス大革命を経ても状況に変化はありませんでした。国立行政学院ENA（École national d'administration d'administration）や理工科学校エコールポリテクニク（École polytechnique）などの国立高等専門学校の卒業者が官僚になる仕組みが整備され、日本以上の官僚王国です。議員は行政府の職に就くことができないため、中央官庁の局長以上や大使などは大統領による政治任用職ですが、職業公務員（官僚）出身者が8割弱を占め、退職後は職業公務員（官僚）へ復帰します。

また、多くの公益企業は、官僚が幹部職員になっており、官僚制度が身分制度になっているという批判も強まっています。

ドイツでは、ドイツ第二帝国成立以前のプロシャ王国の時代から、英仏に追いつくため国家主導で産業育成・軍備拡張・教育整備などが行われたため、官僚の力が強いことはフランスと同様でした。したがって、政治任用職につくのは職業公務員（官僚）出身者が大半ですが、退職後には元の職場には戻らないことが多いのです。職業公務員（官僚）になるためには、大卒後2年の準備勤務を経て高級職ラウフバーン試験に合格することが必要で、この試験は弁護士試験も兼ねているため、役所を辞めた場合は、そのまま弁護士として生活していくことができるからです。

中国では、7世紀の隋朝の時代には、高級官僚を試験で選抜する科挙制度が成立するほどの長い官僚制の歴史を持っているので、伝統的に官尊民卑の官僚王国です。共産党が政権をとってからも基本的な状況は変わらず、北京大学・清華大学などのエリート大学の出身者が中国共産主義青年団に入団し、その後、共産党に入党し、各地方をめぐりながら省党委書記などの党官僚の階段をのぼりつめていきます。その過程で、中央官庁の官僚も経験しながら、政治局委員となり、国家主席・総書記・総理などの権力の頂点にたどり着きます。事実上、選挙制度がありませんから、独仏型の官僚軸足型の一類型と見ることができると思います。

これらの制度の優劣を一概に論ずることはできず、時代と場所により、最も適した仕組みが変わりうるものだと思いますが、今後10年間の日本社会にとっては、大きな時代の変革期にあるという

意味で、官僚から政治家への道を大きくしながらも、基本的には米英型の仕組みの方に軸足を移してゆくべきだと思います。専門知識と使命感のある人間が、政治家になって官僚組織を引っ張ってゆける政治主導が、是非とも必要です。厳しいことを言えば、現在の日本の官僚機構は、中途半端な使命感と中途半端な能力しかないのに、官僚機関車時代に形作られた特権の上に胡坐をかいているわけです。現代の官僚に、明治の旧制高校生の気概を求めることが時代錯誤であるとするなら、官僚機構の特別扱いも廃止し、一般組織並みにしなければなりません。そのためには、中央官庁の課長以上を、現在の職業公務員職から政治任用職に変え、官僚出身以外のエリートをもっと国家の要職につける仕組みを作る必要があります。

また、高級官僚への任用試験をドイツの高級職ラウフバーン試験のようにして、いわゆる司法試験に合格した者のみを職に就けるべきです。これと任期制を併用すれば、自らの老後の生活を天下りに頼る必要がなくなるので、日本の官僚の中立性と専門性は遥かに高まり、「身分から職業」への移行が名実ともに実現するはずです。同時に、公務員の職務専念義務を外し、国会議員などに立候補しても、落選した場合は元の職場に戻れるようにして、官界から政界への人材移動を容易にします。そのうえで、議員・幹部公務員の国民平均所得以上の給与を国債で支給し、政務官が局長を兼任することによる政治主導の徹底を局長数の1割から始めたらよいと思います。

前述したとおり、また、官僚機構の共同体化にも歯止めをかけなければなりません。第二次世界大戦が、大きな社会変動がなかったため、社会全般にわたって組織の共同体化が進んでいます。例えば、自治体の首長は助役が昇格する例が数多く見られます。その結果、助役あがりの市長・市議会与党・公務員労働組合のトライアングルが既得権をがっちり守っているケースが多く見られます。しかし、この場合は、現在は形骸化しているとはいうものの、公職選挙法の基づく選挙の洗礼を受けなければならないという制度的なチェックが働きます。中央官庁の官僚組織には、選挙によるチェックも市場によるチェックもないため、より厳格な対応が必要です。現業官庁による事実上の独禁法排除も、公正な社会の実現のためには、厳格に取り締まることが必要です。これらのことにより、日本官僚機構の士気は下がり、効率は大幅に低下するかもしれません。しかし、それにもかかわらず、この変革は是非とも必要であり、日本の官僚機構は、それを乗り越える力を持っていると信じています。

9 外国から考える社会保障の将来（外国社会保障）

Ⅰ 米国：皆保険反対の真意
(1) 自己責任を基本とする仕組み
(2) 財政健全化法による債務削減
Ⅱ 中国：持続性の秘訣
(1) 和諧社会と社会保障個人口座
(2) 多様性を包含する独裁制度
(3) 手段としての共産主義
Ⅲ ラ米：自由主義の終着点
(1) 地球時代の先取り
(2) 自由主義とは家族主義

社会保障のイノベーション

9 外国から考える社会保障の将来（外国社会保障）

Ⅰ 米国：皆保険反対の真意

> 米国がオバマ政権で実現した国民皆保険とは、民間のNPOの運営する医療保険に全国民が加入できるように国がサポートするという仕組みで、国が運営する医療保険に全国民を強制加入させるという日本の考え方とは大きく異なります。NPOが社会保障の中心的な担い手になるという制度の先進性を大いに学ぶ必要があります。

（1） 自己責任を基本とする仕組み

　まねてはいけないものとして、日本の土地制度と米国の医療制度があげられるそうです。バブル時代、日本の地価は高騰し、一生働いても土地を持てない庶民が激増するとともに地上げ屋が横行し、都心に代々住んでいた庶民は立ち退かざるを得ないという悲喜劇が数多くおこりました。

　同様に、世界一豊かな米国で、保険に入れないために医者に行けない人が多数存在し、高い医療費のために庶民生活も会社経営も脅かされているというのです。実際、米国の医療は、水準は高いものの、かなり高額で、診療を受ける病院を自由に選べるわけでもありません。しかし、米国制度の背景にある考え方が悪いと誤解してはいけないと思います。今までの社会保障の教科書には、先進国の中で米国だけが国民皆保険を実現できていない国で、そのために、一人当たりの医療費は世界一高いのに国民の健康状態はあまり良くないと書かれてきました。しかし、これは一面的な見方だと思います。アメリカ人が不信感を持っている国民皆保険とは、国丸抱えの医療保険に国民を強制的に加入させる仕組みのことで、これに、個人の自由を侵害するパターナリズムを感ずるからです。米国の医療に大きな問題があることは事実ですが、ヨーロッパの絶対主義国家の迫害から逃れてきた人々が建国したというアメリカ合衆国の建国の歴史から考えれば、アメリカ人がこのような気持ちを持つことは当然のことです。また、国民皆保険を絶対視した日本が、社会保障のために国が崩壊する危機に瀕していることから考えれば、米国人の行動を簡単に笑うわけにはいきません。

　米国の法哲学者ジョン・ロールズは、『正義の二原理』（The theory of Justice）という著書を発表し、「不平等が許されるのは、それによって最も弱い者が最大の便益を受ける場合だけである」という格差原理を中核にして正義を定義しました。彼の哲学は、平等主義的な色彩の強い哲学ですが、伝統的な米国の哲学は、ハイエクやフリードマンに代表される「天は自ら助くる者を助く」という自由主義を非常に重んずるものです。したがって米国の制度は、個人責任を土台として築かれています。

　まず、米国の社会制度は、独立戦争と西部開拓の伝統から、形作られてきました。そもそも米国は、イギリスの絶対王政による宗教政策に反発したピューリタンたちが、建国の父（pilgrim fathers）となり、その第一歩を踏み出しました。そして、英国の財政赤字削減のための増税を「代表なければ課税なし」と主張して拒否し、独立

戦争を起こして作った国です。独立後は、西部に拡大した国土を、庶民が政府に頼らず開拓してゆきました。そのため、フロンティアスピリットが国民精神の骨格になり、重税と規制を嫌う社会的風土が形成されていきました。独立自尊と競争を重んじ、その背景である公正を何よりも大事にする風土です。1929年の世界大恐慌の影響で社会保障の重要性も理解され、1935年、世界最初に「社会保障法」という統一的な社会保障に関する法律も作られました。しかし、その際も、失業保険や老齢年金などは必要であるが、医療保険や包括的な生活保護制度は必要ないというのが結論でした。社会保障法成立後、国民皆保険制度の確立が何度も試みられましたが、根強い反対で成立しませんでした。米国は、自由主義的な共和党と平等主義的な民主党との二大政党制で政治を運営していますが、共和党が反対するのです。その後、1960年代になって民主党のジョンソン大統領時代に、人種差別撤廃を実現しようという公民権運動の高まりの中で、「偉大な社会（great society）」を作ろうという意見が強まり、ハンディを必要とする弱者に対してだけ公的医療制度を作ることにしました。これが、連邦政府が運営する高齢者のためのMedicareと州政府が運営する低所得者のためのMedicaidです。

米国医療の問題は、医療保険に入れない多くの無保険者が存在することです。この無保険者と呼ばれる人々は、メキシコからやってきたヒスパニックと呼ばれる移民労働者が多く、安い労働力を求める工場や農場の主張を背景にした移民政策によって発生したため、医療制度をいじるだけでは、なくすことはできません。日本では、まず国民皆保険を高らかに歌いましたが、現在は、零細企業が労使折半の保険料に耐えられずに社会保険から脱落し、国民皆保険が非正規社員の増加に拍車をかける皮肉な結果になっています。米国医療の根本は、HMO（health maintenance organization）によって支えられています。HMOは、直訳すると健康維持法人とでもいうもので、民間医療保険の保険者として、患者と病院の両者を取り持つものです。福祉団体からは金のことばかり言って人々が病院へ行くのを厳しく制限すると批判され、医師会からは素人のくせに診療内容に口出しをすると批判され、とても評判の悪い存在です。現状ではいろいろ問題があることは確かですが、国ではなく民間のNPOを制度の中心に置く考え方は時代を先取りしたものです。医療特有の情報の非対称性の中で、人権を尊重しながら効率化を図るためには、HMOなどの保険者の機能を強化することが正しい方向だと思います。

（2） 財政健全化法による債務削減

米国の福祉政策は「合理的配慮（reasonable accommodation）」と呼ばれる、自由競争を基本とした仕組みの中でハンディを必要とする弱者に対しては公正に配慮するという考え方から構成されています。したがって、1990年代の民主党クリントン政権下では、workfare（労働を奨励する福祉政策）が強力に推し進められました。「働かざる者食うべからず」という考えが基本なので、母子家庭でも、母親がとにかく働けという政策です。このクリントン政権下の好景気に支えられて、米国財政は一時、債務がゼロという状態を実現しました。しかし、すぐに財政赤字は再拡大しました。このまま財政

赤字と貿易赤字という双子の赤字を解消できず、財政の健全化が達成できないと国家存立の基盤が揺らぐことになることから、財政健全化法が作られ、これ以上の赤字を容認しないという強い国家意思が示されました。2010年に民主党のオバマ政権によって、ようやく国民皆保険制度が成立しましたが、その中身は、欧州や日本と違い、政府が管掌する保険制度に国民全部が加入することを義務付けるのではなく、HMOなどの民間の医療保険団体に全国民が加入することができるように国が財政援助を行うというものでした。しかも、この法案成立後、財政赤字削減を最重要課題とするティーパーティー運動が国民の大きな支持を獲得するという皮肉な結果となり、連邦債務の上限を守るために政府が債務の支払いを停止する寸前の事態まで発生しました。アメリカでは、1940年以来連邦債務の上限が法律で決められていますが、今までは割とスムーズに債務上限の引き上げが行われてきました。しかし、ティーパーティーの躍進を受けて共和党が態度を硬化させ、デフォルト（政府の債務支払い停止）寸前まで協議が難航し、2011年8月に連邦債務の上限を14兆3000億ドルから2兆4000億ドル分引き上げるかわりに、今後10年間で公務員制度改革などにより予算支出を2兆1000億ドル削減することになりました。この財政再建に掛ける強い意志は、米国の独立自尊の伝統からくるもので、一揆とでもいうべき庶民の不満の爆発と見るべきです。自分達の社会の将来に対する米国民衆の責任感の強さは、日本が大いに見習わなければなりません。

　日本の近代社会は、米国のペリーが開国をせまり、日本の鎖国を打ち破った時点から始まります。そのため日本人の米国のイメージは、近代的で強大な国家というものですが、ペリーが浦賀に来航した1853年時点での米国は、米墨戦争に勝利してやっと太平洋岸に足場を築いた、日本より人口の少ない新興国にすぎませんでした。明治維新後、日本は急速に発展しますが、米国はそれ以上に急速に発展し、日本を追い抜いて行ったのです。そして、その原動力は、お上に頼らず、自分のことは自分でやって自らの道を切り開いてゆくというフロンティアスピリットだったと思います。日本も東アジアの中では珍しく、封建社会という中世を経験し、中央に頼らず、自分達の地域は自分達で発展させていくという歴史的成功体験を持った社会です。圧倒的な中国文明の影響下にあった東アジアで、唯一、科挙制度を採用しなかった日本の、「試験合格者に特権を与えすぎない」という伝統は、国にのみ依存する社会保障からの脱皮に大きな手助けをしてくれるものと思います。

II　中国：持続性の秘訣

> 　古代の四大文明のうち現在まで継続しているのは中国文明だけですが、その持続性の秘訣は、人間の欲望を正面からとらえ、これを前提として社会制度を作っているところにあります。

（1）　和諧社会と社会保障個人口座

　中国では2010年に社会保険法が制定され、社会保険を中心とする近代的な社会保障制度の枠組みが完成しました。中国の人は、よ

く「五険一金」と言います。これは、中国の社会保障制度を一言であらわすもので、基本養老保険（日本の年金に相当）・基本医療保険・失業保険・工傷保険（日本の労災保険に相当）・生育保険（日本の出産手当金と児童手当に相当）・住居公積金（日本の財形に相当）のことです。工傷保険と生育保険は、単位と呼ばれる企業のみが負担します。それ以外は、企業負担が個人負担より3倍ほど大きいものの基本的には労使双方の拠出で、個人口座に金を積立てゆき、それに社会統一基金から公的補助を加えるというものです。将来的には、同じく漢民族の国家シンガポールのCPFに近づけていこうとするものと思われます。年収の1割までの低額医療は個人口座から、それ以上の額の医療費は社会統一基金から払われます。更に、情報技術を最大限活用して、銀連カード（銀联卡）と呼ばれるクレジットカード機能付きの社会保険ICカード（社会保険IC卡）を全国民に持たせる計画を着実に進めています。いま中国では、クレジットカードが大変人気を呼んでいますが、保険証とクレジットカードを一体化したカードを皆に持たせようというのです。日本では、リニアモーターカー技術を世界に先駆けて開発したのに、いまだ実用化ができていませんが、中国では既に、上海の浦東空港と市内をリニアモーターカーが結んでいるようなもので、後発者のメリットはあるにせよ、日本の取り組みの遅さが目立ちます。

中国版新幹線が「和諧号」と名づけられたことが象徴するように、共産党政府は貧富の格差の縮小を図る政策を優先する社会（和諧社会）の実現を唱えています。そこで、中国政府は、外資の導入よりも社会保険の完全適用の方を優先し始めました。2011年7月より中国における日本人を含めた外国人就業者に対しても、中国社会保険法を全面適用したのです。日本における中国人社員よりも、中国における日本人社員の方がはるかに多いのですから、日本企業は出費が増えると大騒ぎになりました。ドイツや韓国は、中国との間に既に社会保障協定を締結していますから、保険料の二重払いに悩む必要がありませんが、日本政府の対応が遅れていたため、日本企業は社会保険料の二重払いをしなければならなくなってしまったわけです。日本政府の対応の遅さが大きな負担を発生させてしまったわけですから、厚生労働省は大いに反省しなければなりません。中国人にとっても給料の4分の1程度を各種の社会保険料として天引きされるため、不満がないわけではありません。しかし、過去の過酷な歴史的な経験から、現在の社会保険制度は、まずまずの国民的信頼を得ているようです。

中国では、文化大革命時に国が丸抱えする社会保障制度を作ってしまった後、単位と呼ばれる所属企業が従業員の生活を生涯面倒をみるという仕組みが長く続きました。保険の原理からいえば、保険集団が大きい方が安定するわけですから、企業単位で保障を行うことはそもそも無理がありました。これに加えて、個人負担が廃止されてしまいましたから、親方日の丸的なモラルハザードが多数発生し、中国企業が国際競争に乗り出す時に、その荒波に耐えうるような制度ではありませんでした。

1978年の鄧小平による改革開放政策後に、社会保障制度の大転換が行われ、近代的な全国単位の社会保険制度が作られ始めました。国有企業を次々と民営化していく過程で大量の失業者が発生しまし

たが、近代的な失業保険制度は、それを救済するものとされました。社会主義市場経済の導入というスローガンのもとで、事実上の資本主義化が行われ、競争を奨励した結果、経済は発展し社会は効率化しました。しかし、貧富の差は増大し、社会的弱者の脱落現象が多くみられるようになりました。2008年の北京オリンピック、2010年の上海万博の成功と受けて発展よりの安定に力を入れることが求められるようになり、「和諧社会の実現」が叫ばれるようになりました。社会保険法は、まさにこの一環として成立したのです。

中国という国名は、世界の中央という意味で、中華の誇りを表しています。古代文明の発祥地は、エジプト・メソポタミア・インダス・黄河長江の4地域ということですが、その古代文明が現在までの連続性を持っているのは中国文明の源である黄河長江文明だけです。遣唐使の時代、中国文明より先に始まったエジプト・メソポタミア・インダス文明は、すでに終わっていて、その地域には別の民族の別の文明が栄えていました。中国文明だけが、古代から連綿と続いていたのです。社会は様々な矛盾を内包せざるを得ませんから、時間の経過とともに内部崩壊の力が働きます。それを押しとどめるのが社会の持続力ですが、中国社会の持続力はきわめて強いのです。この持続力こそ、中国文明の本質です。その秘密は、社会の仕組みが人間性の本質と符合していることにあると思います。すなわち個人の欲を基盤に仕組みを作っているのです。日本のような「世代と世代の助け合い」のようなことは言いません。自己愛を素直に肯定し、自己責任で国の管理下にある個々人の口座に積み立てることが義務づけられる強制積立貯金を中核にしています。国は、税制上の優遇措置や補助金という間接的な手段を使って、個人の努力を助けながら、弱者を救済していくだけです。国が全面的に運営する日本の社会保険制度が財政難で破綻寸前なのと比べると、中国の制度設計思想の優秀さを感じます。

中国社会で最高の価値をもつものは、福禄寿とされています。福は多くの子供、禄は多くの財産、寿は長寿を意味し、人間の物欲をここまで肯定する価値観の社会は、世界的に見ても珍しいものです。そして、過酷な歴史の中で鍛えられた人間観は、きわめて厳しいもので、中国人が政府を信用しない度合は、世界で最も強いと思われます。中国人が信じられるのは個人だけで、幇と宗族が長らく事実上の社会保障機能を果たしてきました。幇とは、同じ土地に生まれたことを基盤とする地縁的な人間関係で、宗族とは、先祖を同じくすることを基盤とする父系血縁的な人間関係です。長い歴史を持つ社会は、どこでも独自の宗教を生み出しましたが、中国発の宗教はありません。孔子は「怪力乱神を語らず」と言い、神様のような抽象的な存在でなく、実際的な問題だけにエネルギーを使うことを鮮明にしました。中国文明はきわめて実利的な文明で、儒教も道教も宗教とはいえません。このような中国社会の社会保障は、きわめて特徴的なものです。中国の社会保障はまだ初期段階にありますが、世界各国に先駆けて社会保障個人口座を導入するという知恵を日本が取り入れない手はありません。

中国版新幹線技術についての特許申請を米国などで行った事件は、日本人を驚かせました。日本が教えた技術を自分のものとして米国で特許を取るのは、泥棒が盗んだ物を売るようなものではないかと

感じたのです。しかし、その体質は中国社会に深く根ざしたものです。よく言えば何でも吸収する同化力の強い文明であるということです。中国による知的財産権の侵害が、世界的に問題になっています。その批判に対して、「それなら日本人は漢字を使う際に特許料を払え」と言った中国人がいたそうです。もちろん冗談でしょうが、よく考えるときわめて深い意味を持っていることに気がつきます。Googleの検索システムは、誰でも無料で使え、会社自身は広告収入で利益を上げていることに象徴されるように、特許・著作権で稼ぐというビジネスモデルは時代遅れになってきているのです。日本人は、漢字を使って文章を書きます。漢字を使わなければ、ものを考えることもできないと思います。聖徳太子は、冠位十二階・十七条の憲法を制定し、国づくりの第一歩とし、これが日本官僚制の嚆矢となりましたが、これは、遣隋使の派遣によって、中国文明のすごさを悟ったからです。日本歴史を学んでいくと、日本社会の中に中国文明のDNAが深く入り込んでいると言わざるを得ないことに気づきます。そもそも日本と言う国名は、中国から見て「日の昇るところ」という意味で、中国を基準として自己規定しているわけで、日本文化が中国を起点としたものであることを自白しているようなものです。日本人の中国観は、尖閣諸島の問題がクローズアップされて以降、「遅れた発展途上国から危険な競争相手」へ大きく変わりました。しかし、あまりに極端から極端に走りすぎると言わざるを得ません。もっと現実を見て、聖徳太子の時代のように、中国の良いものは謙虚に学ぶ姿勢が必要です。

（2） 多様性を包含する独裁制度

多様性を包含する独裁制度こそ、中国文明の中核です。これは、右顧左眄しない基本政策を最初に作ってしまい、多少の反対はあっても本質は変えないという仕組みです。

日本の場合は、議会制民主主義の中で、マスコミが自由に政権を批判しますが、批判をするだけで対案がなく、政権は支持率のみを見て行動を決めるため、ポピュリズムに陥りやすいのです。議院内閣制で、ほぼ対等な二院制を持つ日本は、もともと国家意思を統一しにくい仕組みを持っています。キャッチアップ期には官僚制度が基本政策を右顧左眄せずに実行していくことができましたが、キャッチアップ期が終わるとともに機能不全に陥りました。ちょうど、第二次世界大戦前の日本で、明治維新の生き残りである元老が生存している間は、国家意思が明確でしたが、元老が世を去るとともに、諸機関を束ねて国家意思を統一させることができず、摩擦を恐れて問題の先送りを続けていく中で、世界を相手に戦争を始めてしまうという最悪の事態を引き起こしてしまった状況と似ています。

中国の場合は、共産党の一党独裁が世界の批判を浴びています。独裁政治は今に始まったことではなく、明の太祖が、皇帝独裁政治を確立した頃にその原型ができたと見るべきでしょう。全国人民代表大会と呼ばれる国会は翼賛機関にすぎず、マスコミの報道も規制され、政権批判は許されません。国のトップである中華人民共和国主席は、全国人民代表大会が選挙で選びますから、2期10年は絶対的に地位が安泰で、長期的な戦略に従って国家運営をする独裁政

治が確立しています。国民の20人に1人は共産党員で、現在でも地方における共産党の支配力には侮りがたいものがあります。「档案」と呼ばれる人事書類を「単位」と呼ばれる職場が棚に入れて管理し、住居の振り分けや昇進などは、共産党員が支配する「単位」がすべて決めます。しかし、一人っ子政策を見ても、現場では、戸籍にのらない二人目・三人目の子供（黒孩子）を持つ家庭が少なくないように、多様性を包含する懐の深さがあります。結果的には、批判の自由がないことによって政治が安定した分だけ、早く国民全体が幸福になります。首相が1年ごとにころころ変わる日本と対比した場合、結果の優劣は明らかです。表面的な批判の自由が、社会の本質を毀損している日本の制度こそ、根本から考え直す必要があると思います。

　1830年代の世界のGDPなどの勢力図をみると、中国・インドの割合がとても大きいことに驚きます。しかし、人口の多さや歴史の長さから考えれば当然のことであって、むしろ現在の比率が小さすぎると見るべきです。現在の中国の高度成長は、本来の姿のもどるひとつの過程なのです。近年、日本と中国の経済成長の差は、年間約7％です。この差は10年間で $1.07^{10} = 2$ 倍となります。更に、為替の切り上げがあります。中国政府は、日本が1985年にプラザ合意を受け入れて円高容認の姿勢をとったことが、日本衰退の原因とみています。したがって、日本の失敗を繰り返すまいとして、人民元の切り上げに頑強に抵抗してきました。しかし、貿易黒字の額から考えても、この10年に5割くらいの切り上げをせざるを得ないと思います。2の1.5倍は3です。このように考えると、2011年に中国はGDPで日本を追い抜きましたが、2020年ごろには日本の3倍のGDPを持つ計算になります。中国は巨大な国であり、政治的な安定を長期間にわたって維持することは至難の業ですから、過去の歴史から考えても、高度成長が長期間続くとは思えません。現在の高度成長は、明代で言えば永楽帝の時期に当たるわけで、現在の中国政府が第一列島線・第二列島線の確保という対外的な拡張政策をとろうとしていることは、明朝（1368～1644年）の時代に鄭和の大遠征をおこなったようなものです。鄭和の大遠征の後、明朝は、海禁政策をとり、高度成長も終わって退嬰的な時代に入っていきます。しかし、中国のGDPが、世界のGDPの3割を占めるあたりまで成長することは確実です。米国よりも経済規模の大きな世界のスーパーパワーになることは間違いのないことですから、中国社会を欧米民主主義社会と価値観が違うからと排除することは不可能で、中国を深く理解することが必要です。

（3）　手段としての共産主義

　中国社会は、元来プラグマティズムの権化のようなことろです。現在の中国社会を理解するキーワードは「手段としての共産主義」ですが、これは中国国営企業改革のプロセスに見ることができます。現在の日本は、天下りに象徴される官僚王国を解体しなければ、未来への展望を開くことができないところまで追い込まれていますが、官僚機構の激しい抵抗によって改革が頓挫しています。しかし、中国は、日本がバブル景気に浮かれている頃に、国営企業の民営化を苦しくてもやり遂げ、現在の世界第二の経済大国の地位を築きまし

(3) 手段としての共産主義

た。中国の近代化は共産主義をキーワードにして行われましたから、国営企業的な考え方は社会に深く浸透しており、その歴史はアヘン戦争にまで遡ります。中華人民共和国憲法の第6条には、社会主義経済制度についての規定があり、生産手段の私有が否定され、全人民所有制という国有と勤労大衆集団所有制という企業有しか認められていません。都市の土地はすべて国家所有であり、憲法7条には、「国有企業は国民経済における主導部門で、国家は国有企業の強化発展を保障する」とまで規定されています。

乾隆帝（けんりゅうてい）の時代（高宗〔在位1735～1795年〕）、英国のマカートニーが自由貿易を求めて中国にやってきましたが、当時の中国は英国から買いたいものは何もなかったため、大国の鷹揚（おうよう）さを示しながら、その要望を認めませんでした。ところが、それからわずか半世紀後には、産業革命を成し遂げた英国の力は急増し、中英の国力は完全に逆転して、アヘン戦争で中国は完敗しました。そして、欧米や日本による中国の半植民地化が始まりました。アヘン戦争は、倫理的に見ると英国には正義が全くない戦争でした。禁制品であるアヘンを燃やした漢人官僚の林則徐の方こそ正しいのであって、英国が、これに抗議して開戦するのは、言いがかり以外の何物でもありません。中国が屈服したのは、力の論理に屈しただけなので、アヘン戦争の敗北は中国人の心に深い被害者意識を植え付けました。アヘン戦争によって、中国は経済的に無理やり世界経済にリンクさせられ、中国から多くの物資・金銀が流出し、物価の上昇で庶民の生活は急速に苦しくなりました。

この庶民の経済的窮乏化を救うために、洪秀全（こうしゅうぜん）が太平天国の乱をおこしました。その時の原理はキリスト教でしたから、同じキリスト教国の英仏に攻撃されて太平天国が滅亡を余儀なくされたことは、「欧米は利害だけで動いている」という列強に対する中国の見方を補強することになり、中国人の被害者意識をさらに強めることになりました。中国における伝統的な教育は全く受けずに米国で教育を受けた医師である孫文（そんぶん）が、三民主義を唱えて辛亥革命（しんがい）を起こし清朝を滅ぼしたことは象徴的です。魯迅（ろじん）も科挙をはじめとする伝統的な中華文明を徹底的に否定しました。欧米に対する憧れと嫌悪から、バイパスを通ってでも追いつきたいという気持ちから、多くの中国の知識層が共産主義に飛びついたのです。毛沢東が共産主義に飛びついたのも同じ理由です。一度も欧米で学んだことのない毛沢東は、共産主義を徹底的に中国化しました。農村から革命を始め、農村をもって都市を包囲するという理論です。ですから、農民講習所を革命の先兵とする戦略は毛沢東ならではのものです。欧米に追いつくための共産主義という考え方は蒋介石と毛沢東の競争である国共内戦においてもはっきり表れました。

もともと共産主義は、遅れたドイツが進んだ英国に追いつく方法を追求したマルクスによって理論化されました。中国の共産主義とは、外国人の侵略を阻止するための富国強兵の手段なのです。従ってその終着点は自由競争の否定ではなく肯定ということになります。本来の共産主義は、自由よりも平等を重んずるはずですが、現在の中国は平等よりも自由という社会です。ですから、鄧小平が「黒猫でも白猫でも鼠（ねずみ）を捕る猫は良い猫である」と主張したのは当然で、鄧小平による社会保障制度の大転換に反対できる論理は存在しませ

9 外国から考える社会保障の将来（外国社会保障）

んでした。毛沢東時代は、農業は人民公社が行い、製造業は、国営企業が行いました。鄧小平時代になって、憲法が改正され、人民公社は廃止されました。国が所有し国が運営するという意味で、国営企業と呼ばれました。職場は、鄧小平時代になって独立採算の運営方式をとることになり、国が所有するが、運営は厳しくやるという意味で、憲法の条文を改正して名前を国有企業と変えました。そして、激しい市場経済競争の中で、多くの国有企業が倒産しました。中には、自分の資産を投資して、配当だけで食っていこうという国有企業も現れました。サンテックパワーという無錫市に本社を置く世界最大の太陽光発電の会社は、国有企業の出資で始まり、ニューヨークで上場して世界の資金を集め、中国政府の補助金を得て、高度成長をし、多くの失業者を吸収しています。良い企業を見つけ育てることこそが重要であって、国有企業は単なる出資元でよいというのです。国営企業改革のプロセスは、まず、反対を顧みずに急激に民営化し、それから、調整をするという方法で強力に推し進められました。

しかし、文化大革命の時代に醸成された「大鍋飯」（大きな鍋のご飯という意味から、リストラを行えず身分が保証されていることにより、職員が仕事をせずに、会社にたかっていこうという考え方）を抹殺するのは容易なことではありませんでした。法輪功の会員が急増したのもこのころです。法輪功とは「真・善・忍」という宇宙の特性に基づいて心性を修め、人間の身体を健康にするとともに根本から改善、向上させる修練を行う気功の一種ですが、国営企業民営化の過程の中で大量に発生した失業者の受け皿になりました。鄧小平は、社会主義市場経済という言葉を発明して導入し、事実上の社会主義放棄政策をとりました。天下り禁止を力で行うのではなく、市場経済の中で国有企業を競争にさらした結果、多くが事実上倒産し、勝ち残った企業の生産性が抜群に上昇しました、失業者が巷にあふれましたが、失業保険という社会保険制度を作って、この対策を企業から切り離すことにより企業を身軽にさせ、経営に集中させました。その結果、日本のGDPを追い抜いて中国は世界第二の経済大国になったわけで、「企業保障から社会保障へ」路線の勝利というわけです。現在、日本の若者は、国の社会保障制度に不信感を持つあまり、民間企業が運営する個人年金などに加入して、国の制度の社会保険料を払おうとはしません。「社会保障から企業保障へ」の動きが強いわけで、社会保障の本質をあらためて考える必要があると思います。また、このような鄧小平時代の、政治的には自由化をせず、経済面のみ自由化するという仕組みは自己矛盾があり長くは続かないはずです。高度経済成長が続いて、底辺層の生活水準も上昇しても、貧富の差があまりに増大すると庶民の不満を抑えきれません。中東でジャスミン革命が進行したことも、中国の政治的な改革を後押ししており、今後大きな変革が起こる可能性があると思います。

Ⅲ　ラ米：自由主義の終着点

> 来るべき地球時代は、各民族が入り混じり自由に各自の文化を主張し合う一方、政府の力は高技術中世的な雰囲気の中で小さくならざるを得なくなると思われます。ラ米では時代に先駆けて既にその状態が始まっており、自由な社会における社会保障では、家族が大きな意味を持つことを暗示しています。また、ラ米の平時における国家財政破綻解決の経験は、日本に大きな示唆を与えます。

（1）　地球時代の先取り

ブラジルの年金は、15年間保険料を納付すれば、年金受給資格が得られます。男は35年、女は30年、保険料を納めると、勤続期間の中で最も給与が高い5年間の平均額の8割の額を死ぬまでもらえます。そのため50歳を過ぎた公務員が20代の若い女性と再婚することが流行し、その女性が数十年も高額な遺族年金をもらい続けることが議会で問題になりました。給付と負担の財政規律をしっかり考えず、積立金運用の戦略があまりないというような、ラテン民族特有のいい加減さもありますが、日本人が学ぶべき所も数多くあります。現在70億人の世界人口は、まもなく100億人に増え、中国・インドなどのエマージングカントリーでの経済発展により、今まで飲まず食わずの状態にあった人々が肉を食べるようになると、食料の絶対的不足や食糧価格の高騰という食糧危機が起こる可能性が大きいと思います。人間、最後は食べ物です。そして、世界の中で食料の供給余力があるのは、現在のところ南北アメリカ大陸だけです。また、鉄鉱石・原油などの各種の一般鉱産資源・ニオブの様なレアメタル・アマゾンの薬草に代表される希少DNAなどの資源がラ米には集中しています。さらに地球の肺といわれるアマゾンの大ジャングルなど自然環境の聖地で、エコロジーが脚光を浴びることも、ラ米が世界の注目を集める原因になるものと思われます。天然資源の少ない日本の対極に位置するとも言える資源大陸ラ米は、相補性の原理から考えても、日本にとって今後ますます重要になると思われます。

ラ米は、メキシコからアルゼンチン・チリまでの広大なものですが、その歴史をみると一つの有機体として機能していることが分かります。1492年にコロンブスが新大陸を発見してから、ほぼ半世紀の間に、この広大な地域は皆、スペイン・ポルトガルというイベリア半島の国の植民地になりました。また、欧州でフランス革命を経てナポレオン戦争が起こる19世紀初頭には、これらの地域は、ラ米生まれの白人であるクリオーリョ主導で、次々と独立していきました。ラ米は植民地時代が長かったため、国民と政府の間に一体感があまりありません。スペインハプスブルク帝国の金城湯池として、厳しい支配体制が敷かれ、植民地時代に端を発する社会の二重構造は現在まで続いています。「国は国民を搾取するもの」という考え方が社会の根底を流れており、国家運営の経験が浅いこともあり、官僚制度や議会に対する国民の信頼は、きわめて低いのです。

政治は安定せず、汚職が蔓延し、貧富の差は拡大し、長らく不況下のインフレ状況が続きました。あまりにひどい状況が続くので、国民の中からは、強権による秩序を求める動きが出てきました。当時のラ米の社会の中では、軍部だけが近代化した組織でしたから、軍部に信望が集まりました。

そのような状況で、1960年代、この地域には皆、軍事政権が成立し、軍事政権はアメリカから資金を借りて、社会の近代化につぎ込みました。しかし、経済運営はうまくゆかず、高い金利の下で、借金は雪だるま式に膨らみ、1980年代は、ブラジル・メキシコ・アルゼンチンと世界の借金大国レースでメダルを独占しました。強権政治に反対する声も強くなり、軍事政権は完全に行き詰まりました。このような状況の中で、軍政を民主化することがすすめられ、何とか議会制民主主義を運営してきました。もはや強権政治はできないので、新しい政治のやり方が模索されました。いわば、地球時代の政治の先取りです。

すなわち、多民族・価値多様化・政府統制力低下、政府には頼らない代わりに、減税・規制緩和を求める動きにいかに対応するかを、全世界で最も早く求められることになったのです。たいへん困難な課題ですが、世界全体がその方向に進んで行かざるを得ない時代の要請であることは明らかです。これは、今後、中世的な気分が続くであろう日本社会がこれから作らなければならない仕組みでもあります。力で社会を引っ張ることはできず、政府は、灯台のように人々に方向性を示すことしかできず、あとは国民の利己心・利他心を使って水が低きに流れるように政策を実行していくほかはありません。この仕組みを日本はこれから作らなければならないでしょうが、ラ米では既に事実上できています。実際ブラジルでは、共産党系のブラジル労働党（PT）が2代続けて大統領を出し、新自由主義的政策の下で、弱者保護をはかりながら、経済成長を続けています。ベネズエラのチャベス大統領の政権も、石油収入を原資とした個人崇拝社会主義とでもいうべきもので、同様の性格を持っていると思います。異なる価値観の規制を嫌う多様な人々を統制力の低下した政府が引っ張ることを余儀なくされる今後、新しい政策実現手法が求められていますが、ラ米の経験は、我々に大きなヒントを与えてくれます。

（2） 自由主義とは家族主義

ラ米のことを考えると聖徳太子の苦悩が思い浮かびます。聖徳太子は、7世紀初頭、日本という国をどのようにしていこうか思い悩んでいました。当時の日本は、崇神天皇・応神天皇・継体天皇を祖とする3王朝が交代する等、政治は安定せず、特に応神朝は、おそらく外来の騎馬民族を起源とするもので、文化的にも言語的にも日本列島の統一性を持つことが難しかったろうと思われます。豪族間の争いは絶えず、疫病・戦乱が相次ぎ、人々は未来に希望が持てなかったでしょう。そんな中で、仏教が伝来し、天皇家の存立基盤であった神道の地位が揺らぐ事態が起こりました。そこで、聖徳太子が考えたのは神仏習合と17条の憲法に代表される「ええとこどり」の多文化主義でした。世界各地で現在でも起こっている宗教戦争は、各人の信念に関するものですからその惨禍は非常に深刻なものにな

りやすいのです。ところが、日本は、宗教戦争をほとんど経験しない珍しい国の一つですが、それは聖徳太子の業績だと思います。すなわち、自分自身が熱心な仏教徒であったにもかかわらず、神道を否定せず、さらに儒教も取り込んで、現在まで続く日本人の宗教倫理観の原型を作り出しました。多様な価値観を持つ様々な人々を、あるグループを排除することなくすべて取り込み、都合の悪い部分だけは捨て去り、全体を17条の憲法の「和を以て尊しとなす」でまとめるのです。たとえば、結婚式はキリスト教の方式で行い、葬式は仏教式で行い、正月には神道式で初詣に行き、盆には土着信仰により先祖を祭るという具合です。ブラジル人は jeitinho brasileiro とよく言います。jeito は方法という意味で、jeitinho は、その指小辞です。すなわち、いろいろやり方を工夫して、とにかく結果的にはうまくやってしまうという、ブラジル人の超合理的な目的至上主義のことですが、私には、聖徳太子の発想法ととても似ているように思えてなりません。

ラテン民族は、家族をとても大事にします。過去の厳しい歴史的経験の中で、本当に頼れるものは家族的な人間関係しかないと悟ったからでしょう。母親の力が強く、実質的には母系の三世代家族が多いのです。恋愛至上主義からのシングルマザーも結構多いのですが、母系の三世代家族が受け皿となり、シッカリ育てられているケースをよく見ます。日本は、民法で妻の権利がとても厳格に保障されています。しかし、そのために、結婚に対する敷居が高くなり、パラサイトシングル現象と相まって未婚率が上昇しています。その結果、出生率が低下し人口が減少して、デフレの大きな原因になっています。ラ米では、実質的な事実婚主義の下で、高い出生率を維持し、若年労働力の増加が経済成長の原動力になっています。逆に、日本では、少子化対策が叫ばれているのに、配偶者控除や配偶者手当をなくす方向の動きが強く、「子供を社会全体で育てる」というスローガンのもとで、家族の育児能力を減少させる方向に動いています。年金の3号被保険者が保険料なしで年金を受け取れることをやめるような個人主義を徹底させることと、家族を強化することは別のことです。両者は両立できることであるはずなのに、家族制度を弱める議論のみが進んでいます。今後、情報革命の進展の中で、社会の自由主義的傾向が強まるのは避けがたいことですから、その弊害を小さくするためには、家族の力を強化することがどうしても必要です。

従来、ラ米は自由主義の失敗例として取り上げられることが多かったのです。アメリカ帝国主義の裏庭に位置づけられ、貧富の格差を表すジニ係数が世界一大きく、自由主義の悪い側面が全開している貧乏人の地獄であると言われ続けました。アメリカ資本のHMOがハゲタカのように弱者を貪り、その餌食と化した一般庶民の医療状況は悲惨の一語に尽きるというわけです。空洞化した国民皆保険制度の中で、金持ちと貧乏人という医療の二極化がおこり、貧乏人の病院はいつも長い行列できていて、ろくな医療が受けられないというのです。確かに、そのような一面はありましたが、現在は様変わりしました。近年の資源価格の高騰を受け、資源国としての復活したのです。そして、平時における大借金の克服という大事業に成功しました。1980年代は、ブラジル・メキシコ・アルゼン

9　外国から考える社会保障の将来（外国社会保障）

チンと世界の借金大国レースでメダルを独占していました。年率1000％を超えるインフレが起こり、経済は大混乱し、通貨の実質的価値が低下して、年金制度は事実上崩壊しました。日本も第二次世界大戦敗戦後、年金が事実上崩壊し、恩給も停止されましたが、あくまでも戦時という特殊な事態を原因とするものでした。今後半世紀、世界戦争は起こらないでしょうから、平時における社会保障の崩壊と復活というラ米の経験は、日本が大いに参考にしなければならないものです。

成功の理由は、三つの戦略転換にあると思います。まず、富士山型のような単一のものではなく、八ヶ岳型とでもいう複数の価値体系の中で全員が勝ち組になりうる社会的仕組みを作り上げること、力による政治ではなく道しるべ型の政府を作ったこと、そして何よりも情報革命と自由主義を大いに奨励して成長戦略をとりながら、その弊害を家族の力で緩和することです。これらの戦略は、日本が大いに学ばなければならないところだと思います。食料・原材料という自分の得意分野で勝負するという大戦略の中で、国民の豊かになりたいという利己心をベースに、フランス革命時の原点に返って人権主義を実現しようとしています。そのポイントは、富士山型のような単一のものではなく、八ヶ岳型とでもいう複数の価値体系の中で、全員が勝ち組になりうる社会的仕組みを作ることです。

全員が勝ち組になりうる社会的仕組みとは、医療でいうと、命にかかわる部分とアメニティーにかかわる部分を分け、貧乏人は、命にかかわる部分だけを安く使える仕組みにするのです。ここには、あくせく働くことなく、自然豊かな環境の中で、必須部分だけの安い医療を享受して人生を楽しむ人々を、社会の落ちこぼれにしない知恵があります。

また、病院ではなく薬局が、軽微医療を実質的に担当しており、医療マンパワーのピラミッド構造を排して、薬剤師が英国の家庭医の役割を果たしています。日本では、薬剤師の病棟常駐がやっとテーマになっている程度ですから、日本より進んでいるとも言えます。

この状態は、電話の普及にあたって、途上国が固定電話普及の段階を飛び越えていきなり携帯電話の普及段階に入ったことと似ていると思います。地下鉄料金やパン・牛乳の値段だけは、極めて安く抑えられており、誰もが自由に使える一方、高級品には、高額の税金がかけられています。社会を無理やり一つの制度に押し込めるのではなく、人間の差異を認めたうえで、本質部分は同じにするが、付随部分では差をつける代わりに高い料金をとり、制度の財政的な基盤にするのです。ちょうど、新幹線に普通車両とグリーン車両があり、到着時刻は同じであるが、座席の柔らかさが違い、グリーン車両は高い料金をとるという具合です。日本は、これまで国民皆保険を言う言葉に縛られ過ぎ、低所得者にまで、高い保険料と3割の窓口負担を強制してきました。一方、混合診療は認めず、高所得者にも同じ診療報酬点数表の医療メニューしか認めてこなかったので収益を上げることができず、医療財政を火の車にしてきました。今後はラ米にならい、医療版のグリーン車両と言うべき混合診療を認めて、これを財政基盤の強化に使うべきです。そして何よりも情報革命の進展に伴う自由主義の弊害を家族の力で緩和することです。

（２）　自由主義とは家族主義

山上憶良の「銀も金も玉も何せむにまされる宝子にしかめやも」の歌に代表される日本人の本音を後押しする知恵を jeitinho brasileiro から学ぶべきでしょう。安定した家族の存在は、結果として最も効率的な社会保障制度になるのです。

10 日本の運命を決める三策

(1) 日本のとるべき今後の政策
(2) 消費税の増税
(3) 新しい仕組み
(4) 三つの施策

10　日本の運命を決める三策

（1）　日本がとるべき今後の政策

　太陽系の第三惑星である地球という惑星史から見れば、日本国が栄えようが滅びようが大勢に影響はありません。惑星史の観点からは、地球温暖化などの環境問題の方が遥かに大事な問題です。人類史的に見れば、現在は大航海時代の宇宙版の時期に当たりますから、コロンブスの新大陸発見の報を受けて、スペイン・ポルトガル・オランダ・イギリス・フランスなど国内を早く纏め上げて新大陸に手を伸ばせた国がその後の覇権を握ったように、いち早く宇宙に手を伸ばせた国が今後の覇権を握ることになるでしょう。しかし、日中韓という、東アジア諸国の勢力図という限定された視点で見れば、少子高齢化への対応状況が今後の力関係を決めることになる可能性が強いのです。

　情報革命の波に襲われている現在の東アジアの状況は、19世紀中期の状況と、よく似ていると思います。それは、19世紀半ばに産業革命の波に襲われた日本・中国・朝鮮などの各国のとった政策の善し悪しが、その後1世紀の各国の基本的な力関係を決めてしまったという意味においてです。この数年間に、日本がどのような政策をとるかは、これから1世紀の日本の運命を決めてしまう可能性が大きいと思います。

（2）　消費税の増税

　空白の20年・日本病と揶揄されて久しい現在の日本ですが、消費税増税が国政上の大きなテーマになり続けてきました。第二次世界大戦前、軍事費が一般歳出の半分以上を占めて、財政的に行き詰ったのと同様に、現在の日本は、社会保障費が一般歳出の半分以上を占めて、財政的に行き詰っています。教育・国土建設・防衛・科学技術など国政上の様々な項目がある中で、一つの項目だけが、歳出の半分以上を占めるということ自体が、その仕組みが、どこか根本的におかしいことの証拠でもあります。歳入の増加を迫られた政府も、社会保障国民会議を代表に、多数の様々な審議会が、それなりの答申を出していますが、国民の増税に対するアレルギーは、いっこうに収まりません。それは、これらの答申の焦点がずれているからです。日本社会の特色は、国民の一般レベルがきわめて高いことにあります。少子高齢化で、年金が破綻に向かっていることは小学生の会話の中にすら出てきます。今の社会保障の仕組みを維持するために、新たな資金が必要なことは、国民は皆わかっています。それなのに、2011年6月30日に政府・与党社会保障改革検討本部決定された社会保障・税一体改革成案においても、消費税率を10％に上げた後がどうなるかについての全体像が示されていません。国民が問題にしているのは、政府自体に対する不信感を拭い去ることができないのに、この点についての答えが何もないことです。社会保障を政府だけが独占的に運営し、その中で自分達のために利権の構造を作り上げてきた官僚が、そこを変えることなく国民に新たな負担と求めていることに、大きな不安と不満を感じているのです。言いかえれば、「上」が我が身を削らないで、「下」にのみ負担を求めることに強い反発を感じているのです。2009年に日本国民の大きな期待を担って、1955年に自民党が成立して以来、実質的には

初めての政権交代が起きました。現在の日本国民の正直な気持ちは「官僚主導の自民党政権はダメだと思って民主党政権の成立を望んだが、民主党政権は自民党政権より悪かった。官僚はダメ、政治家もダメ。結局、自分たちでやらねばならないことが分かった。それなら、増税はごめんだ。」というようなものだと思います。

（3） 新しい仕組み

日本の歴史に例えれば、古代以来の天皇・貴族を中心とした仕組みが行き詰まり、地方で飢饉や戦乱が頻発し、人々が希望を失い末法思想が広まっていった時代と似ています。京都の朝廷は、結局、新しい仕組みを作ることができず、地方で武士が成長して、国から任命された国司を押しのけて守護・地頭が台頭し、不輸不入の権を主張して、最終的に全国的な武士政権ができていきました。江戸時代末期、幕府も諸藩も巨大な財政赤字を抱え、迫りくる欧米列強の侵略の影に怯えながらも国防費を捻出することすらできない状態でした。そこで明治維新を行い、廃藩置県・秩禄処分という壮大な公務員のリストラを行い、合わせて富岡製糸場に象徴される新技術の導入に基づく加工貿易立国戦略によって経済成長し、資金を作りだして新しい国造りを行ったのです。国民は、社会保障の充実を望んではいるものの、今の仕組みのままでは、これ以上の負担増を認めていないのです。情報革命が進展する中で、公の仕事は国だけがやるものではないということは世界の常識になっています。「新しい公共」の必要性が叫ばれる中で、古い形の国民皆保険体制は、変わっていかざるを得ないでしょう。飛躍的に発達した新しい情報技術の成果を使わない仕組みは、国民の支持を得ることはできません。そして、新しい仕組みは、増税を契機にするしか作り出すことはできません。現在、増税についての社会的圧力が非常に高まっています。確かに現状のままでは、もはや予算が組めず、いつ国債金利の暴騰が起こっても不思議はない状態です。しかし、この状態に耐えきれず、現在の仕組のまま、安易に増税を認めてしまえば、日本国に将来はありません。世界史的に見ると現在の日本社会では、グローバリズムの進展の中で国家による所得再配分政策の機能不全が起こっている最中に、キャッチアップ型国家における官僚機構の権威低下がおこり、官僚機構に与えられていた社会的パイの縮小が求められていると見ることができると思います。

（4） 三つの施策

現在の日本には、三つの策があると思います。

① 上策は次のようなものです。

まず、一票の格差を是正して若者の意見を実現しやすくしたうえで、情報技術の多用や年金・医療・保育などへの会社参入の容認で、社会保障のレベルアップと役所の無駄排除を行います。再生医療などの新技術の導入をベースにした医療観光立国で経済成長し、新たな財源を作りだします。税と社会保険料の合計額は国民所得の半分（国民負担率50％）程度に止め、消費税率も欧州の半分程度までとして、今後の経費増や累積債務の解消は、共通番号制を基礎にした所得税アップとインフレで賄います。

その手順は、補助金廃止による天下りの兵糧攻め・公務員給与の

業績連動や一部国債支給などの構造改革を行い、結果的に、国税庁と日本年金機構の一体化などの行政機構改革が行われるようにすることから始めます。そして、これによって節約できた経費を資金源として、共通番号制を土台にした社会保障個人口座制を確立します。そのうえで、共通番号制により把握された各人の収入に基づく負担増で、高齢化対応経費を賄うのです。

② 中策は、消費税増税により高齢化に対応しますが、事前に高齢化による経費増の全貌を明らかにし、それに対応する歳出削減を行うというものです。

③ 下策は、必要に迫られ、小出しに消費税を上げていき、基本的には現在の仕組のまま、ヨーロッパ並みの消費税率になってしまうというものです。

国民の英知を結集して、上策をとることができることを心から願っています。

11 資料

1 財　政

図1　GDP名目の国別比較

世界各国の名目GDP（2010年、一部推計値を含む）

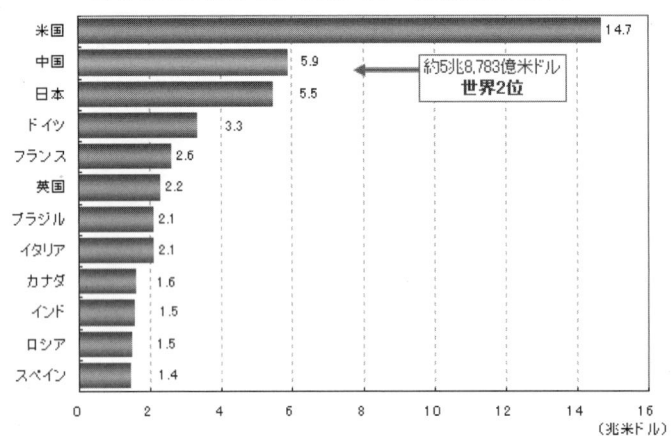

- 米国　14.7
- 中国　5.9　← 約5兆8,783億米ドル　世界2位
- 日本　5.5
- ドイツ　3.3
- フランス　2.5
- 英国　2.2
- ブラジル　2.1
- イタリア　2.1
- カナダ　1.6
- インド　1.5
- ロシア　1.5
- スペイン　1.4

（兆米ドル）

（出所：IMF「World Economic Outlook Database, April 2011」）

図2　累積債務残高の国別比較

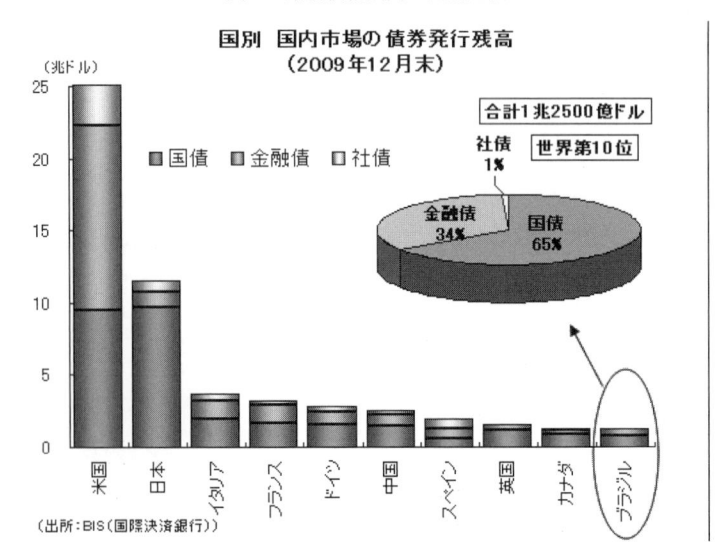

国別　国内市場の債券発行残高（2009年12月末）

国債　金融債　社債

合計1兆2500億ドル　世界第10位
- 社債　1%
- 金融債　34%
- 国債　65%

米国、日本、イタリア、フランス、ドイツ、中国、スペイン、英国、カナダ、ブラジル

（出所：BIS（国際決済銀行））

図3　政策金利の国別比較

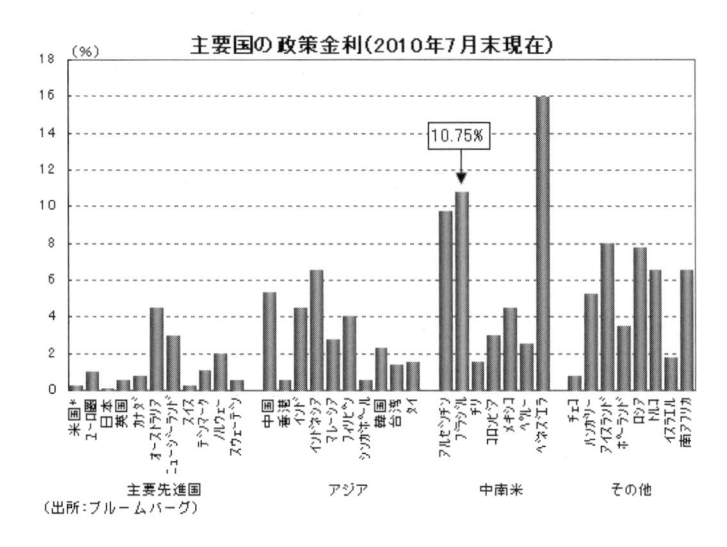

主要国の政策金利（2010年7月末現在）

10.75%

主要先進国：米国、ユーロ圏、日本、英国、カナダ、オーストラリア、ニュージーランド、スイス、デンマーク、ノルウェー、スウェーデン

アジア：中国、香港、インド、インドネシア、マレーシア、フィリピン、シンガポール、韓国、台湾、タイ

中南米：アルゼンチン、ブラジル、チリ、コロンビア、メキシコ、ペルー、ベネズエラ

その他：チェコ、ハンガリー、アイスランド、ポーランド、ロシア、トルコ、イスラエル、南アフリカ

（出所：ブルームバーグ）

図4　対円為替レートの推移

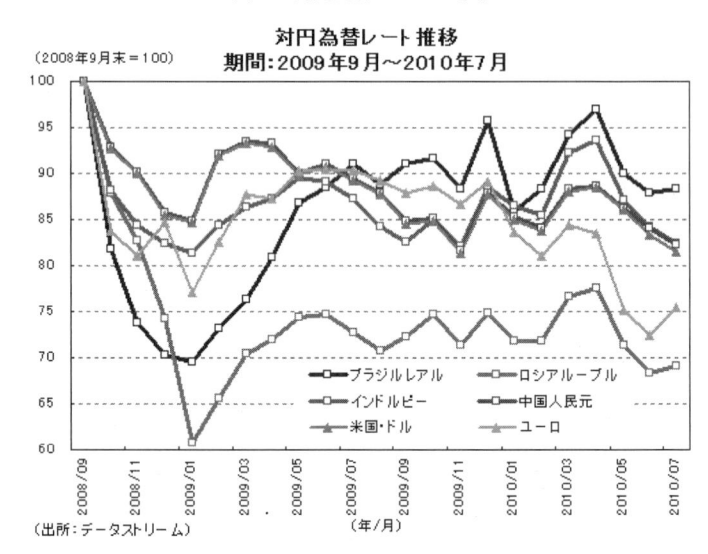

対円為替レート推移
期間：2009年9月～2010年7月
（2008年9月末＝100）

ブラジルレアル、ロシアルーブル、インドルピー、中国人民元、米国・ドル、ユーロ

（出所：データストリーム）

- 108 -

図5　世界の主な広域経済連携

図7　国債発行額の推移

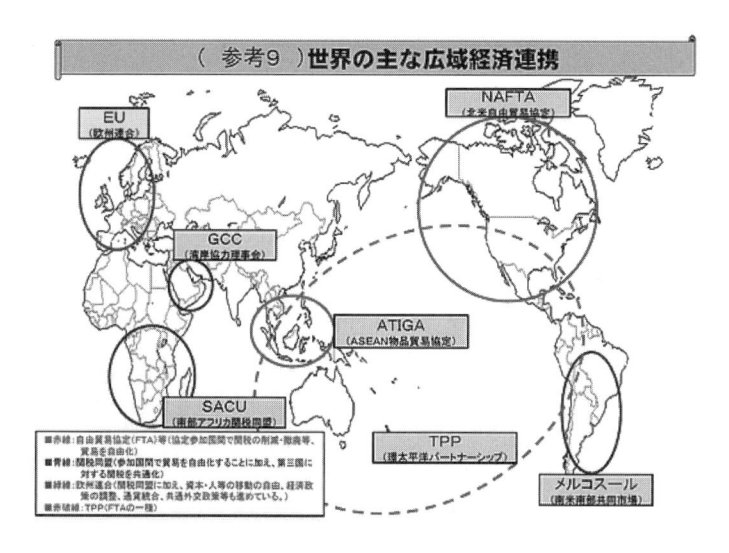

図6　日経平均株価の推移

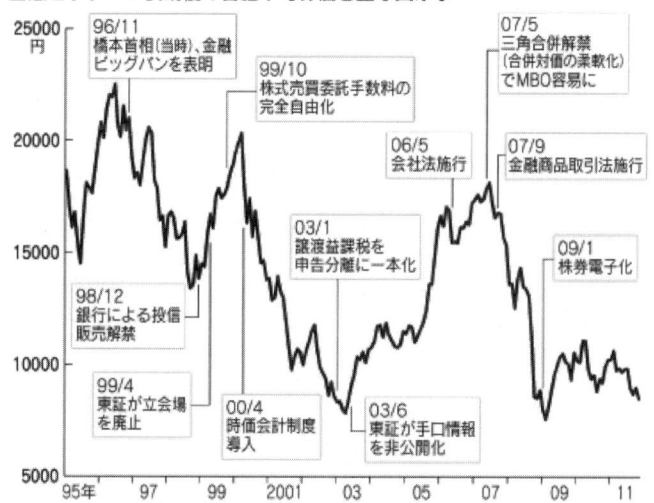

出所：日本経済新聞電子版 2011年11月14日より

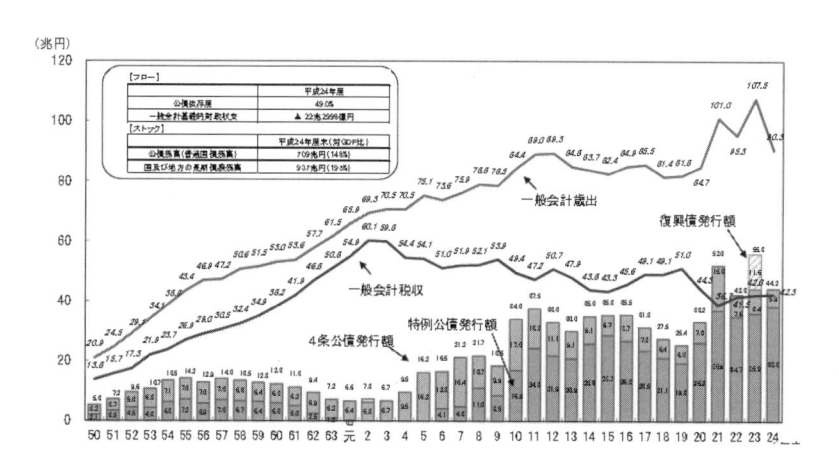

図8　国債残高の推移

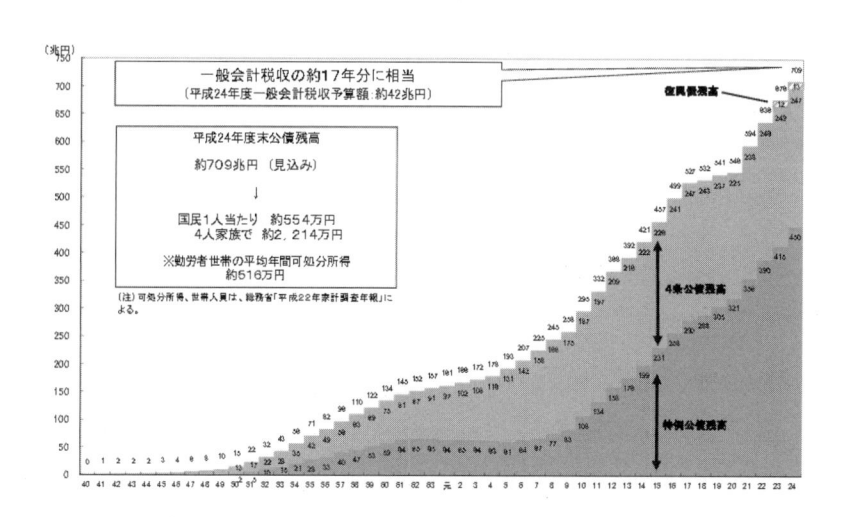

図9　国債依存度の推移

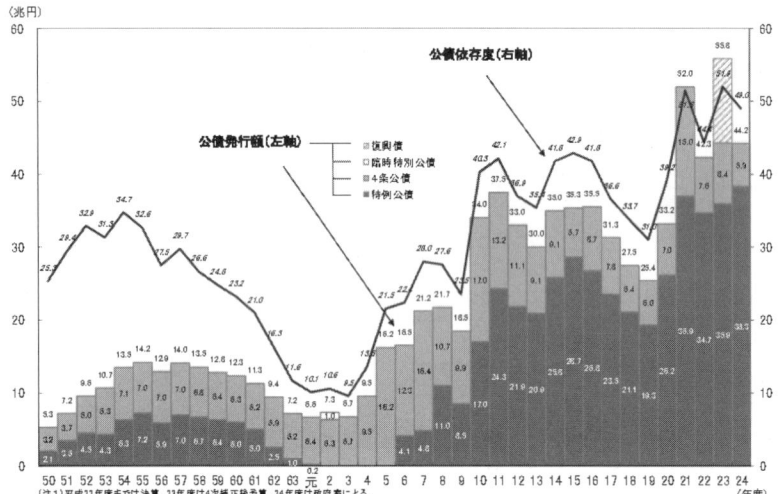

図10　国債金利の推移

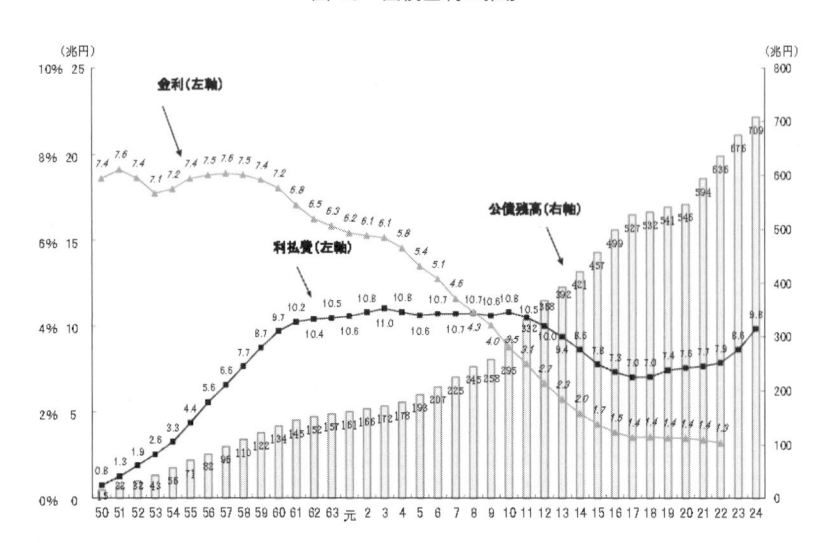

図11　国民負担率の推移

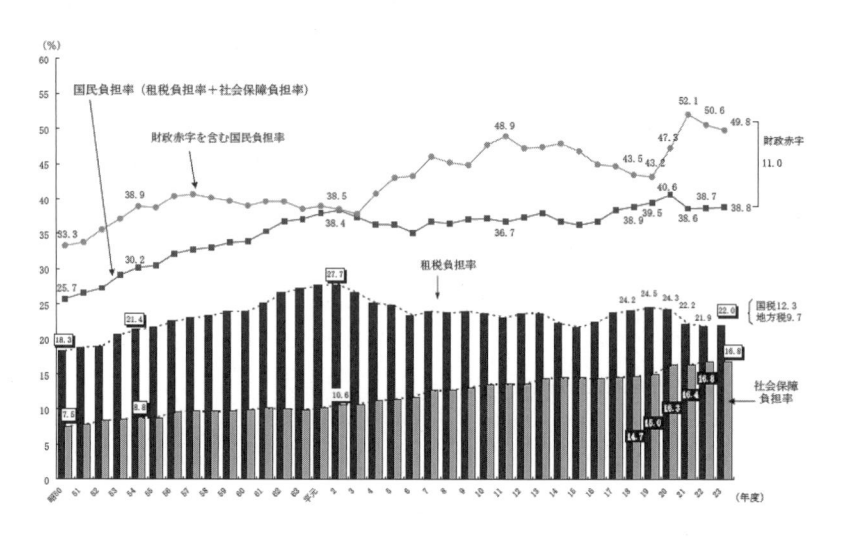

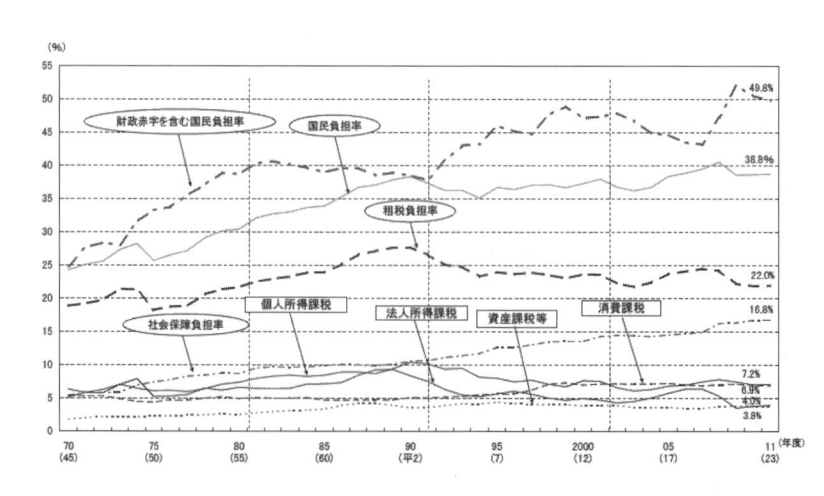

図12　財政赤字を含む国民負担率構造の推移

図13 国民負担率構造の国別比較

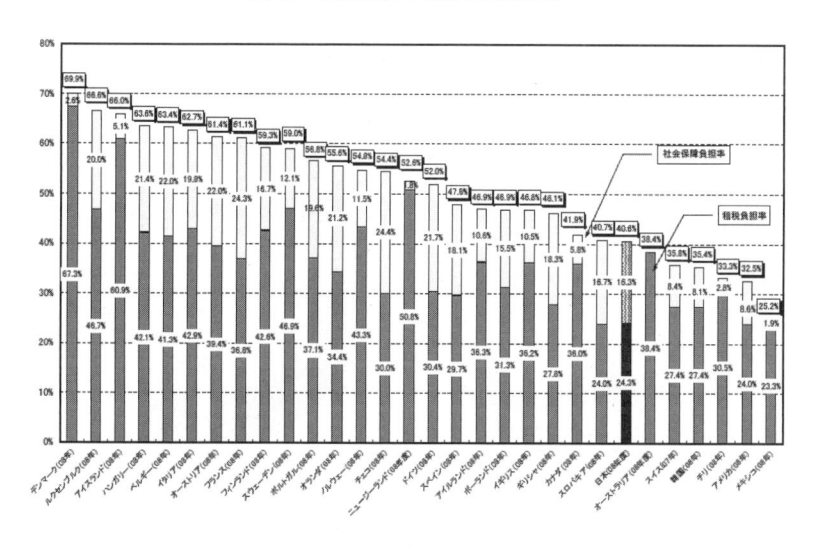

図14 国民負担率構造の欧米との比較

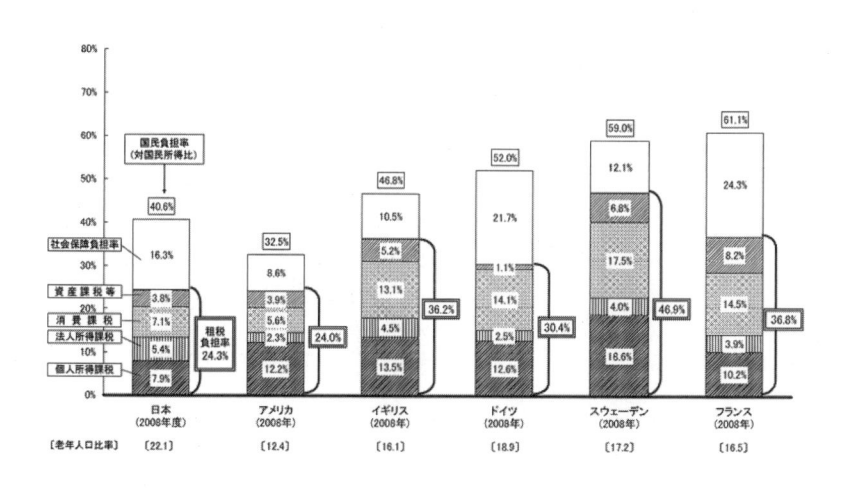

図15 国税・地方税の内訳

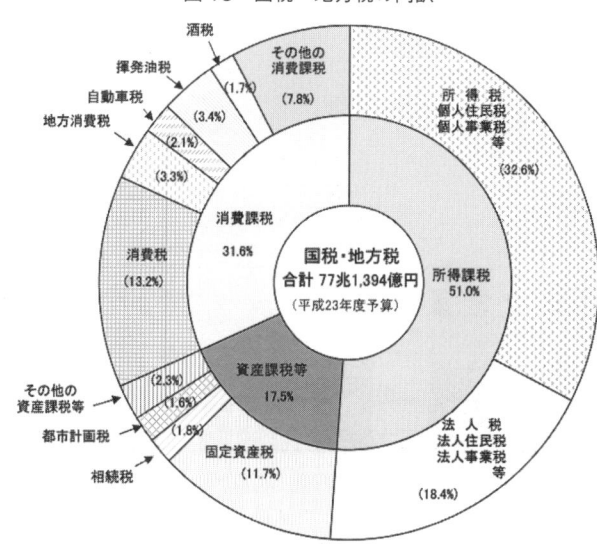

図16 歳入構造の国別比較

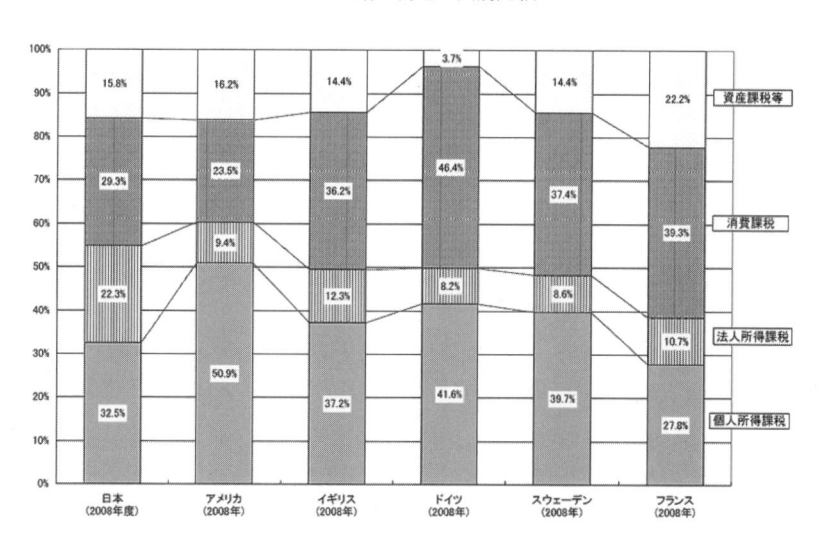

図17　租税負担率の国別比較

図18　国と地方の歳入構造の国別比較

図19　一般会計歳入歳出内訳 2011 年度

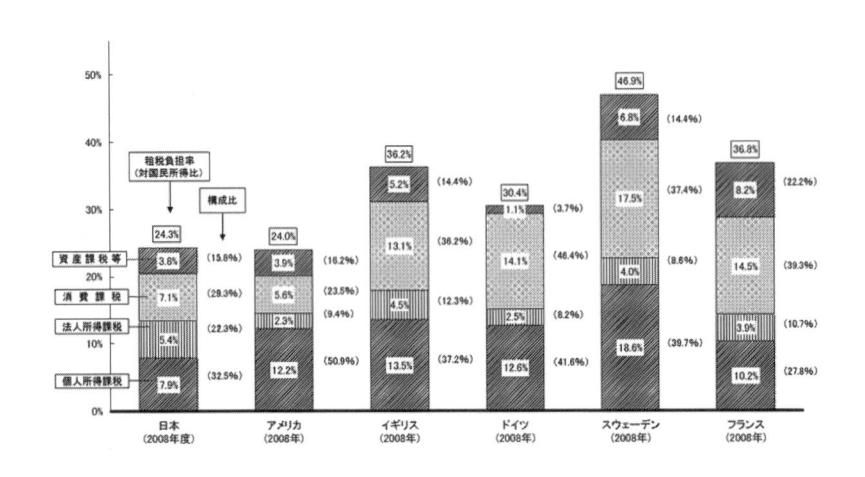

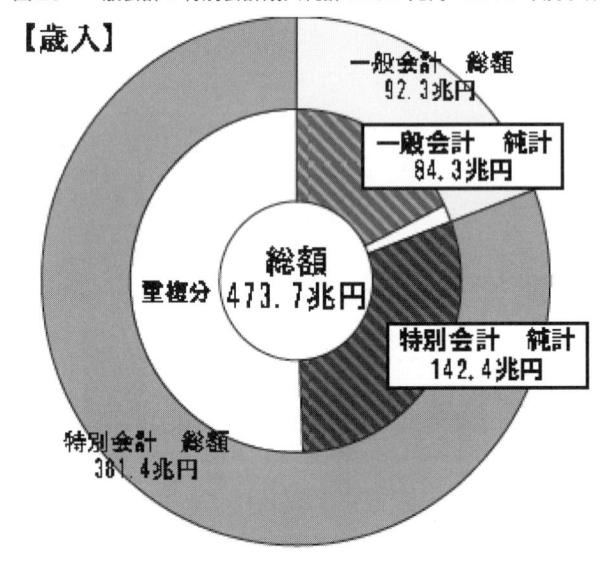

図20　一般会計＋特別会計歳入純計 226.7 兆円　2010 年度予算

図21　一般会計＋特別会計歳出純計 215.1兆円　2010年度

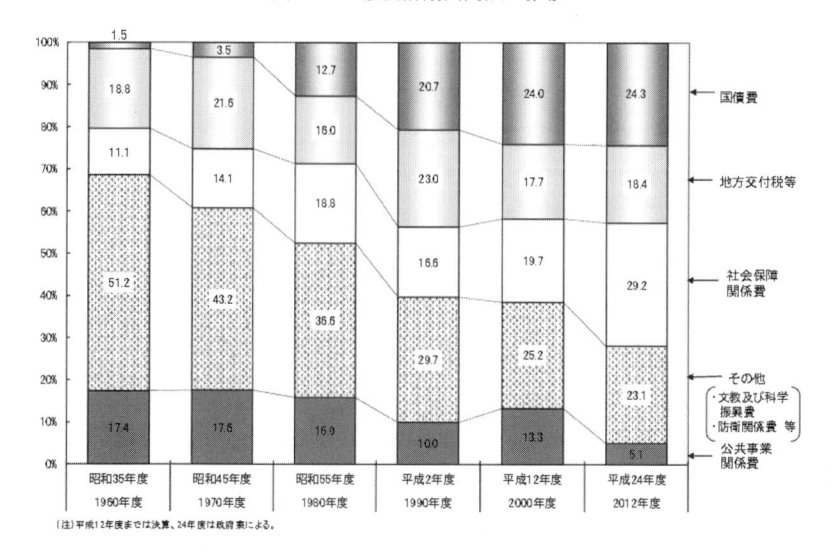

【歳出】
- 一般会計　総額　92.3兆円
- 一般会計　純計　38.7兆円
- 重複分
- 総額　459.4兆円
- 特別会計　純計　176.4兆円
- 特別会計　総額　367.1兆円

図23　特別会計を含めた歳出の内訳 2011年度

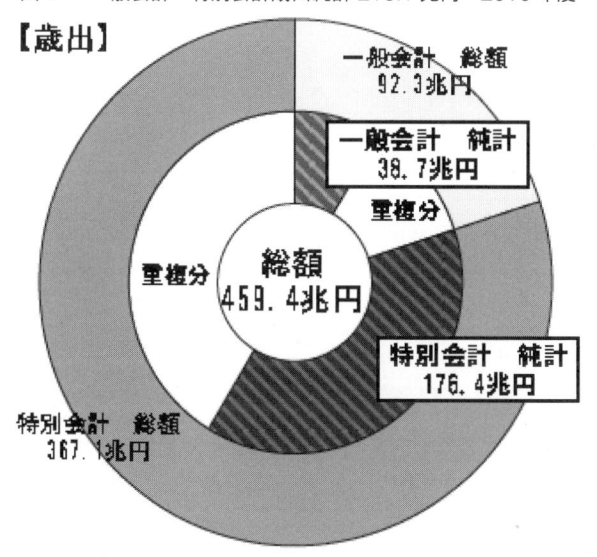

この主要経費別純計とは、一般会計歳出総額(23年度92.4兆円)と特別会計歳出総額(同384.9兆円)の合計から会計間の入り繰りを控除し、政策分野ごとに整理したものです。いわば国全体の歳出の全体像を示すものです。

- その他　26.9兆円
- 社会保障関係費　75.0兆円
- 国債費　82.2兆円
- 地方交付税交付金等　18.9兆円
- 財政投融資　15.2兆円
- 国が行う貸付の原資
- 合計　220.3兆円

その他 ※
- 公共事業関係費　5.9兆円
- 文教及び科学振興費　5.5兆円
- 防衛関係費　4.8兆円
- 食料安定供給関係費　1.8兆円
- エネルギー対策費　1.1兆円
- 恩給関係費　0.6兆円
- 経済協力費　0.5兆円
- 中小企業対策費　0.2兆円
- その他の事項経費　6.3兆円
- 経済危機対応・地域活性化予備費　0.8兆円
- 予備費　1.4兆円

(注)平成23年度当初予算ベース。

図22　一般会計歳出内訳の推移

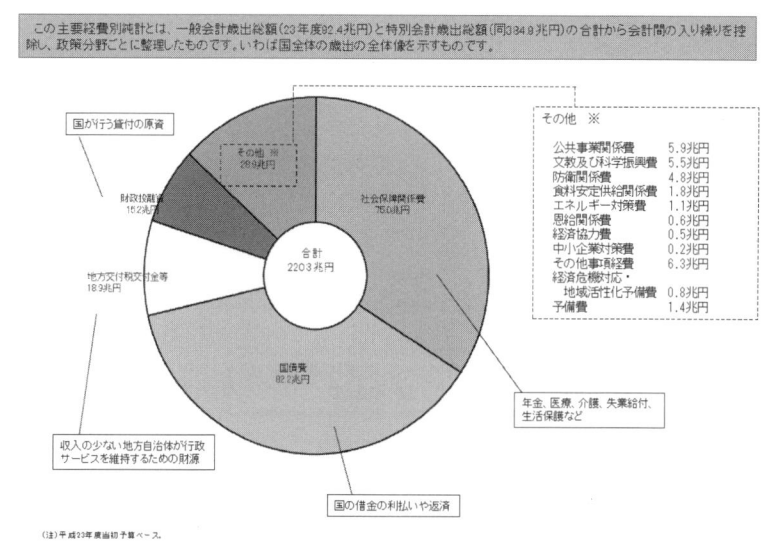

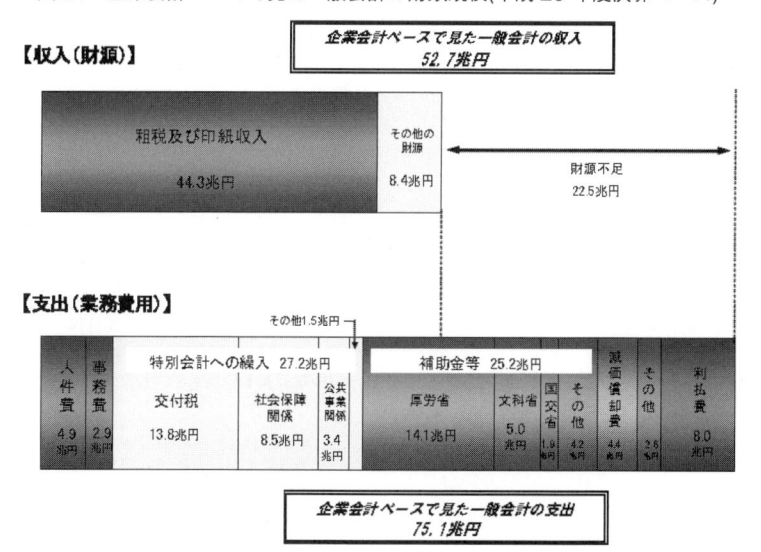

年度	国債費	地方交付税等	社会保障関係費	その他(文教及び科学振興費・防衛関係費 等)	公共事業関係費
昭和35年度 1960年度	1.5	18.8	11.1	51.2	17.4
昭和45年度 1970年度	3.5	21.6	14.1	43.2	17.6
昭和55年度 1980年度	12.7	16.0	18.8	36.6	16.0
平成2年度 1990年度	20.7	23.0	16.6	29.7	10.0
平成12年度 2000年度	24.0	17.7	19.7	25.2	13.3
平成24年度 2012年度	24.3	18.4	29.2	23.1	5.1

(注)平成12年度までは決算、24年度は政府案による。

図24　企業会計ベースで見た一般会計の財政規模(平成20年度決算ベース)

【収入(財源)】
企業会計ベースで見た一般会計の収入　52.7兆円
- 租税及び印紙収入　44.3兆円
- その他の財源　8.4兆円
- 財源不足　22.5兆円

【支出(業務費用)】
- 人件費　4.9兆円
- 事務費　2.9兆円
- 特別会計への繰入　27.2兆円
  - 交付税　13.8兆円
  - 社会保障関係　8.5兆円
  - 公共事業関係　3.4兆円
- 補助金等　25.2兆円
  - 厚労省　14.1兆円
  - 文科省　5.0兆円
  - 国交省　1.9兆円
  - その他　4.2兆円
- 減価償却費　4.4兆円
- その他　2.8兆円
- 利払費　8.0兆円
- その他1.5兆円

企業会計ベースで見た一般会計の支出　75.1兆円

図25 企業会計ベースで見た国全体(一般会計＋特別会計)の財政規模(平成20年度決算ベース)

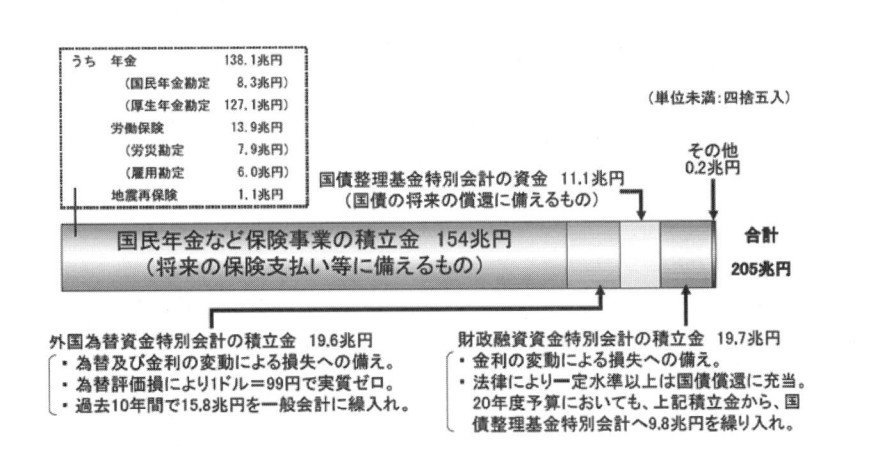

図27 特別会計の積立金

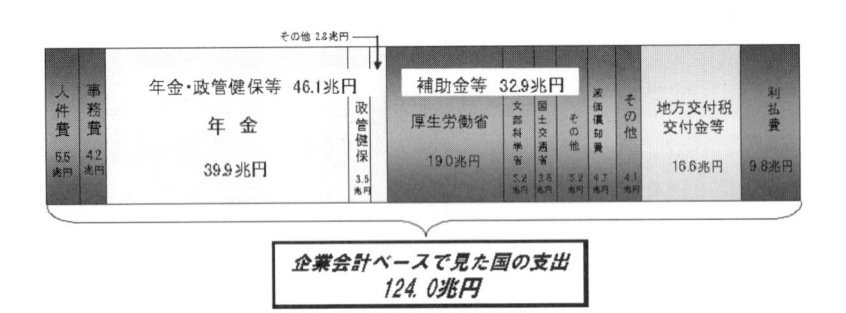

図26 特別会計の内訳 2008年度

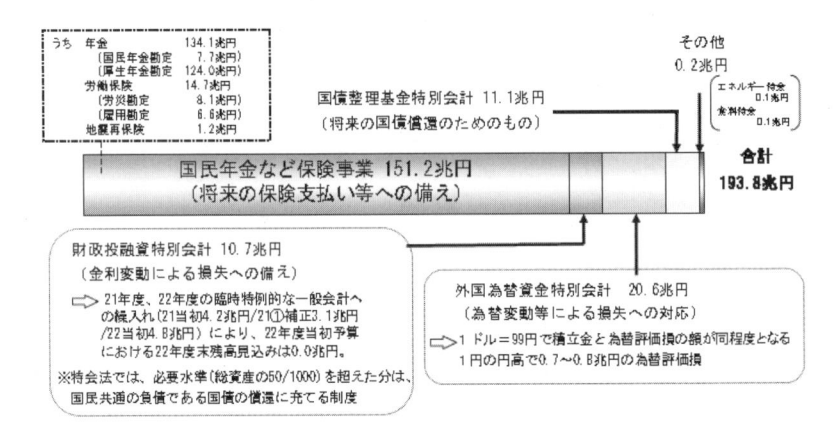

図28 特別会計の純計額

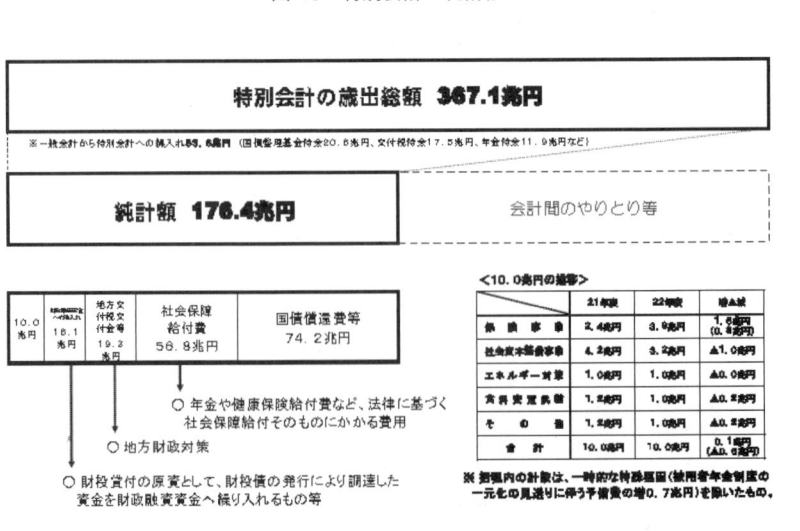

図29　特別会計の国債・年金部分以外の内訳 2010 年度

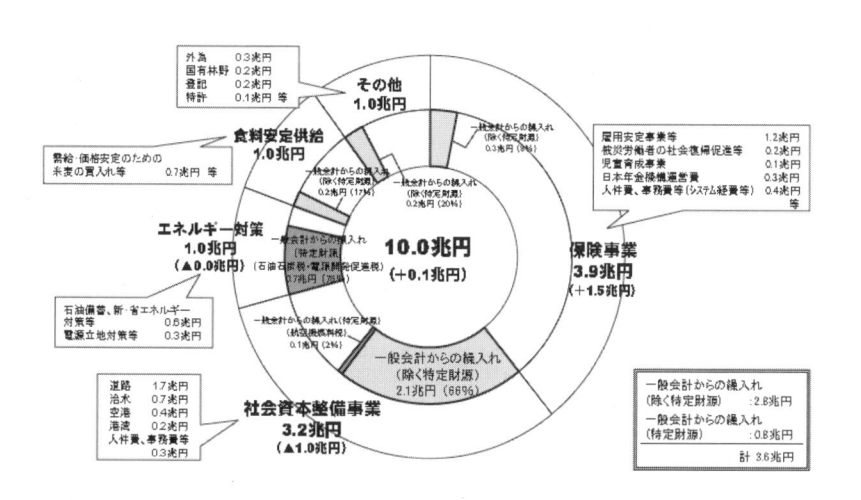

図30　特別会計歳出総額の推移

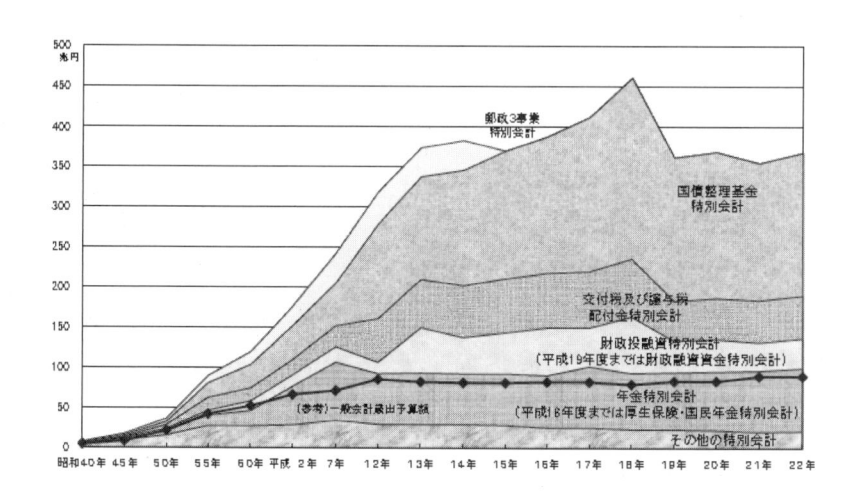

図31　特別会計の国債・年金以外の推移

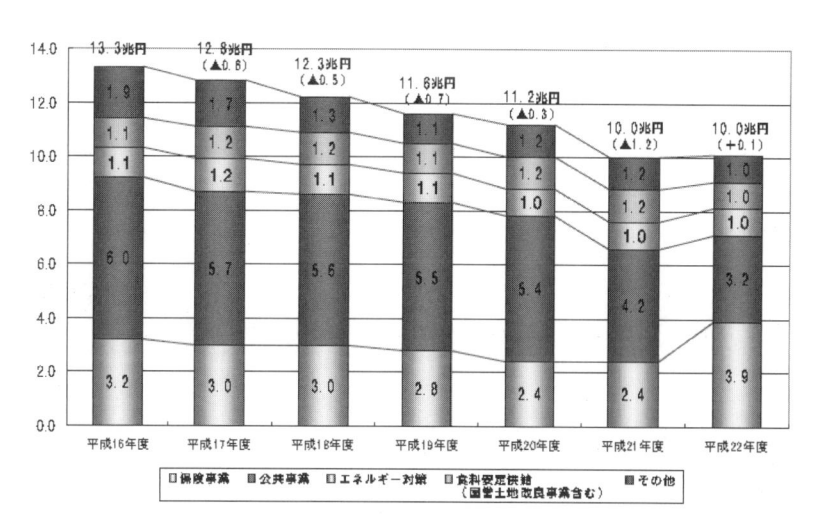

図32　特別会計の数の推移

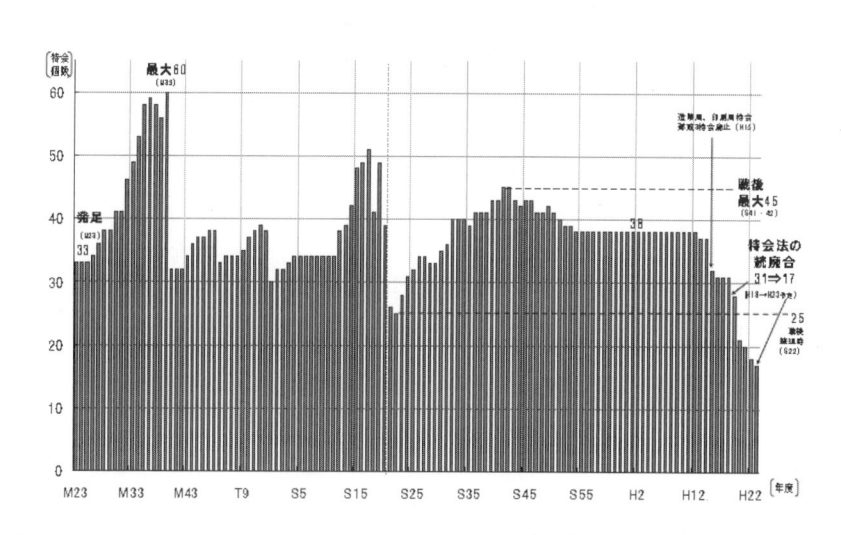

図33　ライフサイクルで見た社会サービスの給付と負担

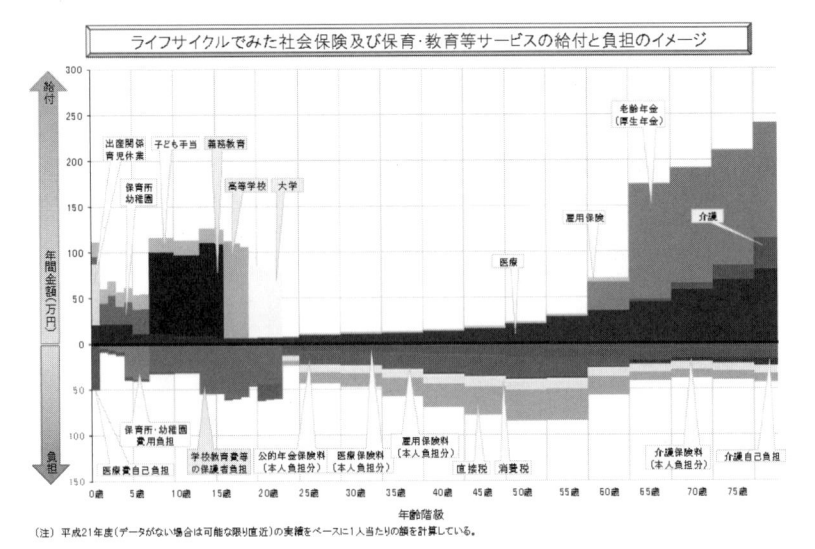

図34　社会保障給付費の推移

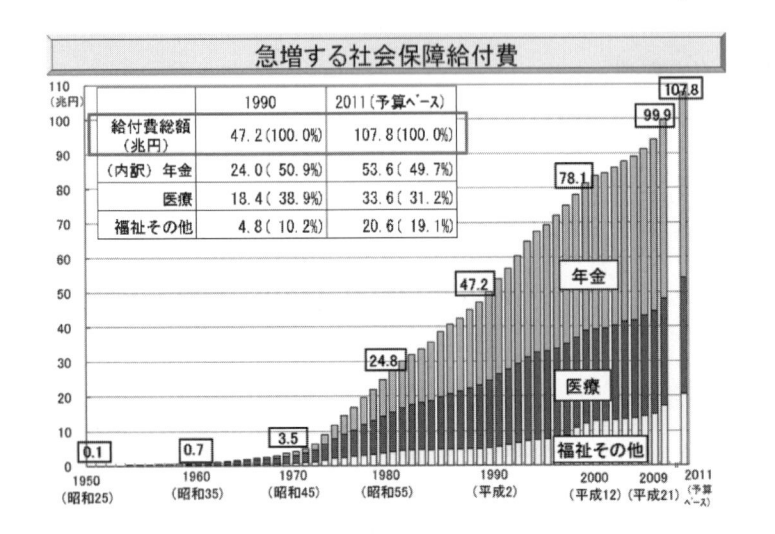

図35　社会保障給付費構造の推移

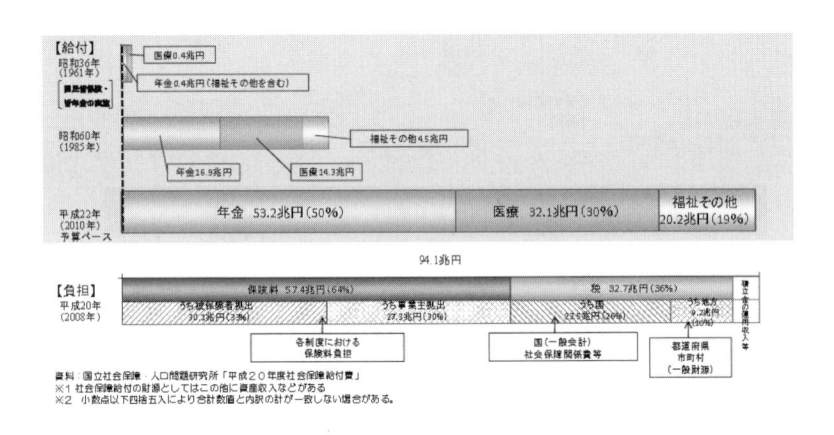

図36　社会保障給付費構造の国別比較

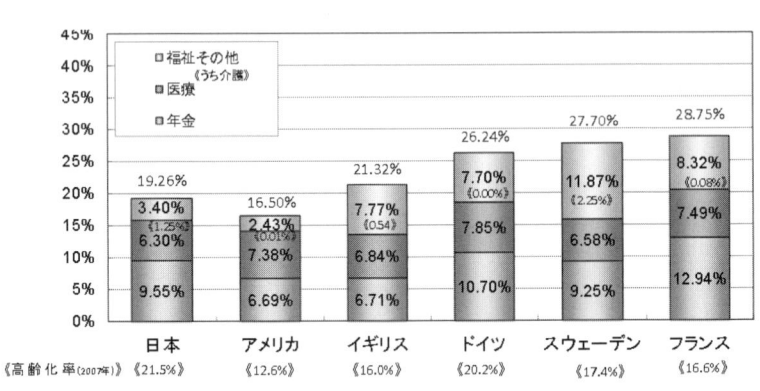

図37 留学生数の国別推移

米国におけるアジア留学生の推移

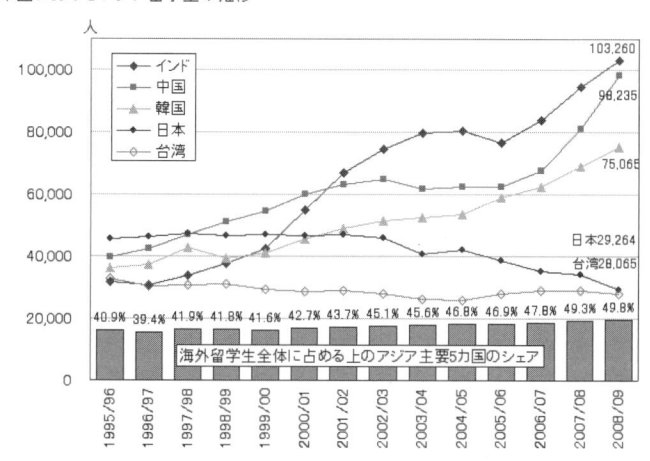

(注)留学生人数表示は最新年 (資料)Institute of International Education, "Open Doors"(HP)

2 社会保障個人口座

図38 シンガポールの社会保障個人口座（CPF）

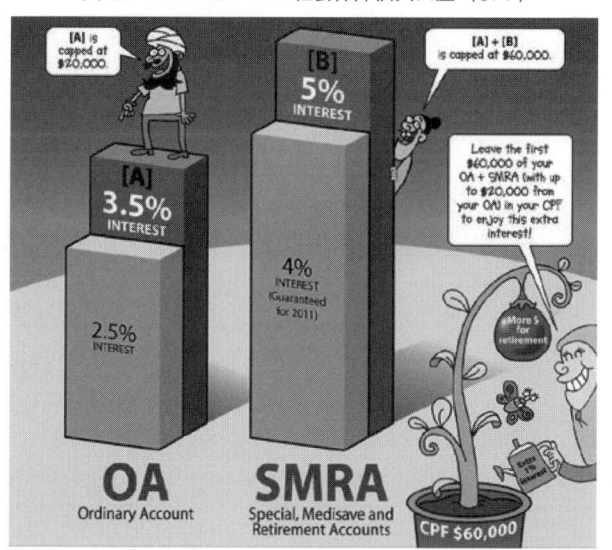

図39 シンガポールの社会保障個人口座（CPF）の積立方法

〈 CPFの積立方法 〉（注：負担率は現在の水準）

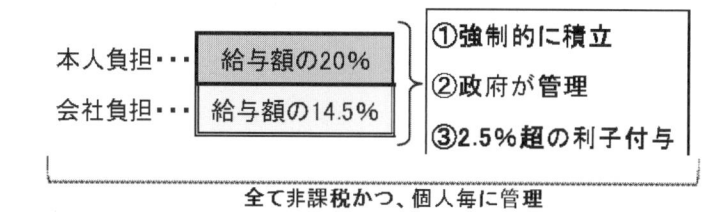

本人負担・・・給与額の20%
会社負担・・・給与額の14.5%

① 強制的に積立
② 政府が管理
③ 2.5%超の利子付与

全て非課税かつ、個人毎に管理

※ご参考までに
拠出金は、以下のような割合で3つの口座に分別されて積み立てられる。
（各個人には個別に口座番号があてがわれ、終生口座番号が変わることがない）
(1)　75%・・・普通口座(Ordinary)
住宅購入、教育費および政府が認めた投資などに使用可能
(2)　15%・・・メディセイブ(Medisave)
加入者や直系親族の入院費や医療保険費、また住宅購入費用として使用可能
(3)　10%・・・特別口座(Special)
定年後または不慮の事故に備えて留保される部分（通常時使用不可）

図40 共通番号制と所得把握

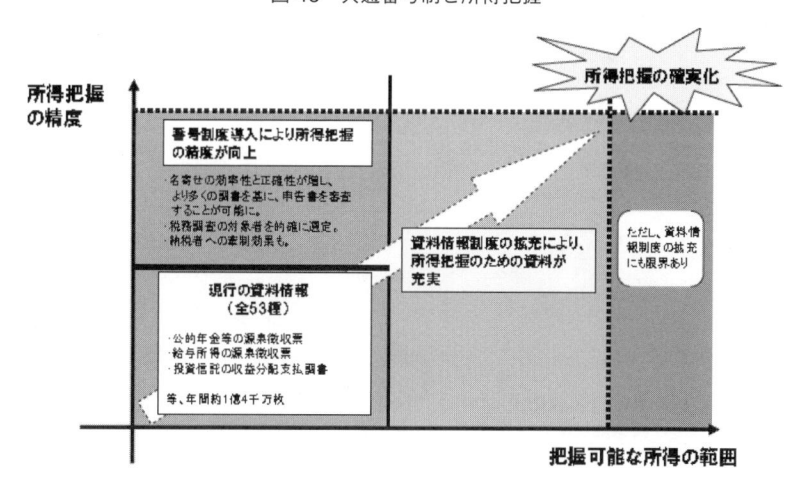

図41　共通番号制度の設計

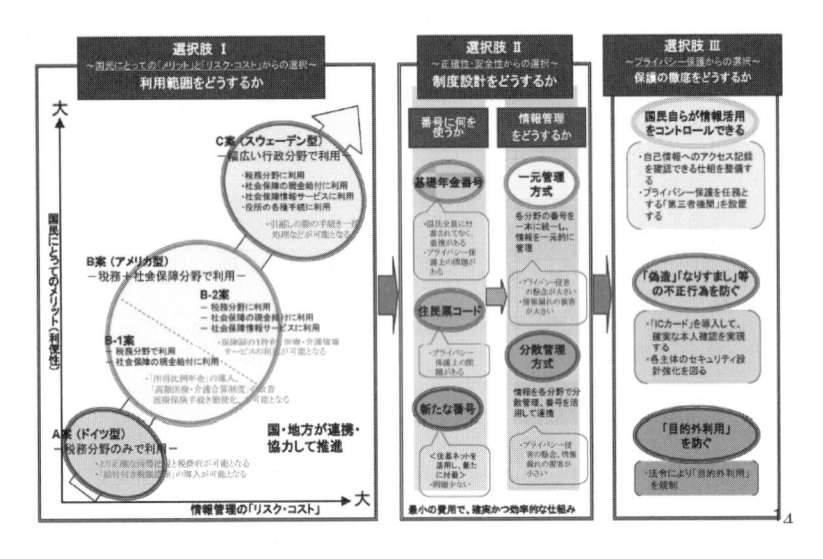

図42　オーストリアの共通番号活用法

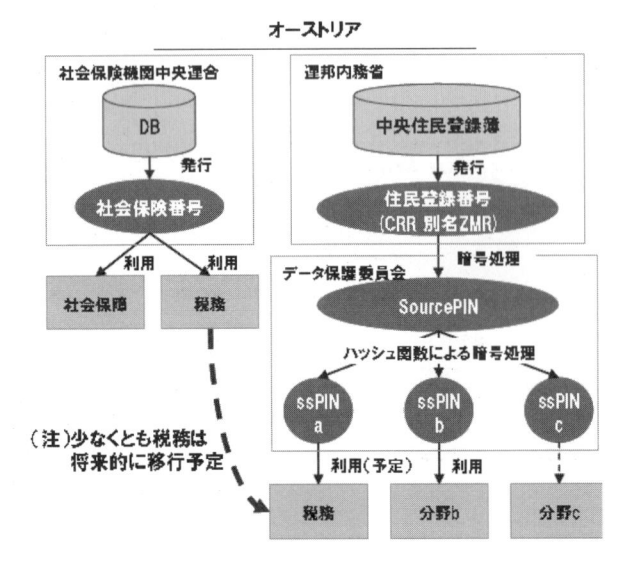

3　年金保険

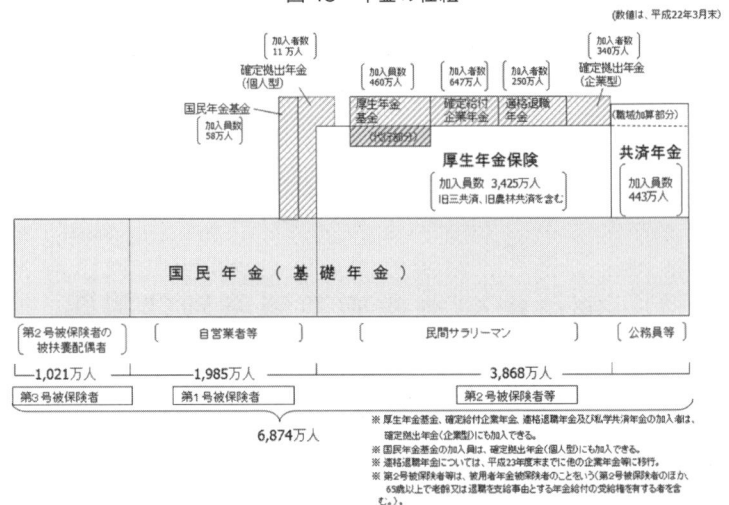

図43　年金の仕組

図44　社会保障制度の概要

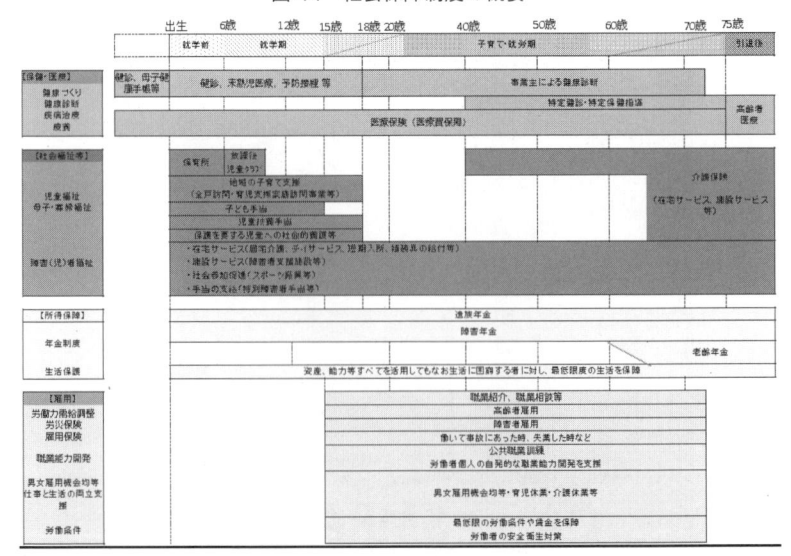

図45 年金受給者数増加の実態

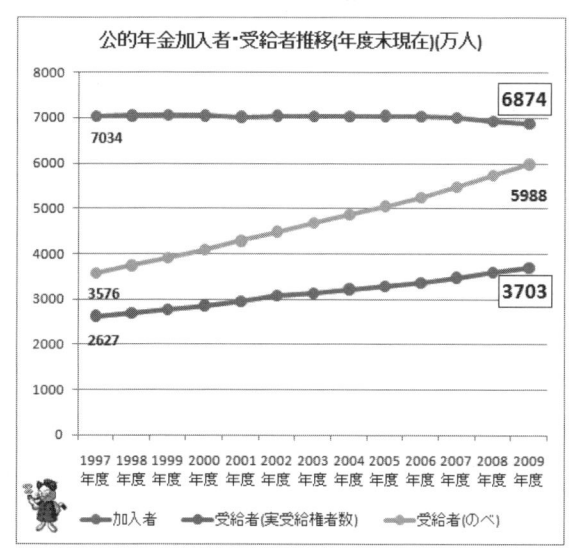

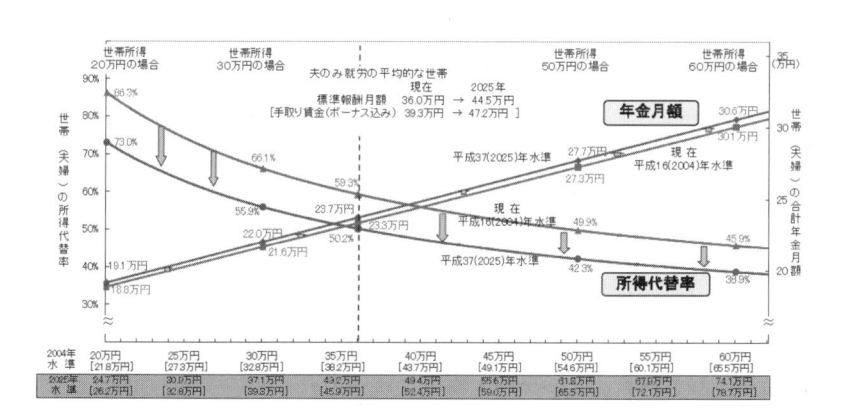

図47 社会保障の世代間格差

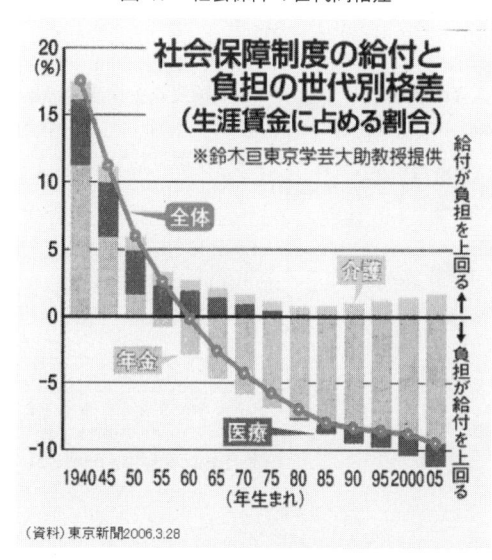

図46 年金の所得代替率

図48 国民年金被保険者の職業

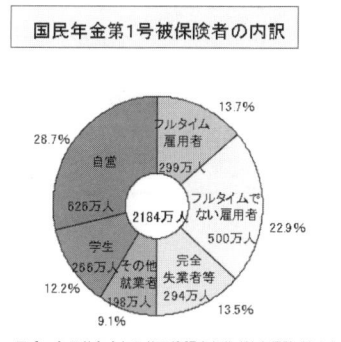

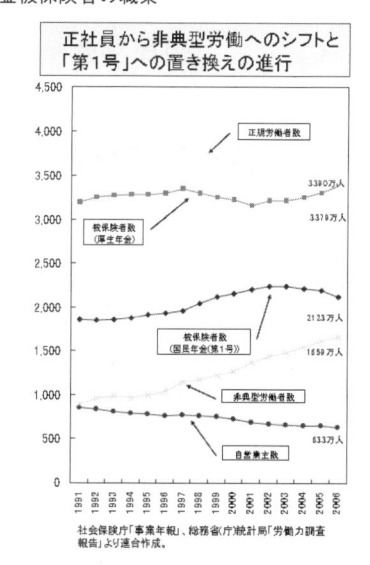

図49 国民年金保険料未納者の推移

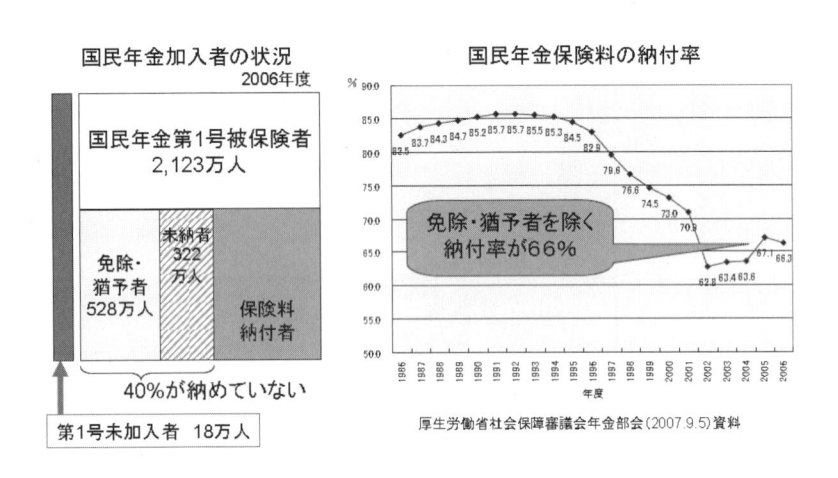

図50 国民年金保険料の年齢別納付率

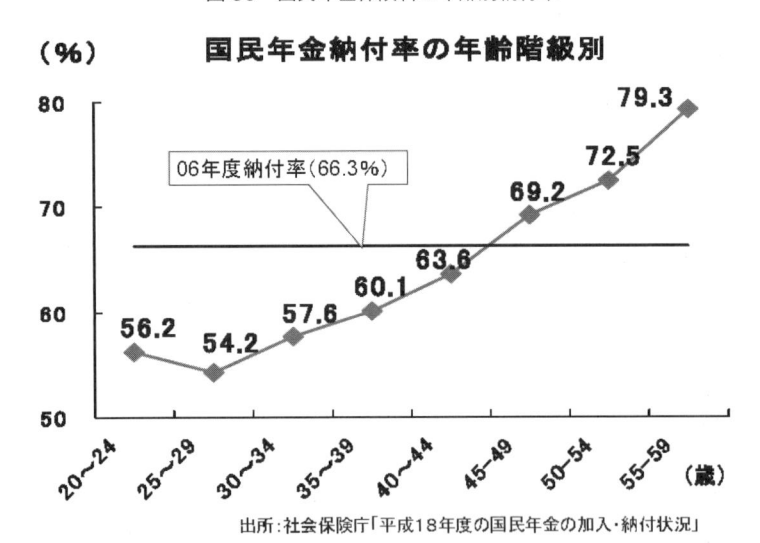

図51 高齢者人口増加の実態

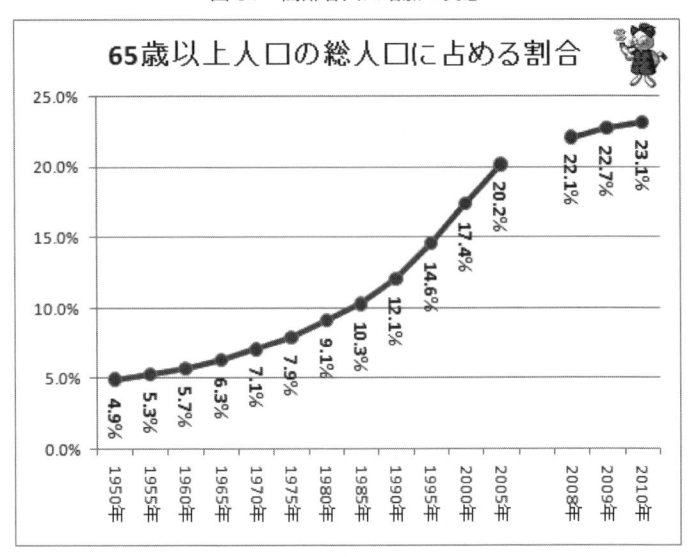

図52 年金積立金運用の仕組

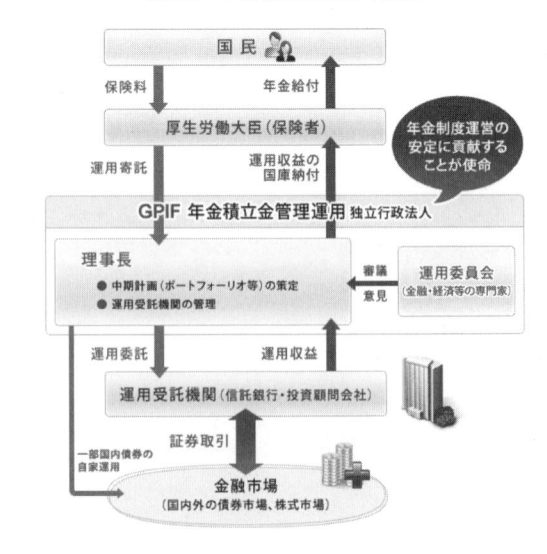

図53 年金積立金運用の基本ポートフォリオで定める資産構成割合

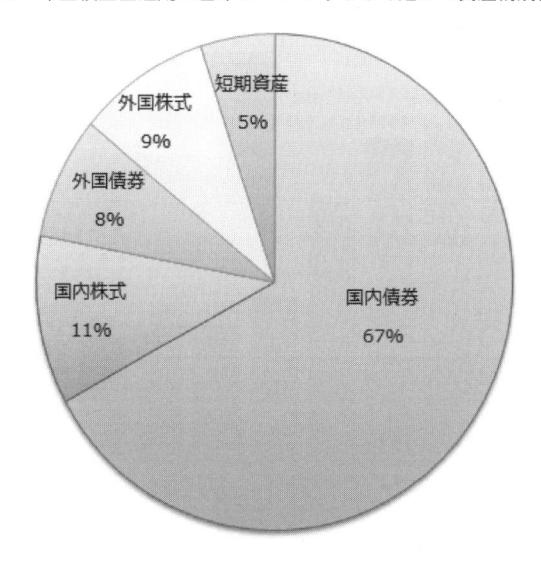

短期資産 5%
外国株式 9%
外国債券 8%
国内株式 11%
国内債券 67%

図54 年金積立金の運用利回り
≪自主運用開始から（過去9年間）≫
（平成13～平成21年度の平均）

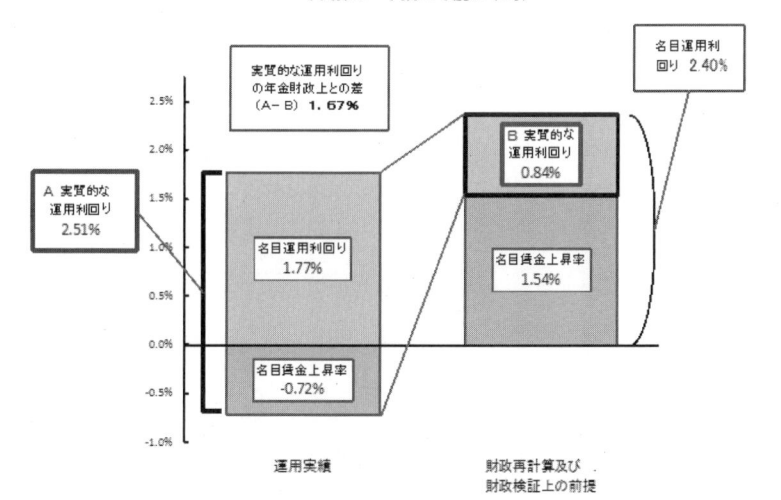

名目運用利回り 2.40%
実質的な運用利回りの年金財政上との差 (A-B) 1.67%
A 実質的な運用利回り 2.51%
B 実質的な運用利回り 0.84%
名目運用利回り 1.77%
名目賃金上昇率 -0.72%
名目賃金上昇率 1.54%

運用実績　　　財政再計算及び財政検証上の前提

図55 年金積立金の運用実績

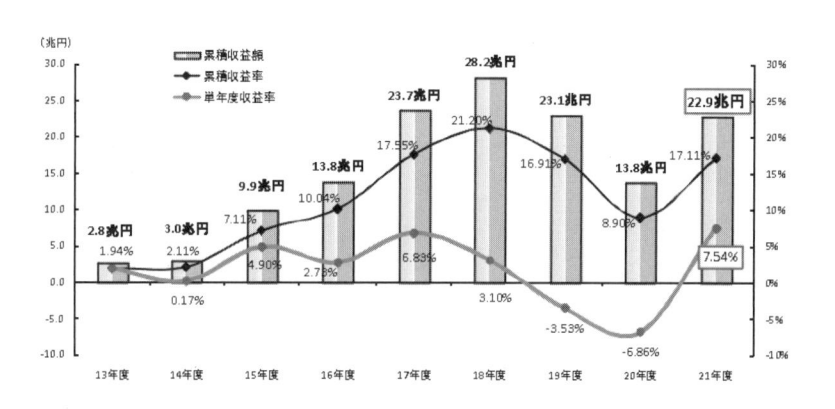

（兆円）
累積収益額
累積収益率
単年度収益率

13年度: 2.8兆円, 1.94%, 0.17%
14年度: 3.0兆円, 2.11%, 0.17%
15年度: 9.9兆円, 7.11%, 4.90%
16年度: 13.8兆円, 10.04%, 2.73%
17年度: 17.55%, 6.83%
18年度: 28.2兆円, 21.20%, 3.10%
19年度: 23.1兆円, 16.91%, -3.53%
20年度: 13.8兆円, 8.90%, -6.86%
21年度: 22.9兆円, 17.11%, 7.54%

図56 年金基金ポートフォリオの国別比較

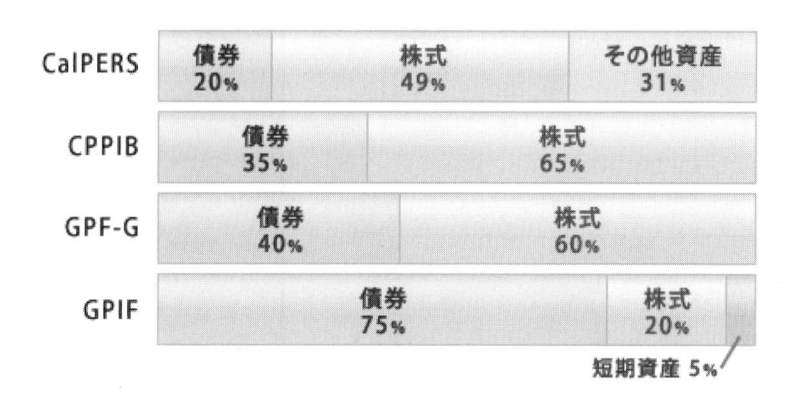

CalPERS　債券20%　株式49%　その他資産31%
CPPIB　債券35%　株式65%
GPF-G　債券40%　株式60%
GPIF　債券75%　株式20%　短期資産5%

図57　年金基金資産規模の国別比較

図59　企業年金基金の減少状況

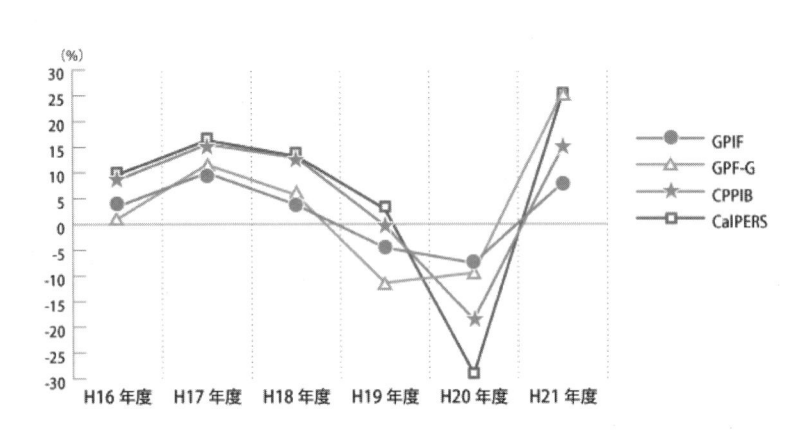

図58　企業年金基金の仕組

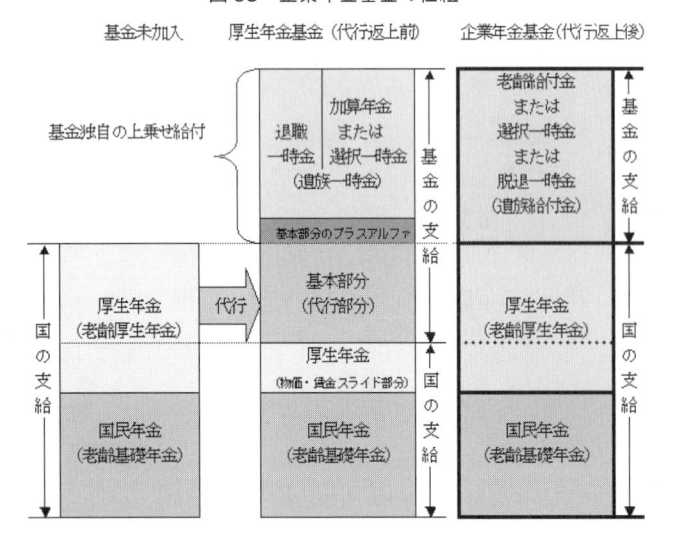

出所：日生協企業年金基金「基金制度の仕組み」

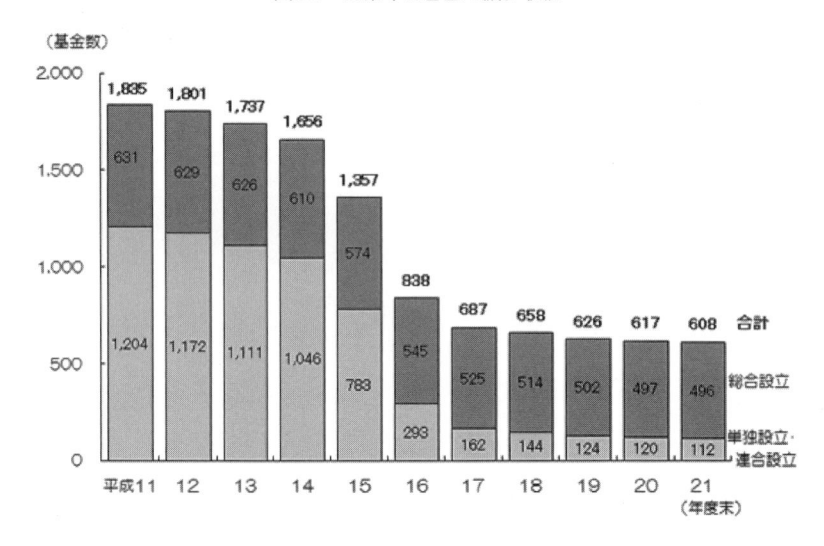

図60　国民年金基金加入者の減少状況

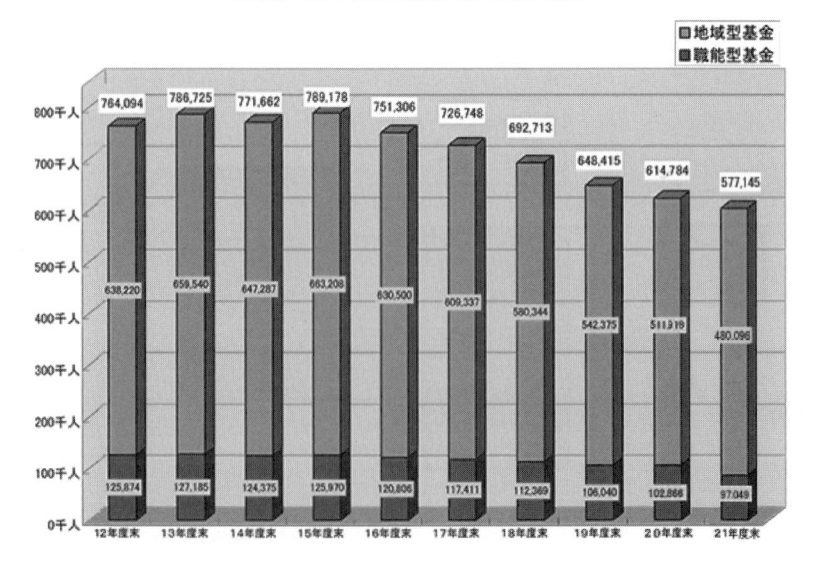

図61　国民年金加入者の年齢

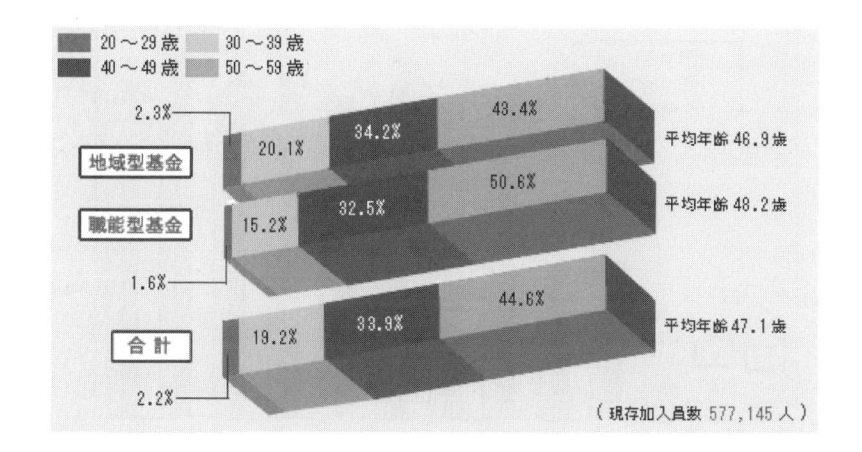

図62　生活保護世帯数と保護率の推移

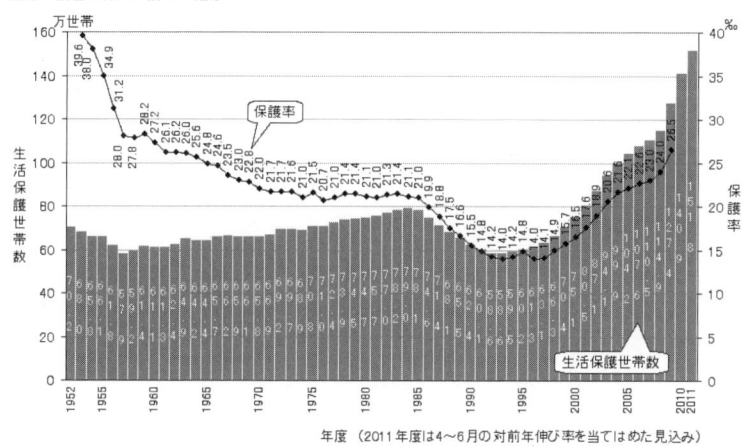

(注)年度の1か月平均(2010年度以降概数)。保護率は社会保障・人口問題研究所「生活保護」公的統計データ一覧。
(資料)厚生労働省「社会福祉行政業務報告(福祉行政報告例)」

図63　生活保護給付水準の推移

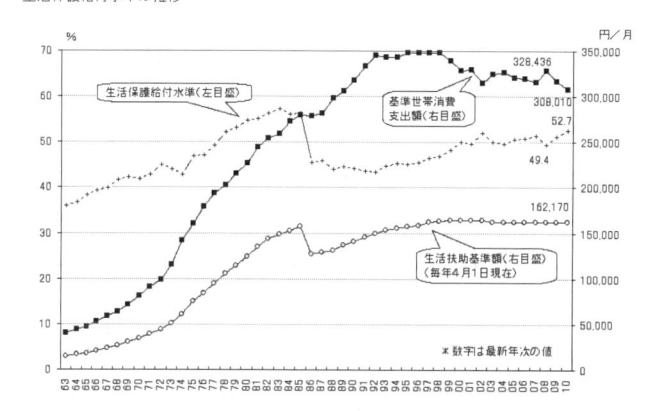

(注)ここで生活保護給付水準となづけているものは、政府が定める生活扶助基準額(1級地標準世帯)が、家計調査の基準世帯(当図録の用語)の消費支出額に対して何%になっているかの数字である。基準世帯は68年以前は有業者1人の4人世帯、69～99年は夫婦と子ども2人の勤労世帯で有業者が夫のみの世帯(家計調査で標準世帯と呼んでいた類型)、2000年以降は4人世帯(有業者1人)の勤労者世帯である。
(資料)社会保障・人口問題研究所「「生活保護」に関する公的統計データ一覧」、総務省「家計調査」

図64　生活保護率の県別比較

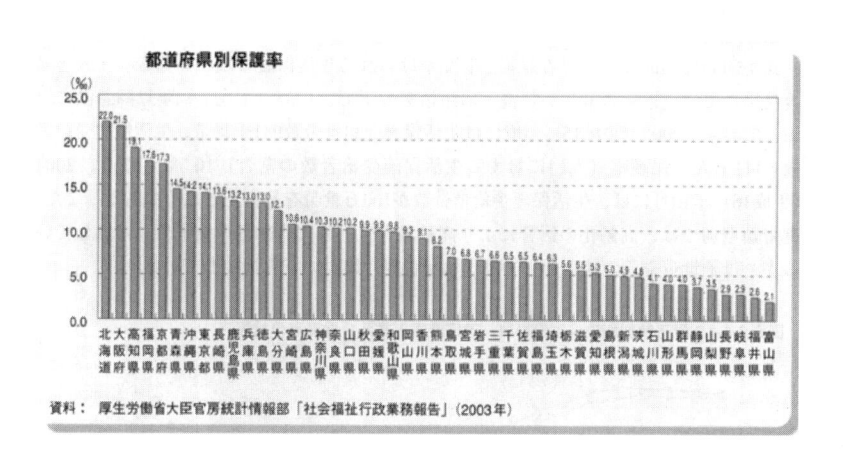

資料：厚生労働省大臣官房統計情報部「社会福祉行政業務報告」(2003年)

- 123 -

図65　生活保護に陥った原因の推移

図67　地方公務員共済組合の収支

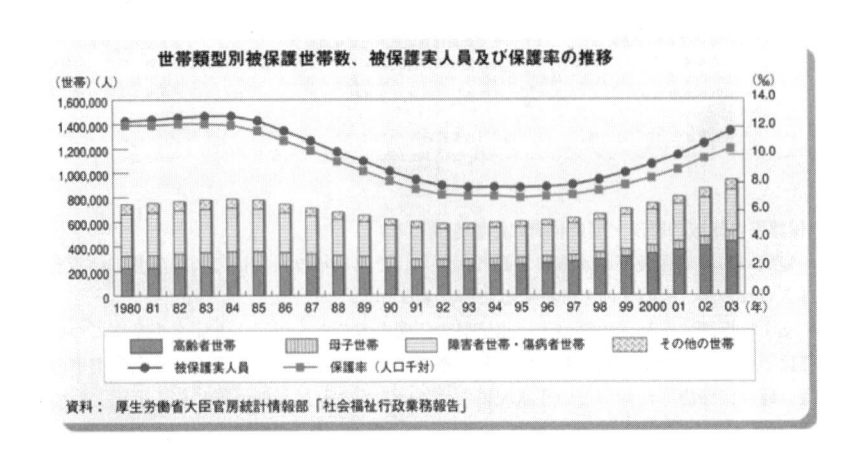

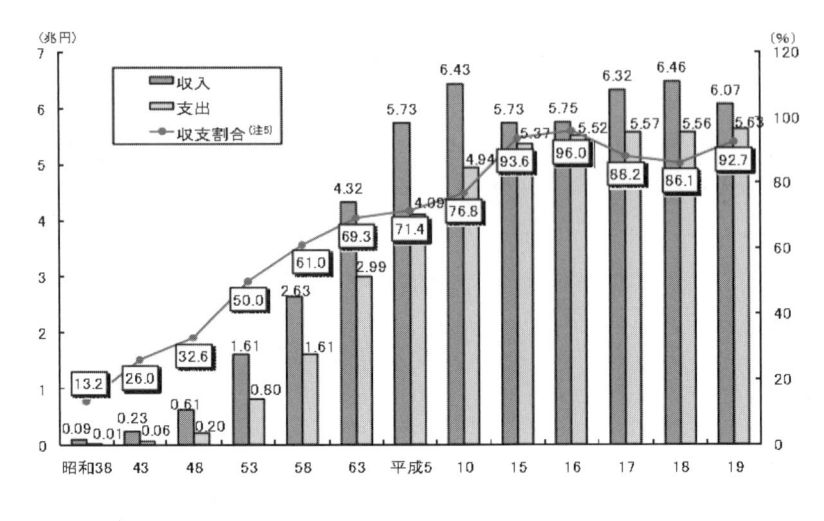

図66　地方公務員共済組合被保険者数の推移

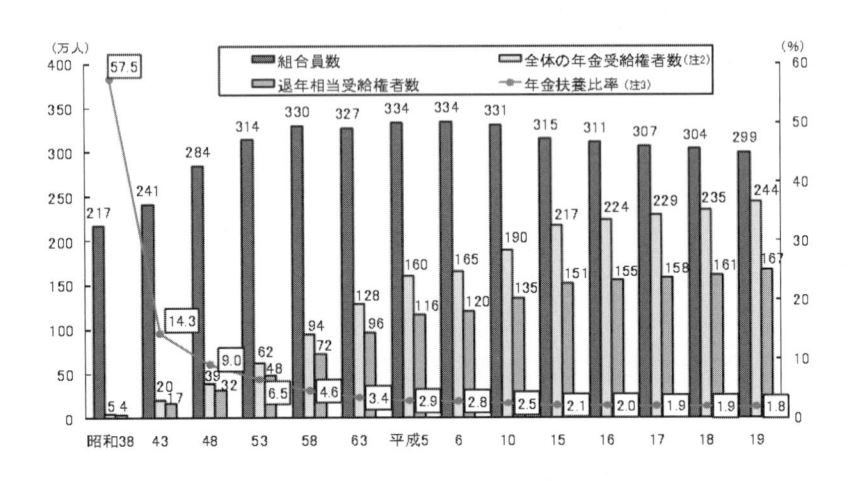

図68　国家公務員共済年金の財政状況

図69 在職老齢年金の仕組 64歳まで

60～64歳の在職老齢年金制度

○賃金（ボーナス込み月収）と年金の合計額が28万円を上回る場合は、賃金の増加2に対し、年金額1を停止。
○賃金（ボーナス込み月収）が47万円を超える場合は、賃金が増加した分だけ年金を停止。

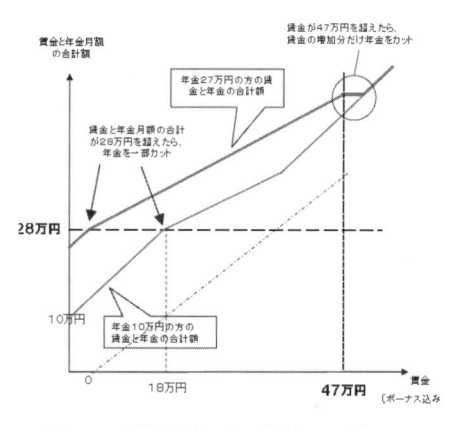

図70 在職老齢年金の仕組 65歳から

65歳以上の在職老齢年金制度

○基礎年金は全額支給する。
○賃金（ボーナス込み月収）と厚生年金（報酬比例部分）の合計額が47万円を上回る場合には、賃金の増加2に対し、年金額（報酬比例部分）1を停止。

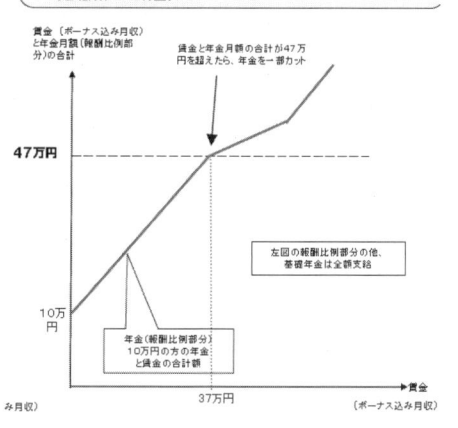

図71 103万円・130万円の壁による世帯所得減

税・社会保障制度が世帯所得に与える影響

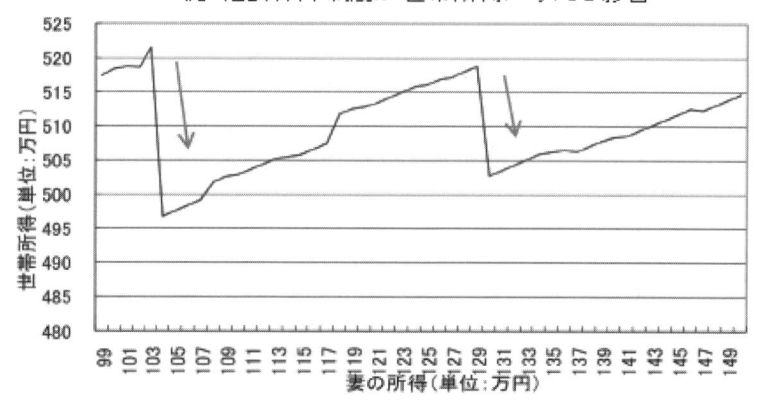

図72 パート労働者の保険料

被扶養者の厚生年金、健康保険適用の有無

所定労働時間・日数		適用の有無
通常労働者の3／4以上		被保険者として適用対象
通常労働者の3／4未満	年収130万円以上	適用対象外（国民年金、国民健康保険に加入）
	年収130万円未満	被扶養者として適用対象

図73　パート労働者の年金

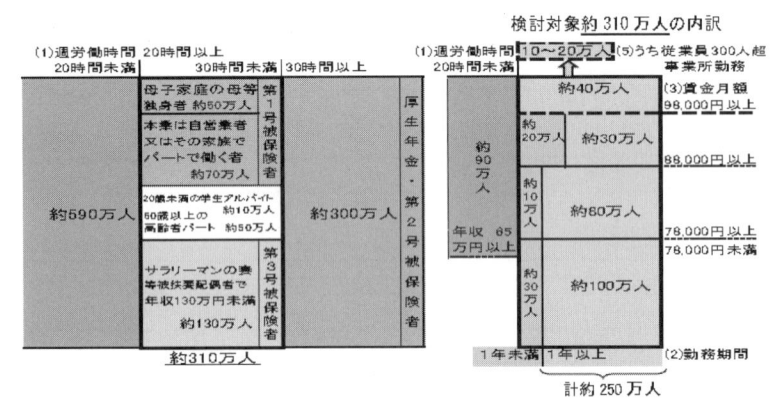

図75　配偶者特別控除の仕組

出所：『経済のプリズム』No.56（参議院調査室、2008年）

図74　パート労働者の税金

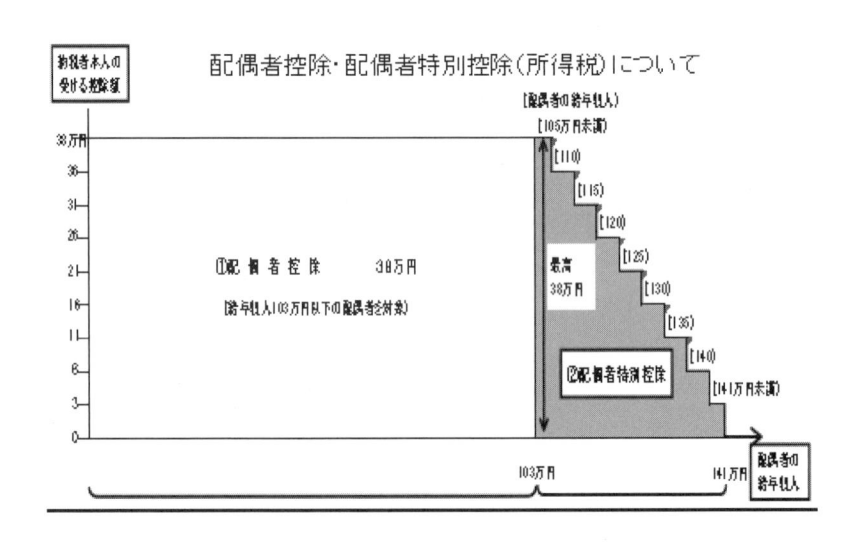

図76　日本の事業所数と従業者数の推移

[6-1, 6-2, 6-4表参照]

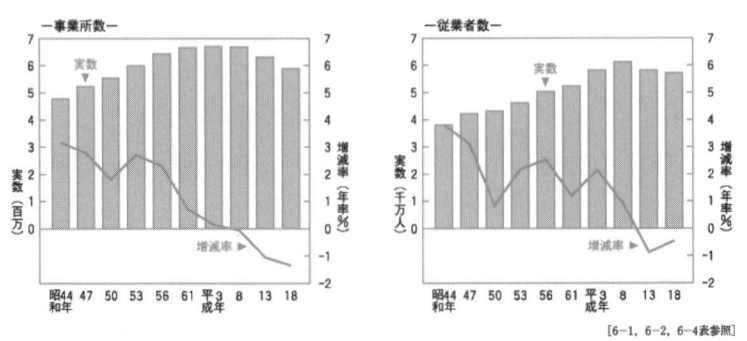

図77 国税収入の推移

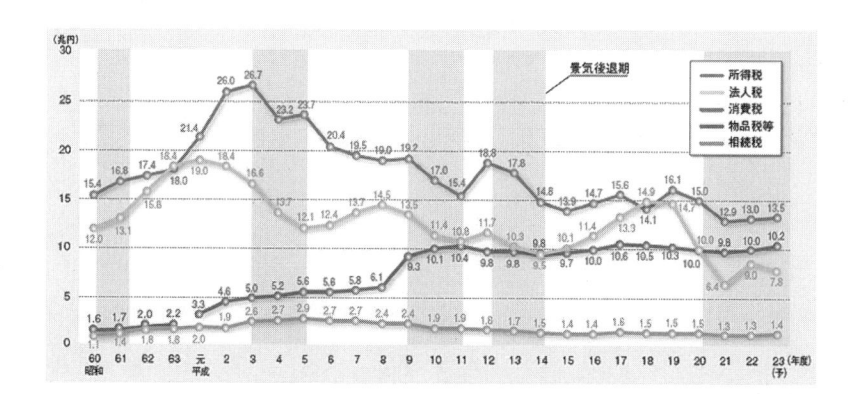

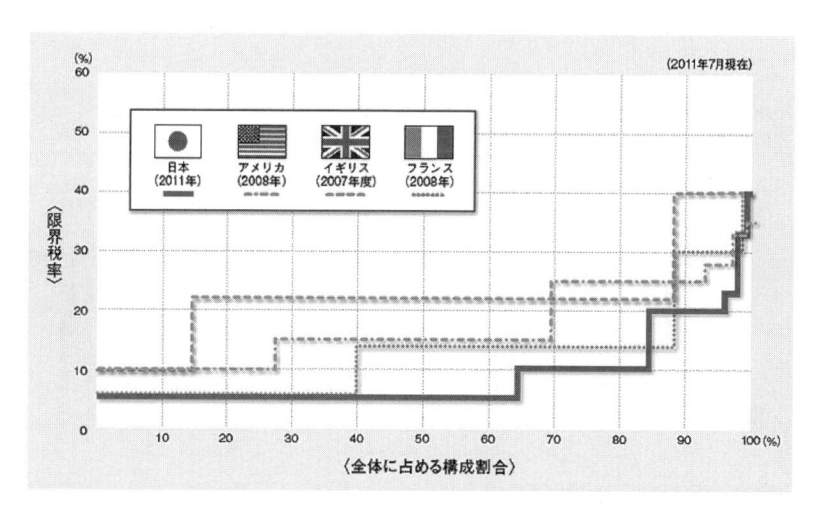

図78 所得実効税率の給与収入国別比較（2011年7月現在）

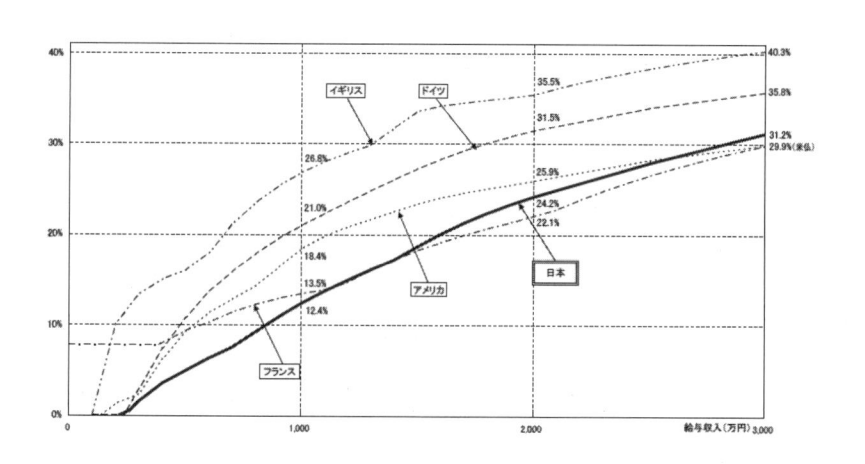

図79 所得実効税率の納税者数国別比較

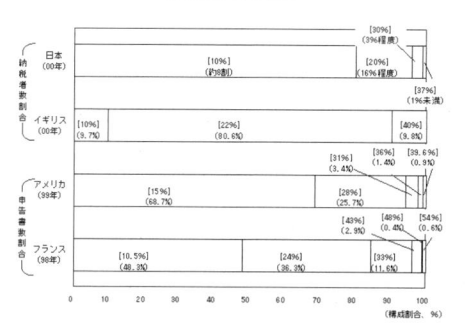

図80 所得税率別負担者割合

図81 法人実効税率の国別比較（2011年7月現在）

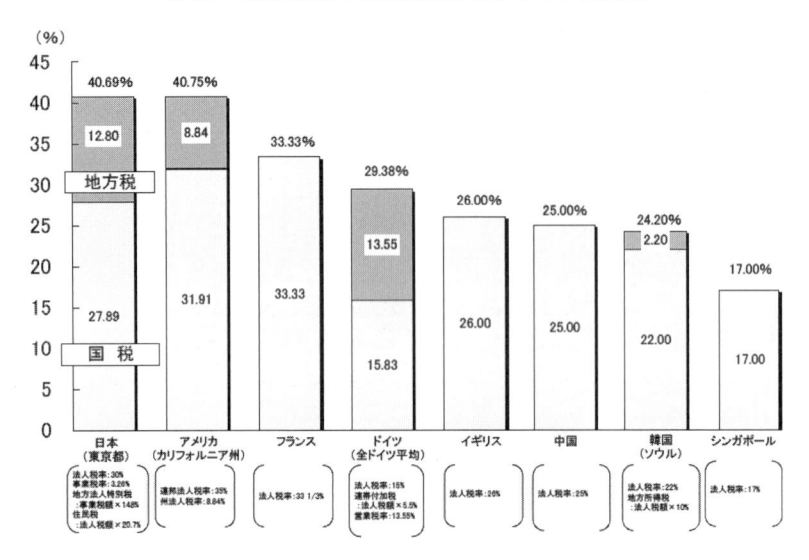

図82 法人税課税事務所数と赤字法人数の推移

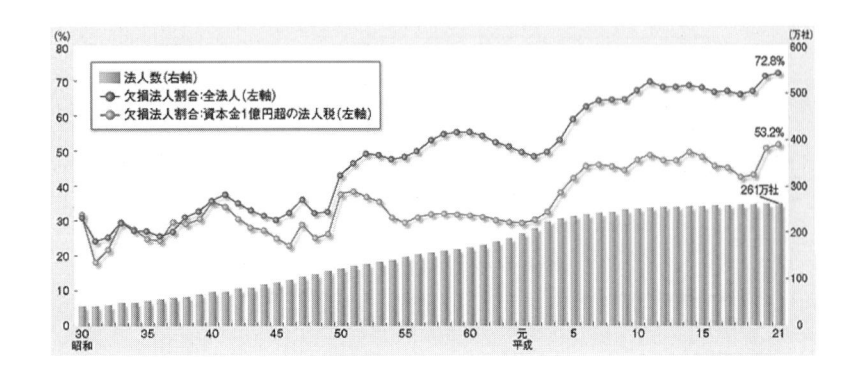

図83 社会保険料事業主負担の国別比較（対国民所得比）

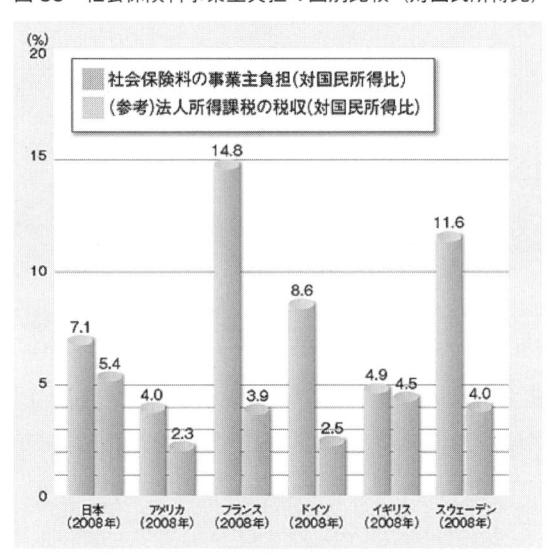

図84 消費税の仕組の変化

図85 付加価値税率の国別比較

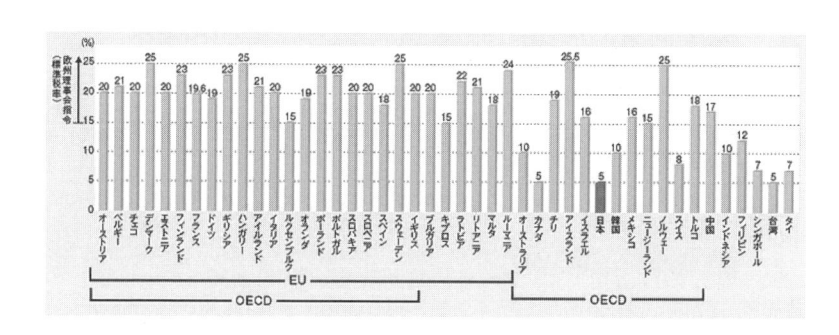

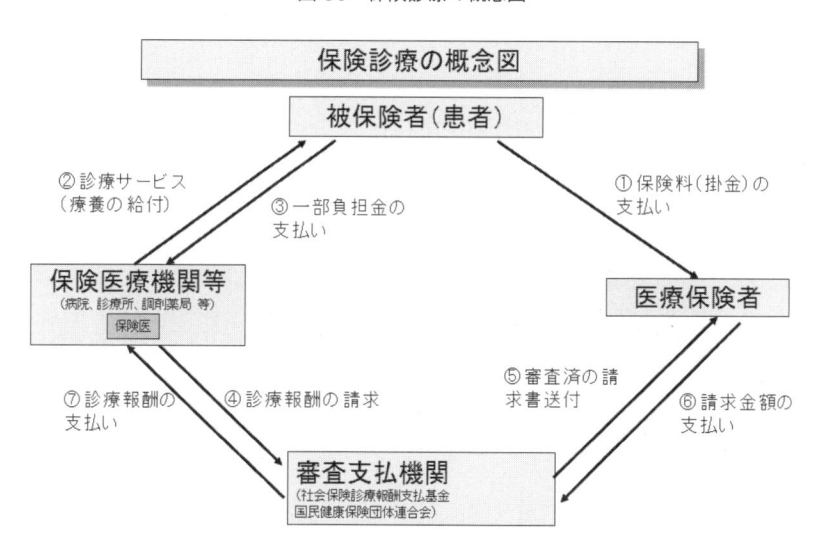

図87 医療保険各制度の加入者数

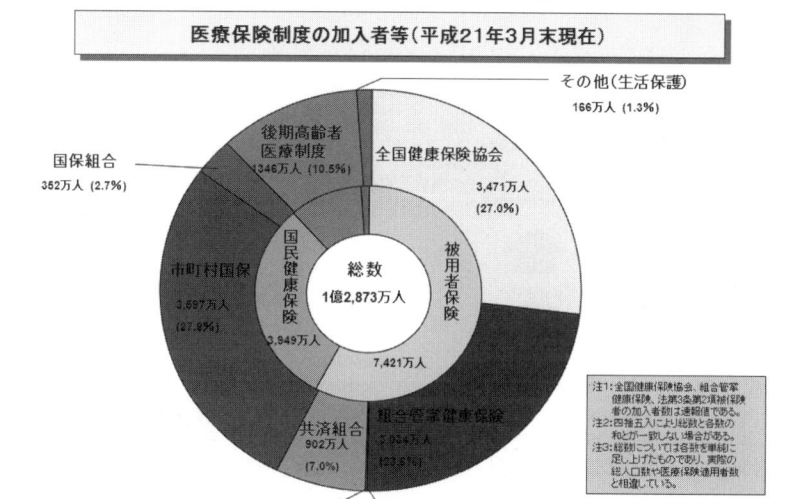

4 医療保険

図86 保険診療の概念図

図88 医療保険各制度の財政規模

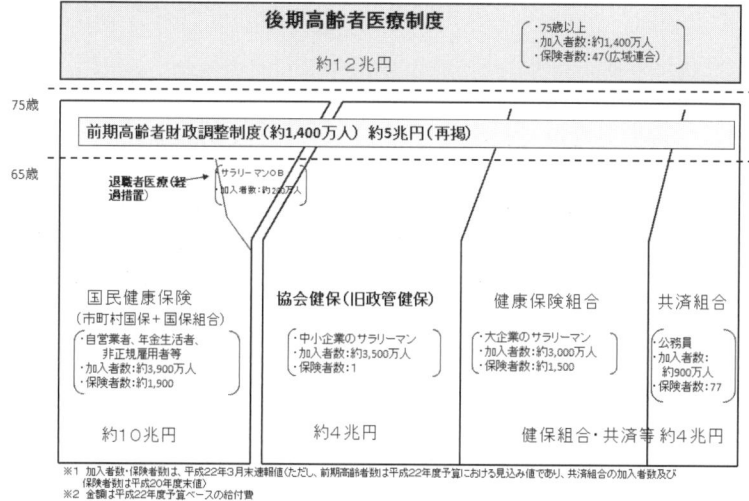

図89 後期高齢者医療制度の財源

図90 退職者医療制度

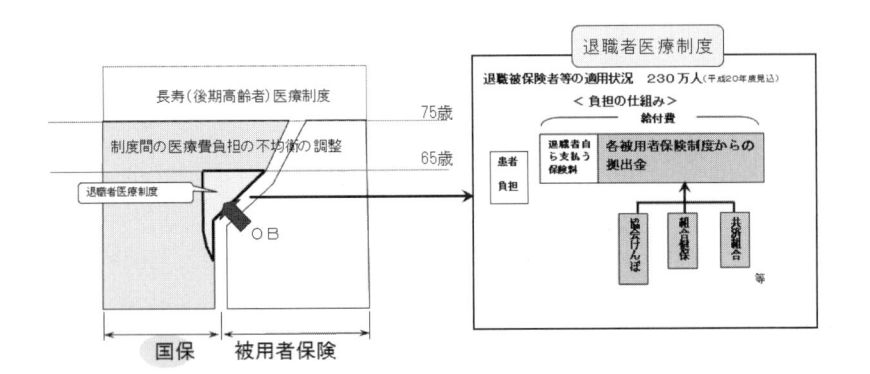

図91 国民健康保険の財源

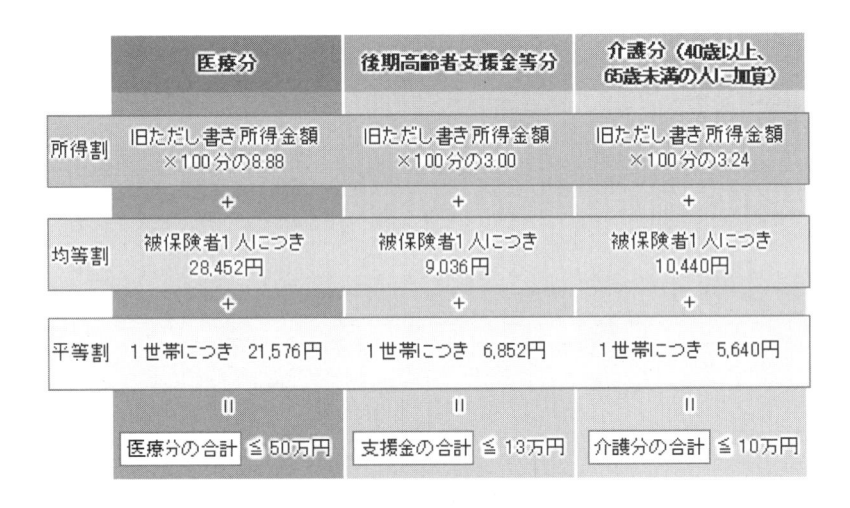

	医療分	後期高齢者支援金等分	介護分（40歳以上、65歳未満の人に加算）
所得割	旧ただし書き所得金額 ×100分の8.88	旧ただし書き所得金額 ×100分の3.00	旧ただし書き所得金額 ×100分の3.24
	＋	＋	＋
均等割	被保険者1人につき 28,452円	被保険者1人につき 9,036円	被保険者1人につき 10,440円
	＋	＋	＋
平等割	1世帯につき 21,576円	1世帯につき 6,852円	1世帯につき 5,640円
	＝	＝	＝
	医療分の合計 ≦50万円	支援金の合計 ≦13万円	介護分の合計 ≦10万円

図92 高額療養費制度

＜一般的な例 被用者本人（3割負担）のケース＞

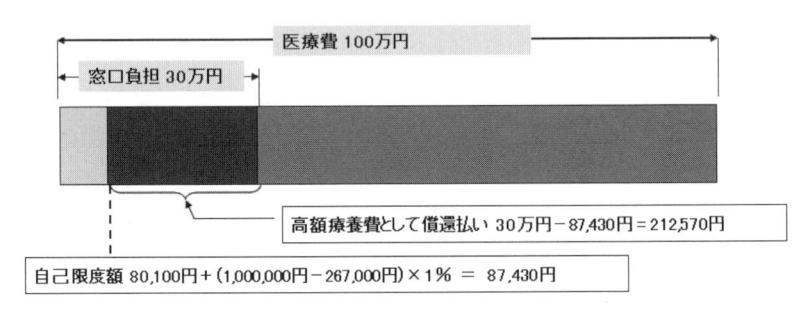

高額療養費として償還払い 30万円－87,430円＝212,570円

自己限度額 80,100円＋(1,000,000円－267,000円)×1％ ＝ 87,430円

図93 介護保険の仕組

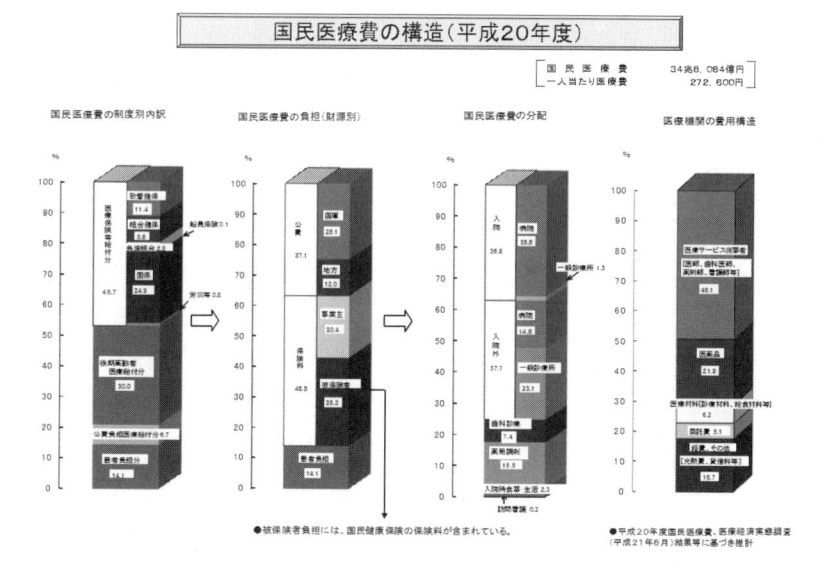

図95 死亡場所の推移

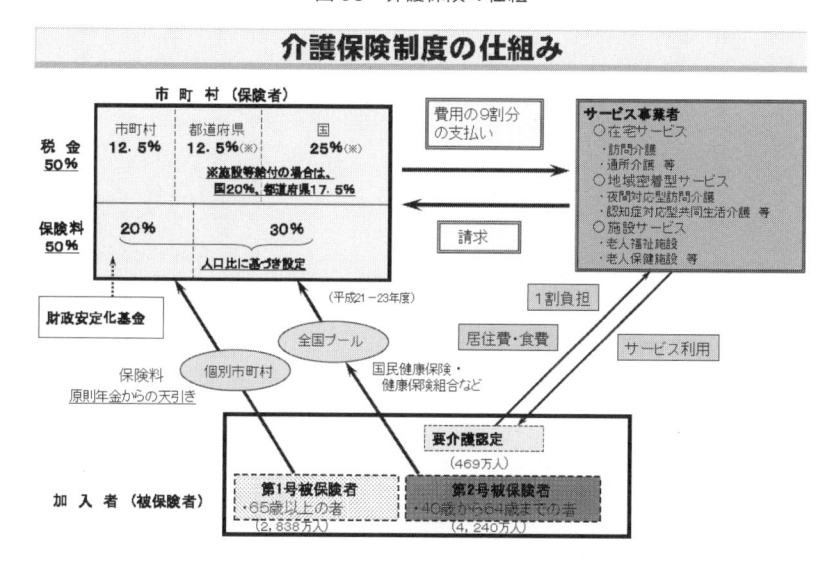

図94 国民医療費の構造

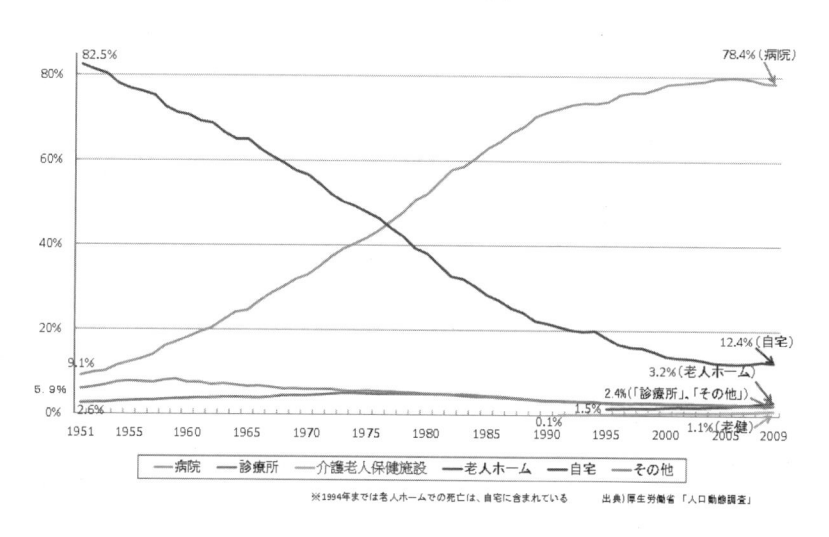

図96 高齢者向け住宅・施設数

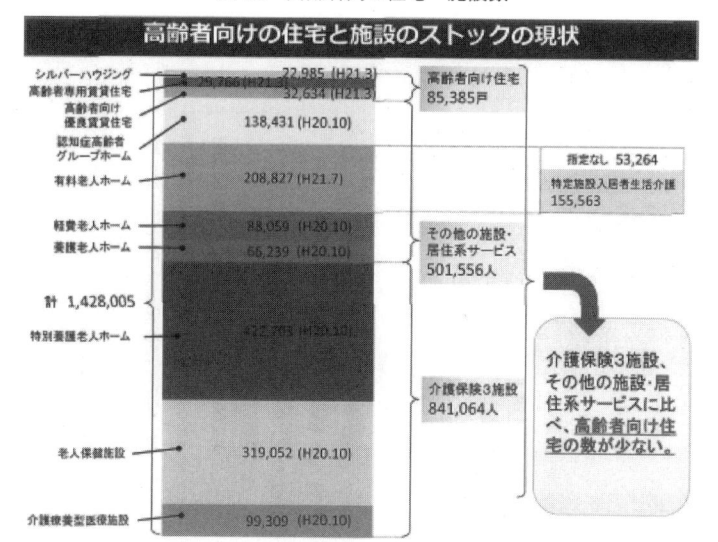

図97 サービス付き高齢者向け住宅の位置づけ

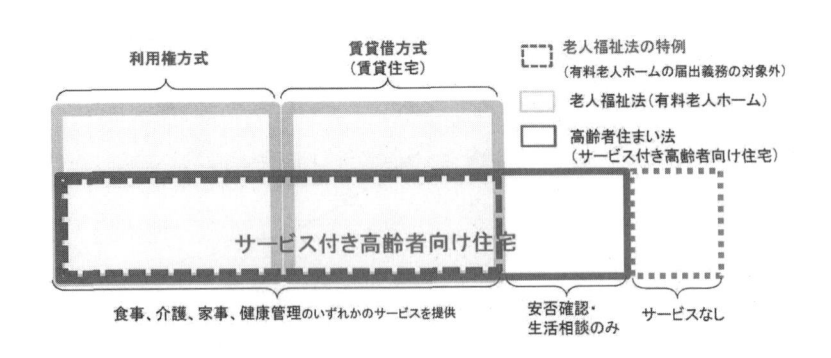

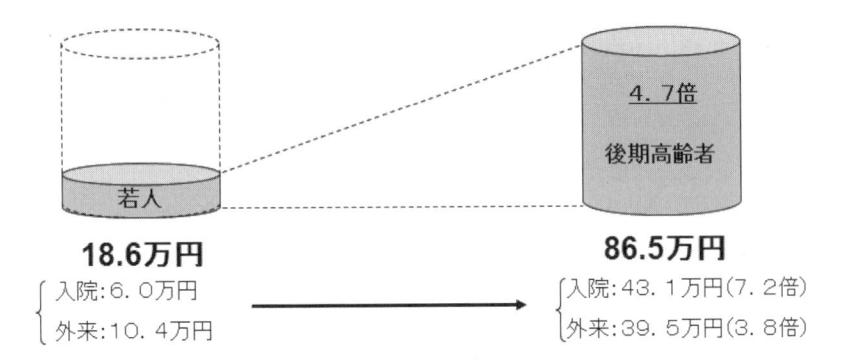

図99 老人と若者の医療費の比較

図98 医療費の年齢別比較

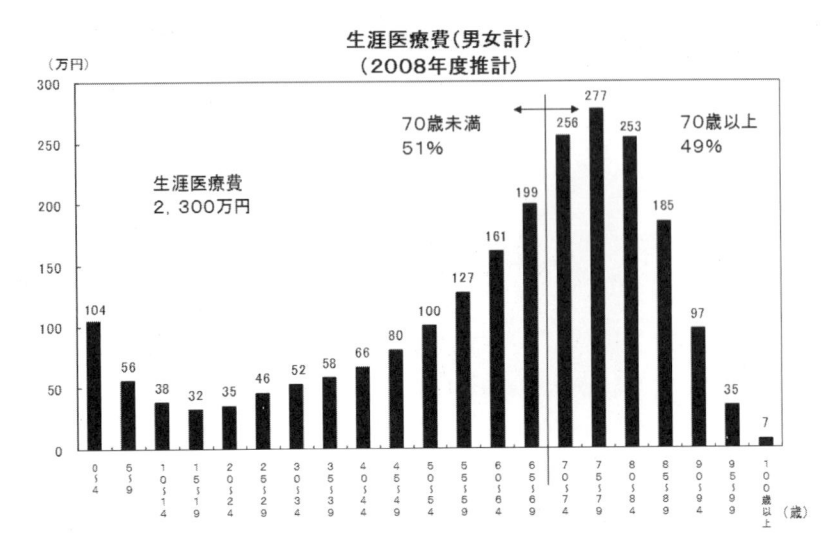

図100 これまでの老人医療費

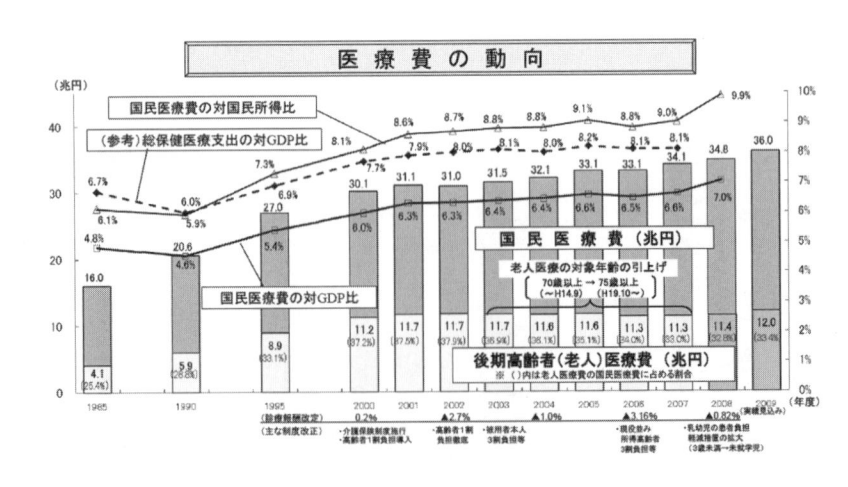

図101　これからの老人医療費

国民医療費、後期高齢者医療費及び高齢者割合の見通し

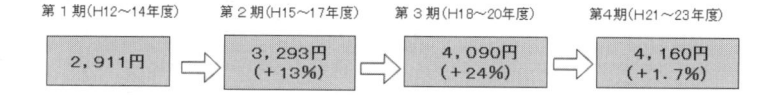

年度	国民医療費	後期高齢者医療費	65歳以上高齢者割合	75歳以上高齢者割合
平成22年度	37.5兆円	12.8兆円	23.1%	11.2%
平成27年度	42.3兆円	16.1兆円	26.9%	13.1%
平成32年度	47.2兆円	19.7兆円	29.2%	15.3%
平成37年度	52.3兆円	24.1兆円	30.5%	18.2%

図103　医療費GDP比率と高齢化率の各国比較

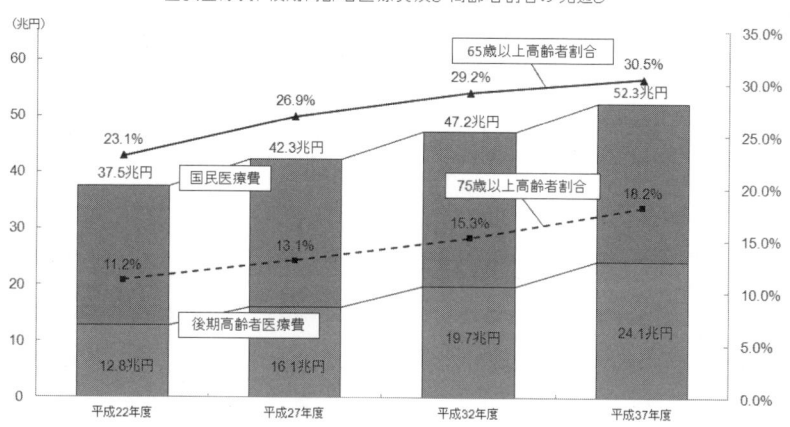

OECD31カ国内の順位

国	総医療費の対GDP比(%)	OECD順位	高齢化率(65歳以上)(%)	高齢化率順位
日本	8.1%	22位	22.1%	1位
イギリス	8.7%	17位	15.7%	14位
イタリア	9.1%	14位	20.3%	2位
カナダ	10.4%	6位	13.6%	20位
ドイツ	10.5%	4位	20.2%	3位
フランス	11.2%	2位	16.5%	11位
アメリカ	16.0%	1位	12.7%	23位

図102　これまでの介護保険財政

介護保険財政の動向

○ 総費用の伸び

介護保険の総費用は、年々増加

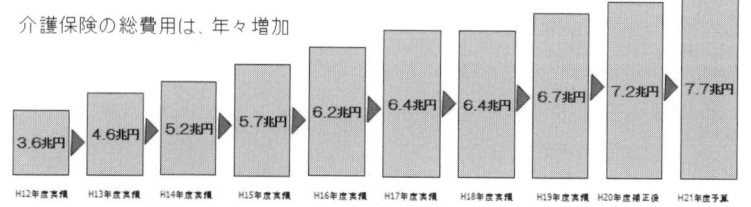

年度	総費用
H12年度実績	3.6兆円
H13年度実績	4.6兆円
H14年度実績	5.2兆円
H15年度実績	5.7兆円
H16年度実績	6.2兆円
H17年度実績	6.4兆円
H18年度実績	6.4兆円
H19年度実績	6.7兆円
H20年度補正後	7.2兆円
H21年度予算	7.7兆円

○ 1号保険料〔加重平均〕

1号保険料は第1期（H12～14）から第4期（H21～23）で約40%増

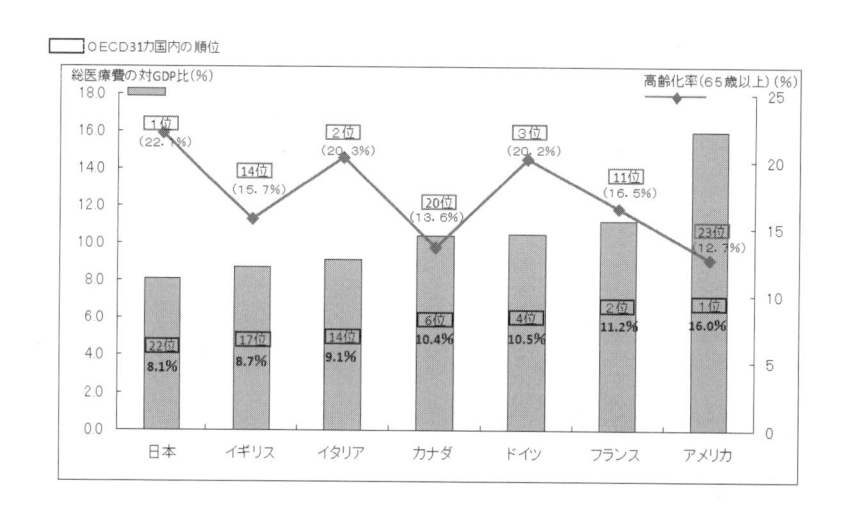

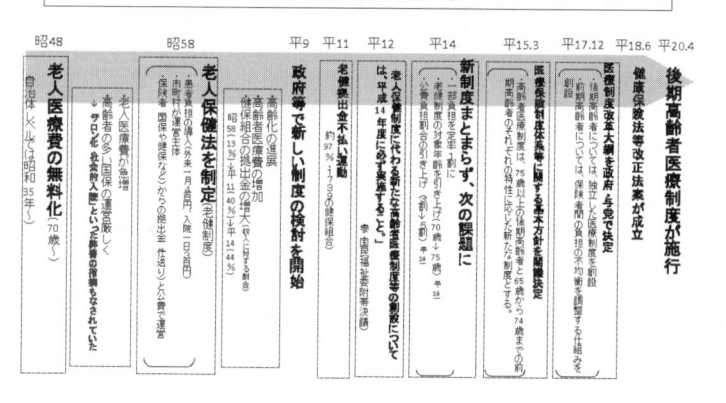

第1期(H12～14年度)	第2期(H15～17年度)	第3期(H18～20年度)	第4期(H21～23年度)
2,911円	3,293円（+13%）	4,090円（+24%）	4,160円（+1.7%）

図104　高齢者医療の歩み

高齢者医療の歩み

- 昭48　老人医療費の無料化（70歳～）※自治体レベルでは昭和35年～
- 昭58　老人保健法を制定（老健制度）
- 平9　政府等で新しい制度の検討を開始
- 平11　老健拠出金不払い運動
- 平12　（老健制度の対象年齢を段階的に引上げ：70歳→75歳、等）
- 平14　新制度まとまらず、次の課題に
- 平15.3　医療保険制度体系に関する基本方針を閣議決定
- 平17.12　医療制度改革大綱を政府・与党で決定
- 平18.6　健康保険法等改正法案が成立
- 平20.4　後期高齢者医療制度が施行

図105　高齢者医療の4つの解決案

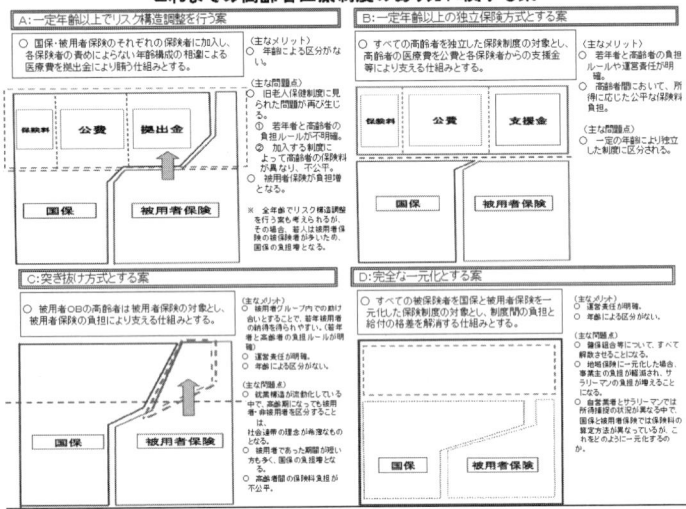

図106　老人保健制度の問題点と後期高齢者医療制度

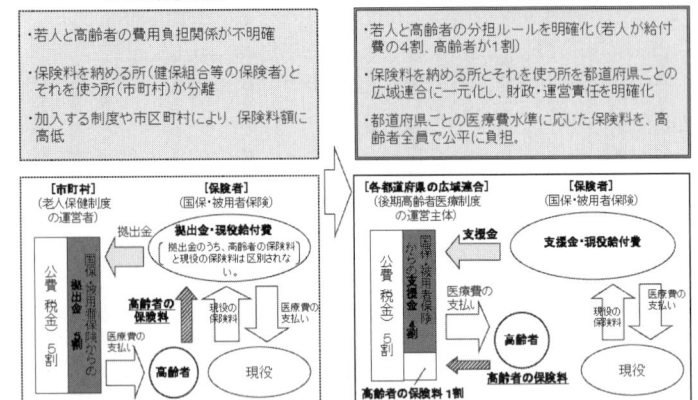

5　医療医学

図107　医療提供体制と医療保険

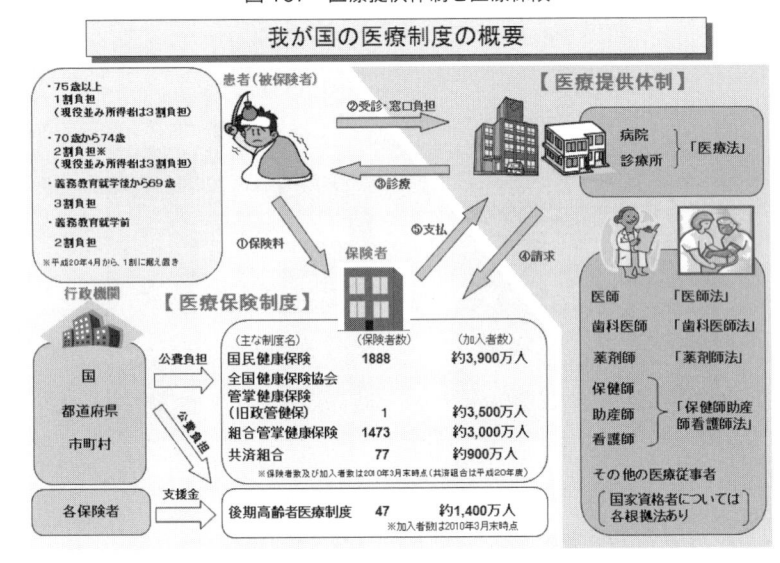

図108　医療法改正の歴史

改正年	改正の趣旨等	主な改正内容等
昭和23年 ＜医療法制定＞	終戦後、医療機関の量的整備が急務とされる中で、医療水準の確保を図るため、病院の施設基準等を整備	○ 病院の施設基準を創設
昭和60年 ＜第一次医療法改正＞	医療施設の量的整備が全国的にほぼ達成されたことに伴い、医療資源の地域偏在と是正と医療資源の地域偏在の是正と医療施設の連携の推進を目指したもの。	○ 医療計画制度の導入 ○ 医療法人の指導監督規定等の整備
平成4年 ＜第二次医療法改正＞	人口の高齢化等に対応し、患者の症状に応じた適切な医療を効率的に提供するための医療施設機能の体系化、患者サービスの向上を図るための患者に対する必要な情報の提供等を行ったもの。	○ 医療提供の理念規定の整備 ○ 特定機能病院の制度化 ○ 療養型病床群の制度化 ○ 広告規制緩和、病院掲示義務付け ○ 医療機関の薬事委託の水準確保
平成9年 ＜第三次医療法改正＞	要介護者の増大等に対し、介護体制の整備、日常生活圏における医療需要に対する医療提供、患者の立場に立った情報提供体制、医療機関の役割分担の明確化及び連携の促進等を行ったもの。	○ 医療提供時の患者への説明と理解 ○ 診療所への療養型病床群の設置 ○ 地域医療支援病院制度の創設 ○ 医療法人制度の改正 ○ 広告規制の拡大
平成12年 ＜第四次医療法改正＞	高齢化の進展等に伴う疾病構造の変化等を踏まえ、良質な医療を効率的に提供する体制を確立するため、入院医療を提供する体制の整備等を行ったもの。	○ 療養病床、一般病床の創設 ○ 医療計画の見直し ○ 必置施設の規制緩和 ○ 臨床研修の必修化
平成18年 ＜第五次医療法改正＞	質の高い医療サービスが適切に受けられる体制を構築するため、医療に関する情報提供の推進、医療計画制度の見直し等を通じた医療機能の分化・連携の推進、地域や診療科による医師不足問題への対応等を行ったもの。	○ 都道府県の医療情報提供制度創設 ○ 都道府県の医療対策協議会制度化 ○ 医療安全支援センターの制度化 ○ 社会医療法人の創設

図109 医療従事者に関する法律

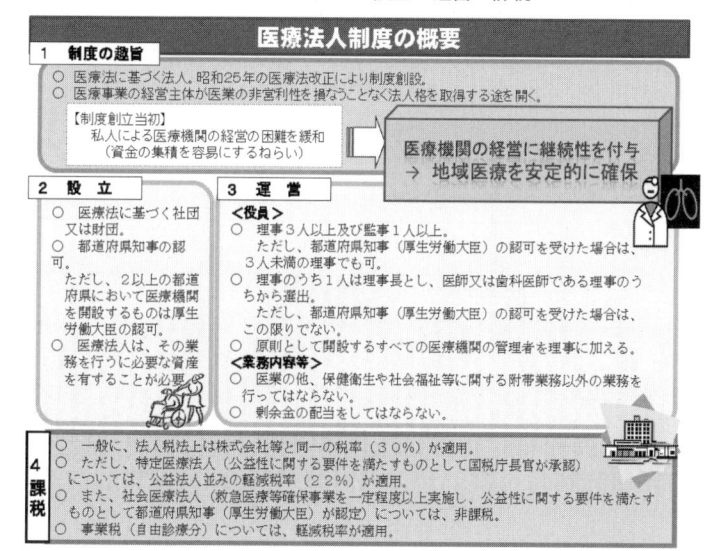

図111 医療法人の内部機関

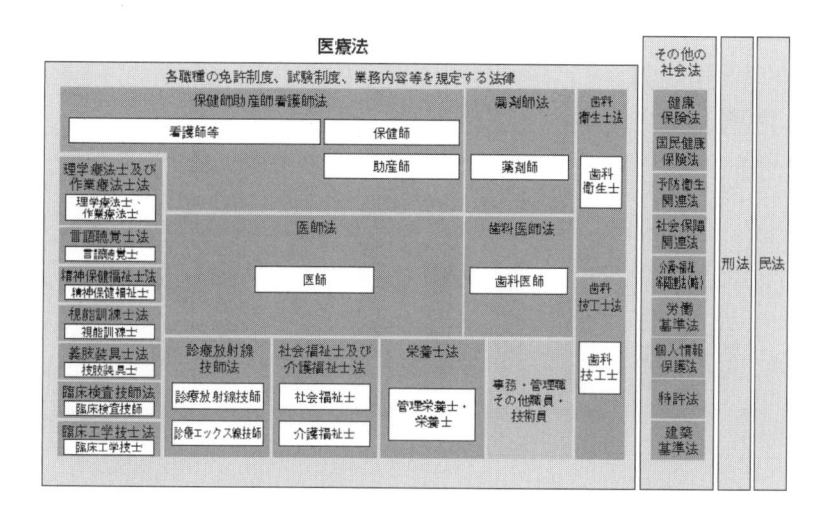

図110 医療法人の設立・運営・課税

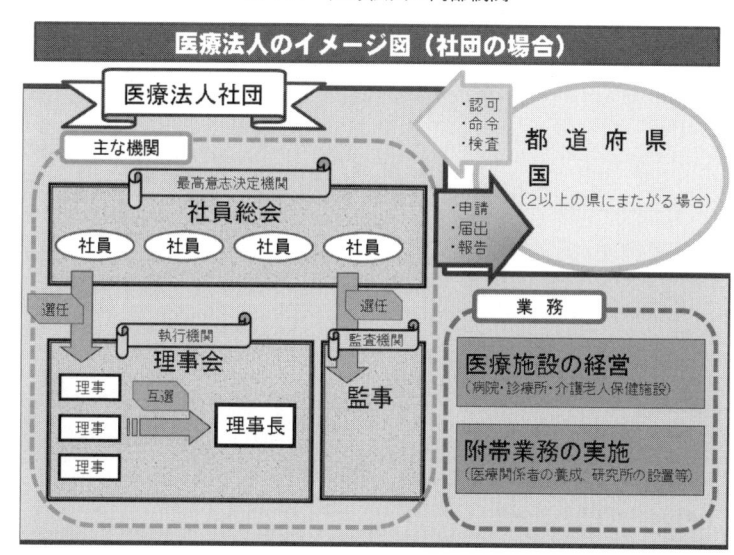

図112 医療法人の形態

	医療法人	特定医療法人	特別医療法人
根拠法	医療法	租税特別措置法	医療法
認可・承認	都道府県知事の認可（※）	国税庁長官の承認	都道府県知事による定款変更の認可（※）
要件	●資産要件 病院等を開設する場合、自己資本比率20%以上 ●役員数 理事3人 監事1人以上 ●理事長 原則医師または歯科医師	医療法人のうち、 ●財団または持ち分の定めのない社団 ●自由診療の制限 ●同族役員の制限 ●差額ベッドの制限 （30%以下） ●給与の制限 （年間3,600万円以下） などを満たすもの	医療法人のうち、 ●財団または持ち分の定めのない社団 ●自由診療の制限 ●同族役員の制限 ●給与の制限 （年間3,600万円以下） などを満たすもの
法人税率	30%	22%	30%
収益事業	行えない		一定の収益事業が可能

図113 医療福祉と建設製造業の就業者数の推移

「医療・福祉」就業者数の推移

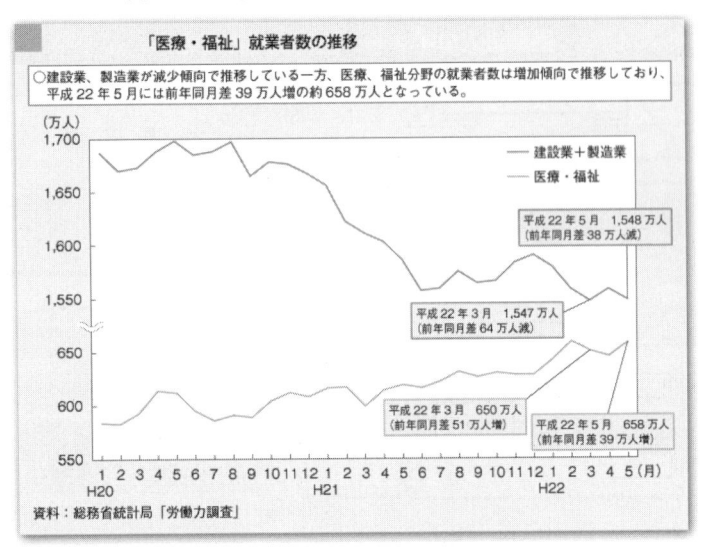

○建設業、製造業が減少傾向で推移している一方、医療、福祉分野の就業者数は増加傾向で推移しており、平成22年5月には前年同月差39万人増の約658万人となっている。

平成22年5月 1,548万人（前年同月差38万人減）
平成22年3月 1,547万人（前年同月差64万人減）
平成22年3月 650万人（前年同月差51万人増）
平成22年5月 658万人（前年同月差39万人増）

資料：総務省統計局「労働力調査」

図114 医療福祉就業者数の内訳

「医療・福祉」分野の就業者について

○「医療・福祉」の増加数（51万人）は、「製造業」と「建設業」の減少数（64万人）の約8割となっている。
○「医療・福祉」の増加数（51万人）の約5割が「社会保険・社会福祉・介護事業」（25万人）で占められている。

主な産業別就業者について　　　　　　　　（平成22年3月末時点）

規模	業種	就業者数	対前年同月比
1位	卸売業・小売業	1,060万人	＋7万人
2位	製造業	1,058万人	－31万人
3位	医療・福祉	650万人	＋51万人
4位	建設業	489万人	－33万人

「医療・福祉」の就業者数の内訳について

	平成22年3月末	平成21年3月末
医療・福祉	650万人（＋51万人）	599万人
医療業	349万人（＋24万人）	325万人
保健衛生	10万人（＋2万人）	8万人
社会保険・社会福祉・介護事業	291万人（＋25万人）	266万人

（資料）いずれも「労働力調査」（総務省統計局）

図115 介護職員数の推移

介護職員の実数の推移
（単位：万人）

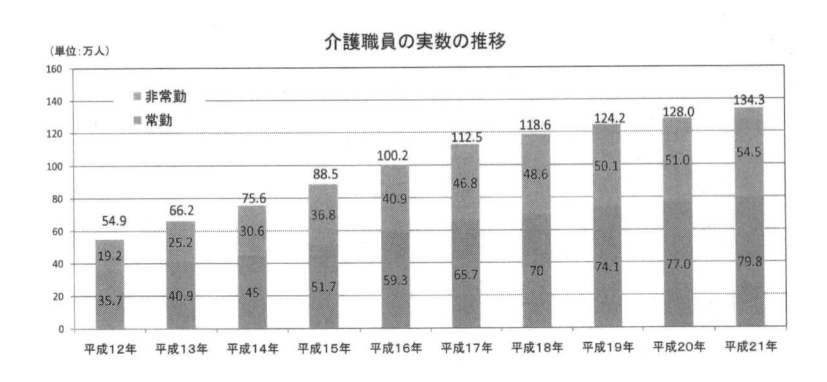

年	非常勤	常勤	計
平成12年	19.2	35.7	54.9
平成13年	25.2	40.9	66.2
平成14年	30.6	45	75.6
平成15年	36.8	51.7	88.5
平成16年	40.9	59.3	100.2
平成17年	46.8	65.7	112.5
平成18年	48.6	70	118.6
平成19年	50.1	74.1	124.2
平成20年	51.0	77.0	128.0
平成21年	54.5	79.8	134.3

図116 医療福祉労働者賃金の県別比較

労働者の賃金における地域格差
（所定内給与）

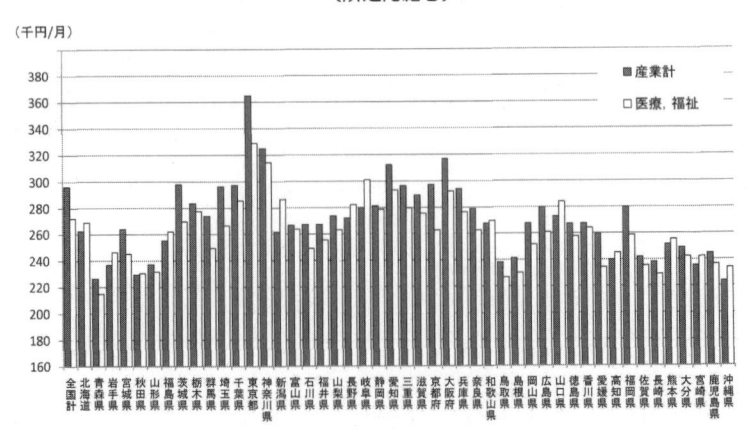

図117 失業率と介護分野求人率

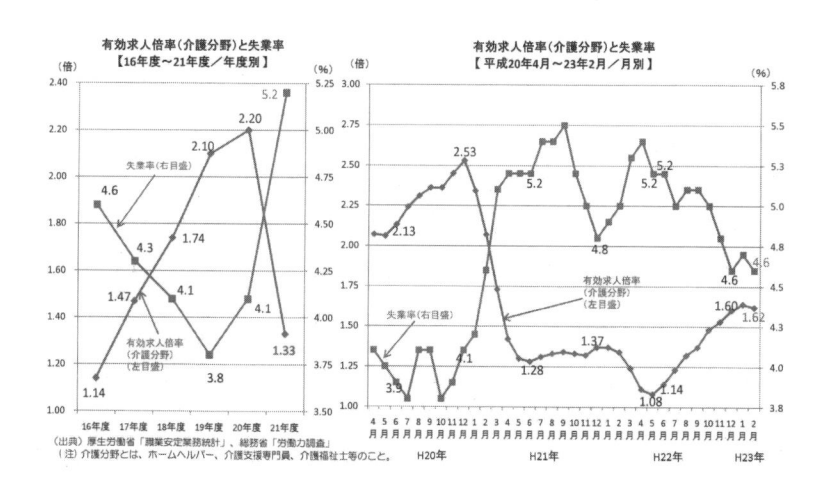

図118 介護労働者求人倍率の県別比較

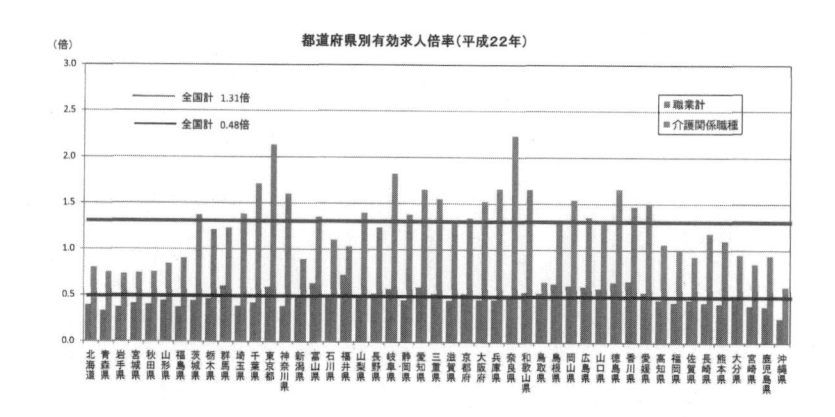

図119 介護労働者の就業形態

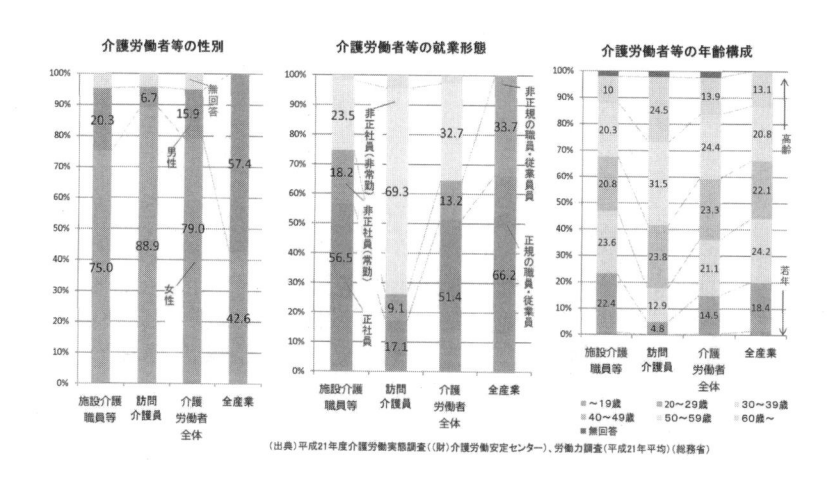

図120 介護職員の離職率

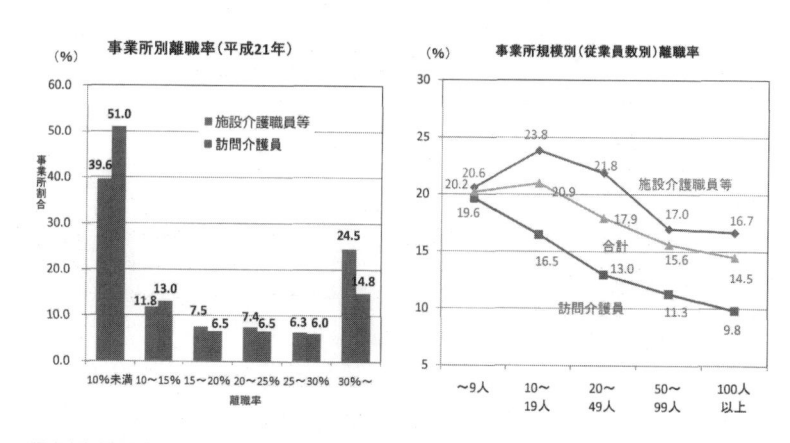

図121 国保保険料滞納世帯数の推移

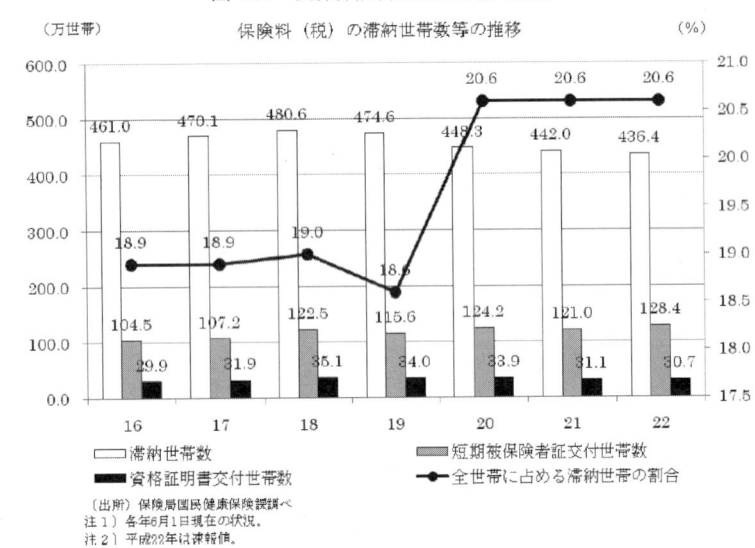

図122 医薬品の治験・承認プロセス

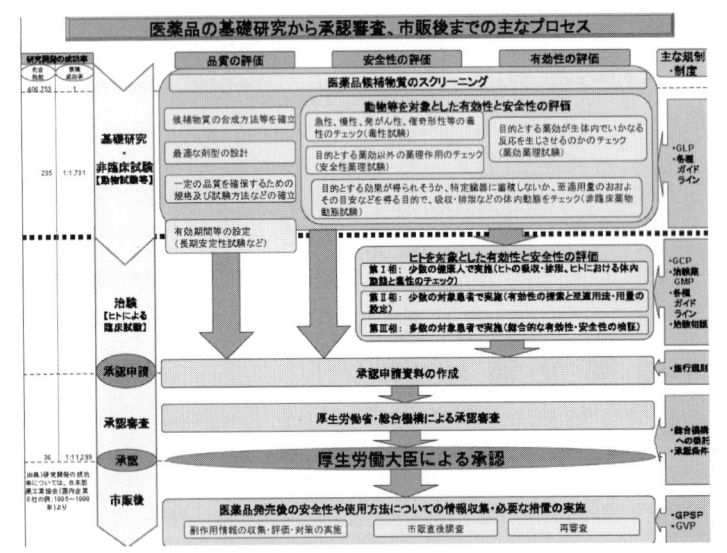

図123 薬価差の推移

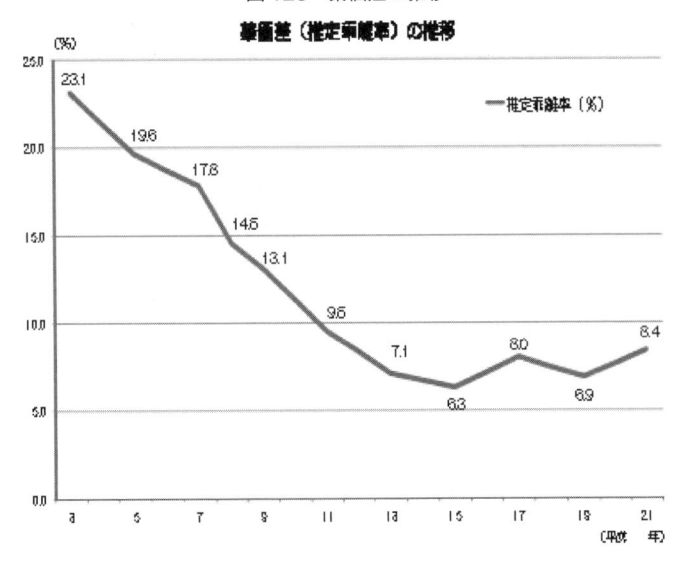

図124 薬剤費と薬剤比率の推移

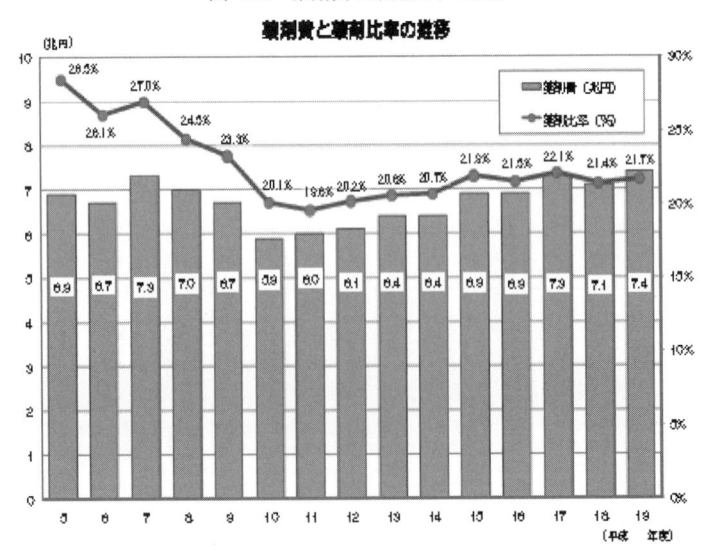

図125 既医薬品の薬価算定方式

図127 新医薬品の薬価算定プロセス

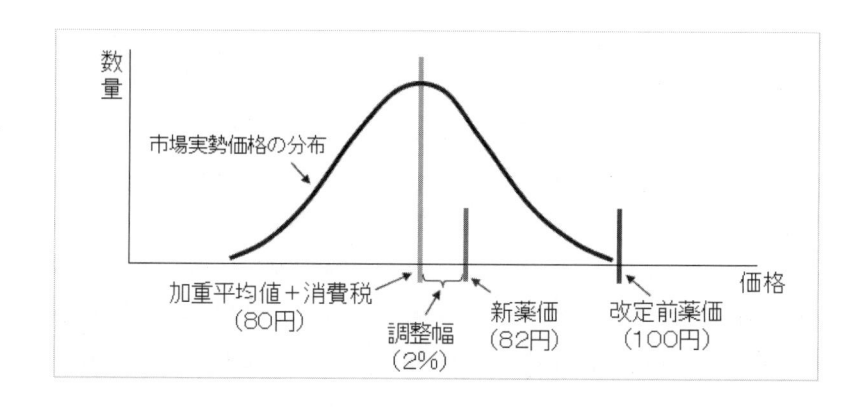

図126 新医薬品の薬価算定方式

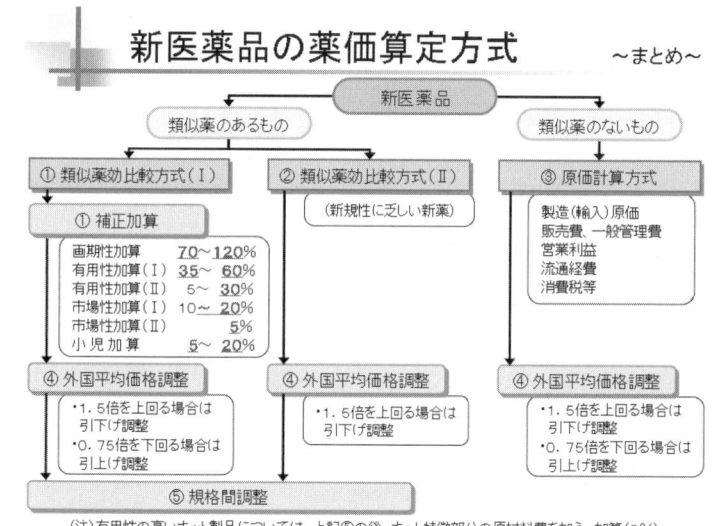

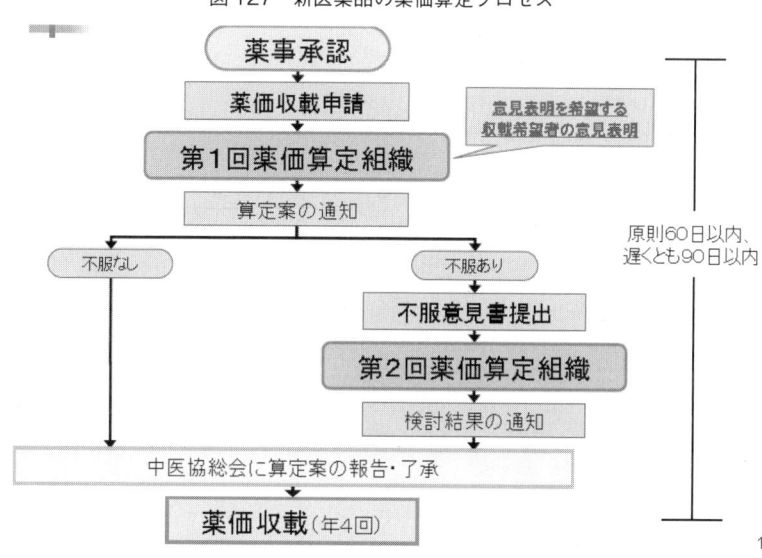

図128 医薬品副作用救済件数の推移

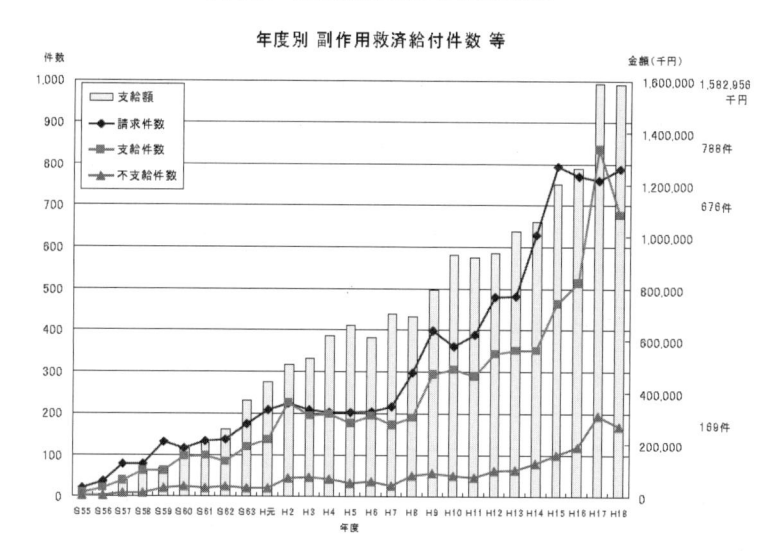

出所：独立行政法人医薬品医療機器総合機構「平成21年度業務報告」

図129　医学部入学定員の推移

医学部入学定員の年次推移

- 1973年 閣議決定「無医大県解消構想」
- 1982年 閣議決定「医師については全体として過剰を招かないように配慮」
- 8,280人（1981～1984年）
- 7,625人（2003～2007年）
- 2008年 閣議決定「早急に過去最大程度まで増員する」
- 360人増
- 693人増
- 8846→8,933人【最大87人増予定】（2010→2011年）

図131　医療従事者数の国別比較（2008年）

国名	平均在院日数	人口千人当たり病床数	病床百床当たり医師数	人口千人当たり医師数	病床百床当たり看護職員数	人口千人当たり看護職員数
日本	33.8	13.8	15.7	2.2	69.4	9.5
ドイツ	9.9	8.2	43.3	3.6	130.0	10.7
フランス	12.9	6.9	48.5	3.3	115.2	7.9
イギリス	8.1	3.4	76.5	2.6	279.6	9.5（予測値）
アメリカ	6.3	3.1（予測値）	77.9	2.4	344.2	10.8

図130　医療機関の職種別従事者数

職種別にみた医療機関の従事者数（常勤換算）

	病院	一般診療所	歯科診療所
総数	1,771,435.8	669,202.1	300,950.2
医師	187,947.6	117,567.5	124.6
歯科医師	9,981.3	1,881.3	92,854.0
薬剤師	41,760.0	6,550.6	866.2
看護職員	829,867.6	185,052.2	635.9
理学療法士（PT）・作業療法士（OT）	63,132.0	8,487.6	0.0

（出典）平成20年医療施設調査、病院報告

（参考）

保健師	3,983.6	5,184.9	0.0
助産師	18,130.7	5,206.9	0.0
看護師	636,970.8	84,963.0	378.0
准看護師	170,782.5	89,697.4	257.9
看護職員計	829,867.6	185,052.2	635.9
理学療法士（PT）	38,675.3	6,683.0	0.0
作業療法士（OT）	24,456.7	1,804.6	0.0
PT・OT計	63,132.0	8,487.6	0.0

図132　人口当たり病床数の国別比較

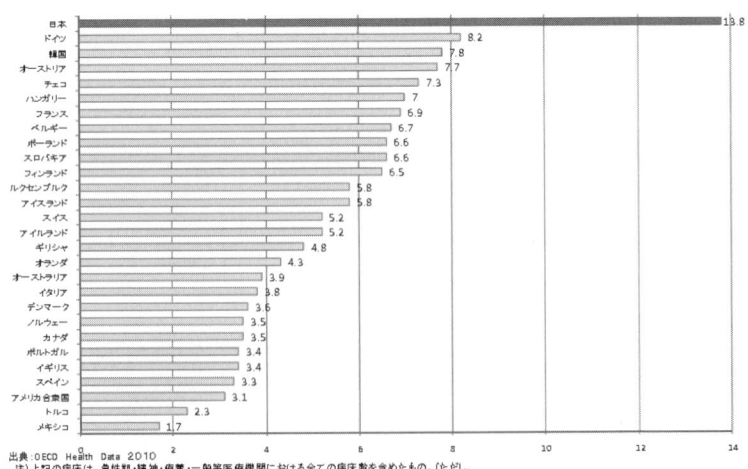

国	値
日本	13.8
ドイツ	8.2
韓国	7.8
オーストリア	7.7
チェコ	7.3
ハンガリー	7
フランス	6.9
ベルギー	6.7
ポーランド	6.6
スロバキア	6.6
フィンランド	6.5
ルクセンブルク	5.8
アイスランド	5.8
スイス	5.2
アイルランド	5.2
ギリシャ	4.8
オランダ	4.3
オーストラリア	3.9
イタリア	3.8
デンマーク	3.6
ノルウェー	3.5
カナダ	3.5
ポルトガル	3.4
イギリス	3.4
スペイン	3.3
アメリカ合衆国	3.1
トルコ	2.3
メキシコ	1.7

出典：OECD Health Data 2010
注）上記の病床は、急性期・精神・療養・一般等医療機関における全ての病床数を含めたもの。（ただし、ナーシングホームや老健施設における病床数などを除く。）

図133　人口1,000人当たり臨床医数の国別比較（2008年）

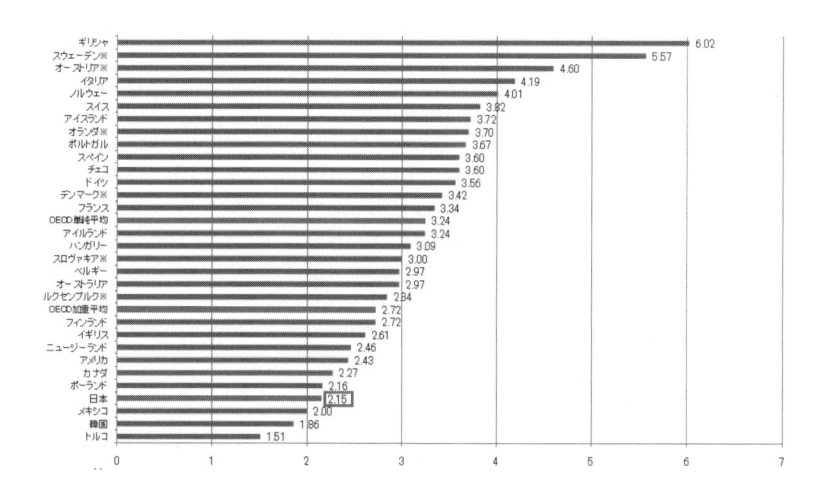

図134　在院日数の国別推移

出典：OECD Health Data 2010

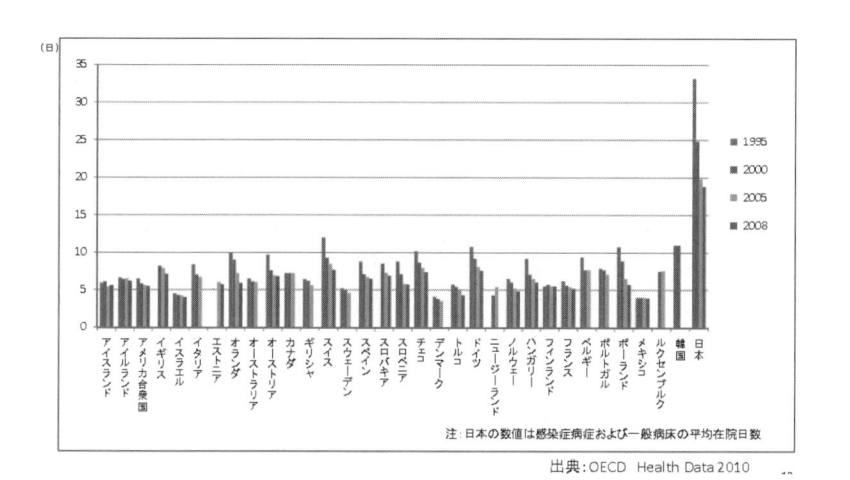

注：日本の数値は感染症病症および一般病床の平均在院日数

図135　医師数・病床数の県別比較

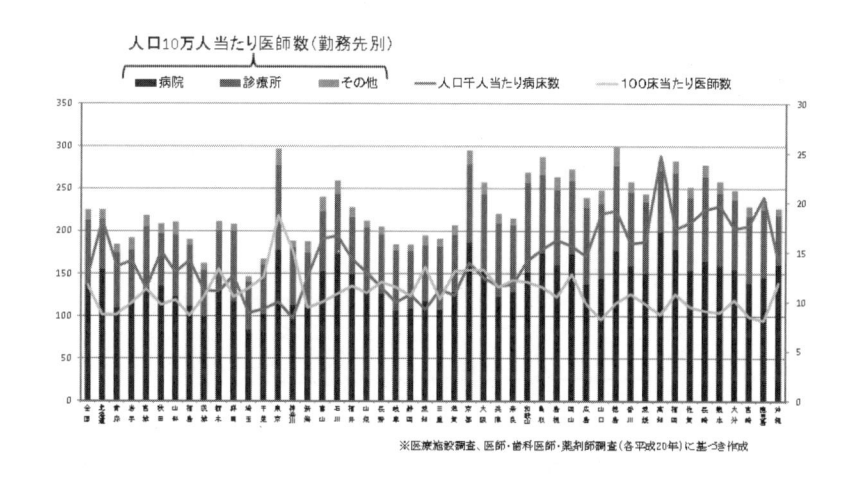

※医療施設調査、医師・歯科医師・薬剤師調査（各平成20年）に基づき作成

図136　医師数県別地図（平成20年）

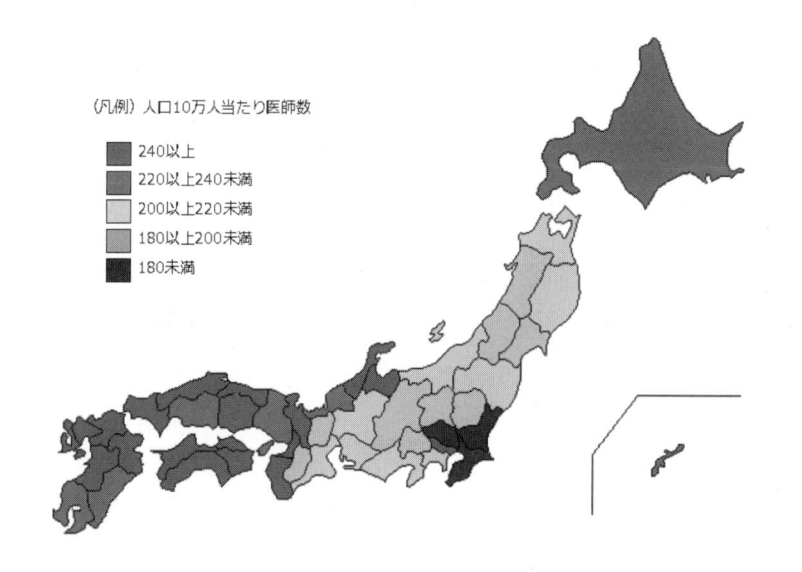

〈凡例〉人口10万人当たり医師数
- 240以上
- 220以上240未満
- 200以上220未満
- 180以上200未満
- 180未満

- 141 -

図137 病院・診療所数の推移

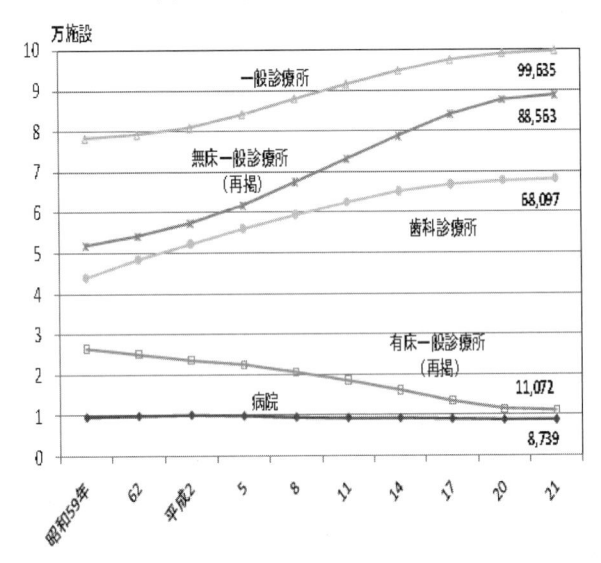

図138 病床数の種類別推移

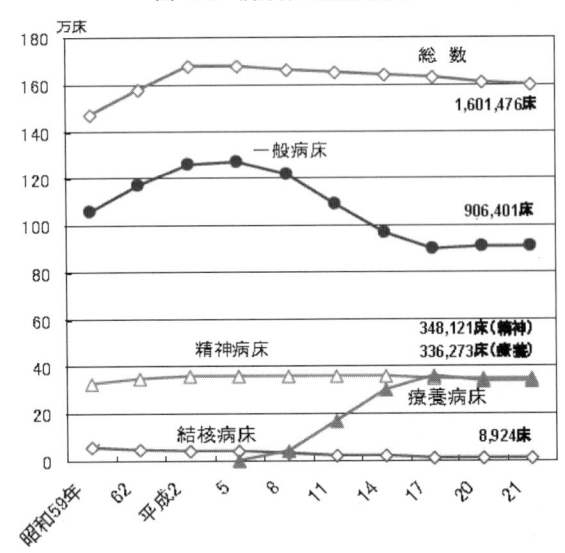

図139 医師数の診療科別推移（平成10年を1.0とした場合）

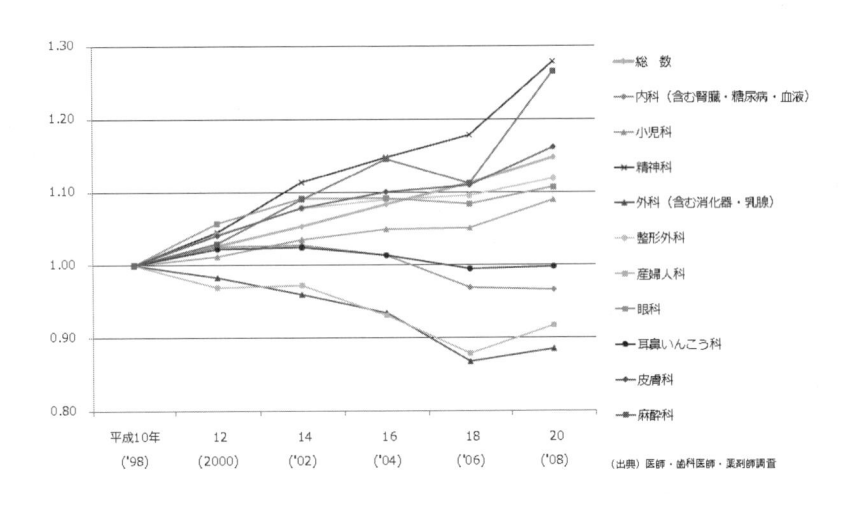

図140 分娩取扱い施設の推移

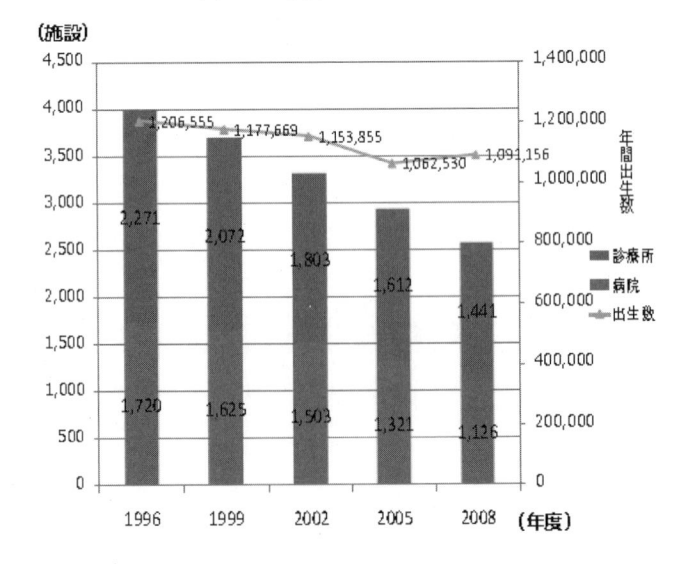

図141 産婦人科・産科医数の推移

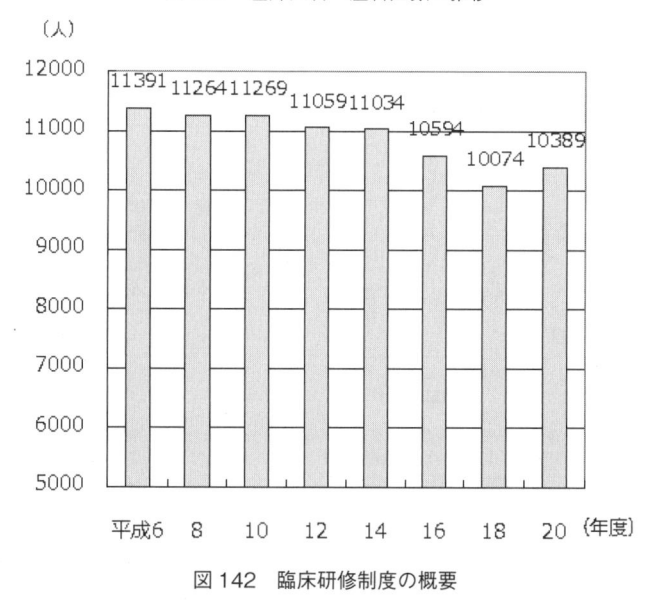

図142 臨床研修制度の概要

臨床研修制度の概要

1. 医学教育と臨床研修
○ 法に基づく臨床研修(医師法第十六条の二)
　診療に従事しようとする医師は、二年以上、医学部を置く大学に附属する病院又は厚生労働大臣の指定する病院において、臨床研修を受けなければならない。

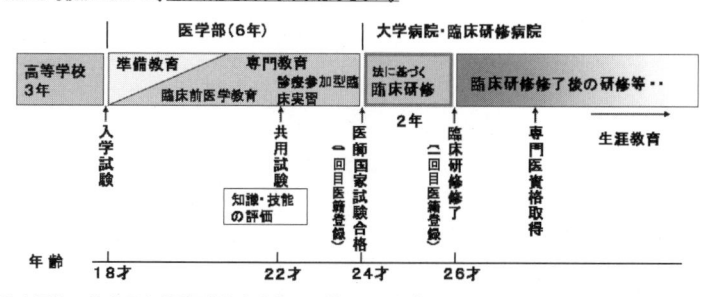

2. 臨床研修の基本理念(医師法第十六条の二第一項に規定する臨床研修に関する省令)
　臨床研修は、医師が、医師としての人格をかん養し、将来専門とする分野にかかわらず、医学及び医療の果たすべき社会的役割を認識しつつ、一般的な診療において頻繁に関わる負傷又は疾病に適切に対応できるよう、基本的な診療能力を身に付けることのできるものでなければならない。

図143 自殺率の国別推移

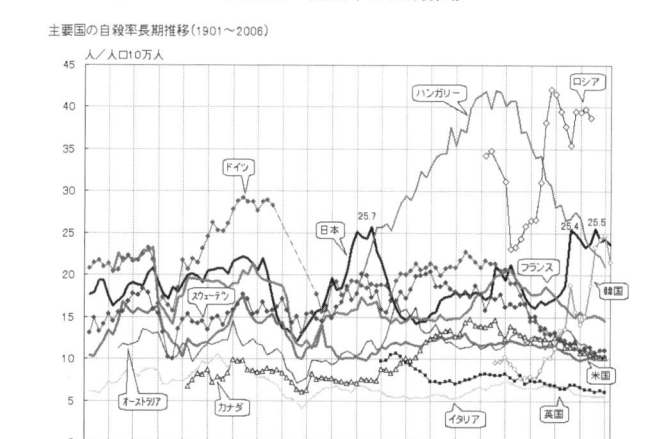

主要国の自殺率長期推移(1901～2006)

(注)東西ドイツ時代のドイツは西ドイツ。日本は人口動態統計による。
(資料)厚生労働省「平成16年度人口動態調査特殊報告」
OECD Society at a Glance 2009(日本、ロシア以外の1960年以降。ただし韓国は1985年以降、ドイツは1990年以降)

図144 死因の推移

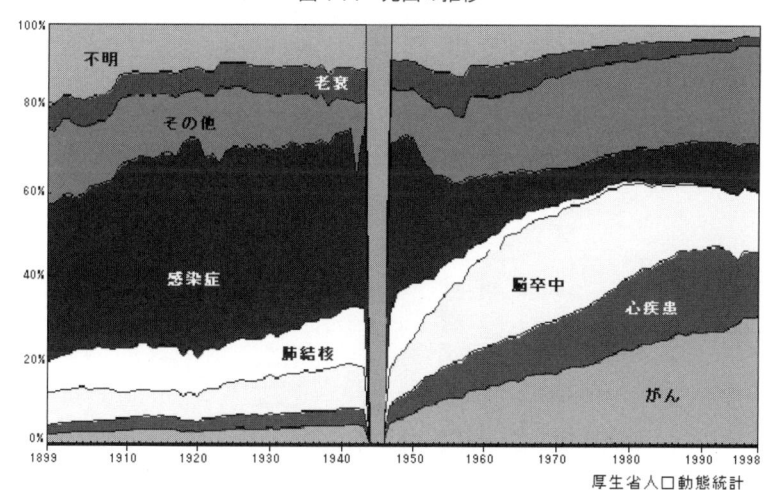

我が国における死因別死亡割合の経年変化 (1899-1998)
厚生省人口動態統計
(視認性向上のため一部改変)

図 145 生存曲線の推移（女性）

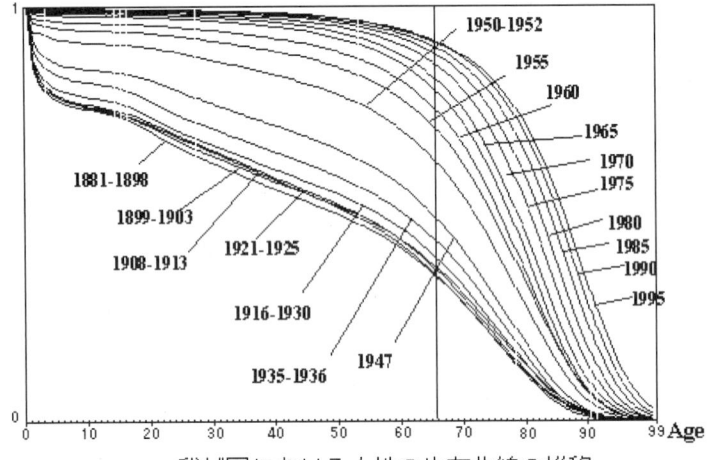

我が国における女性の生存曲線の推移
（視認性向上のため一部改変）

図 146 死因の年齢別推移

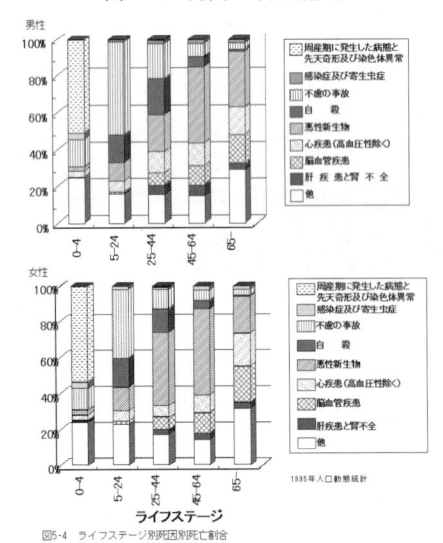

図 147 癌相対危険度（野菜摂取・喫煙）

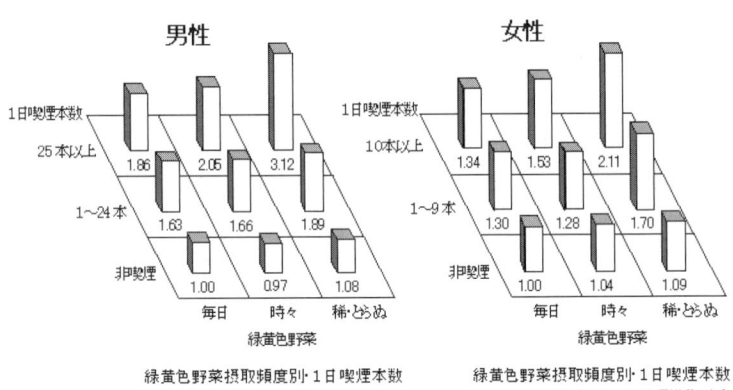

緑黄色野菜摂取頻度別1日喫煙本数別全がん相対危険度－年齢標準化死亡率比（計画調査, 1966～1982, 日本）

図 148 細胞の構造

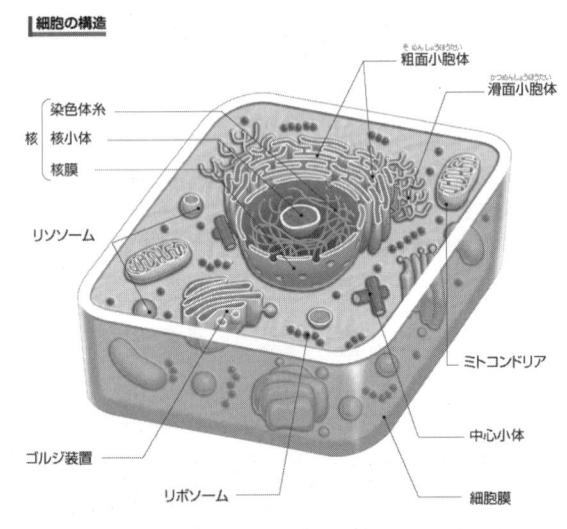

図149　体の前面

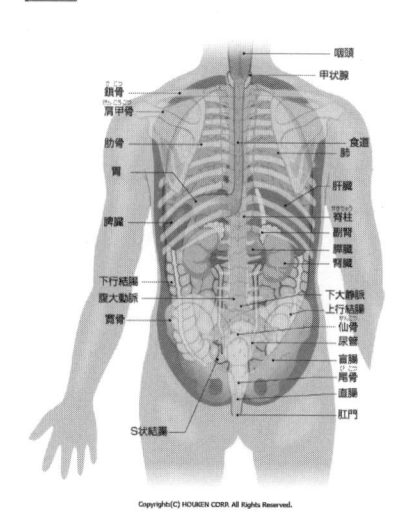

図151　全身の骨格

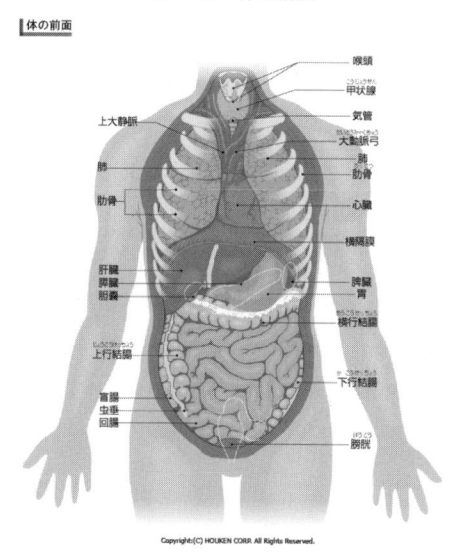

図150　体の後面

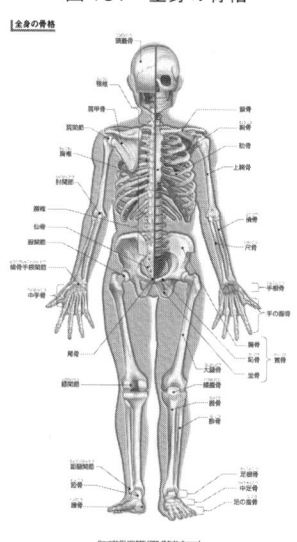

図152　全身の筋肉

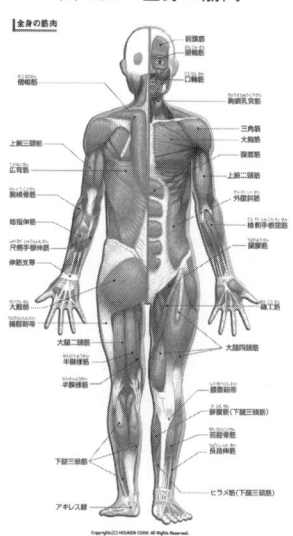

- 145 -

図153 全身の神経

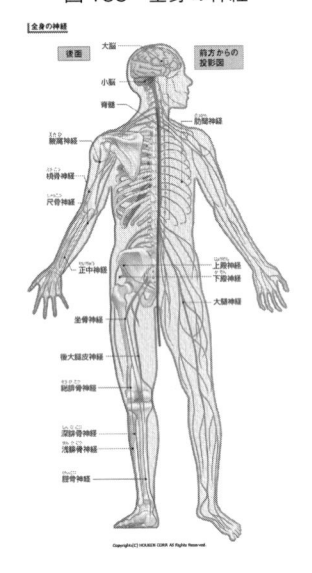

図155 非正規社員内訳の推移

6 雇 用 対 策

図154 非正規社員比率の推移

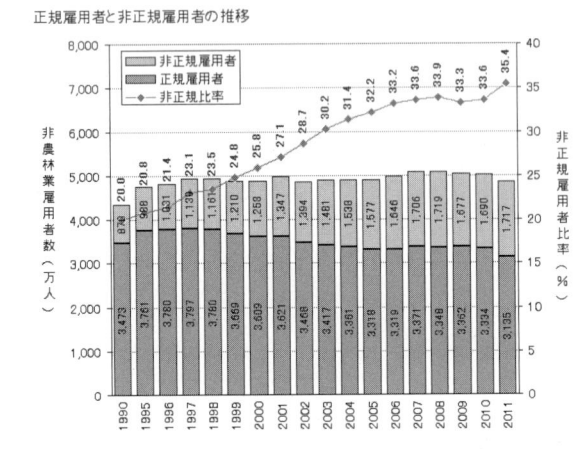

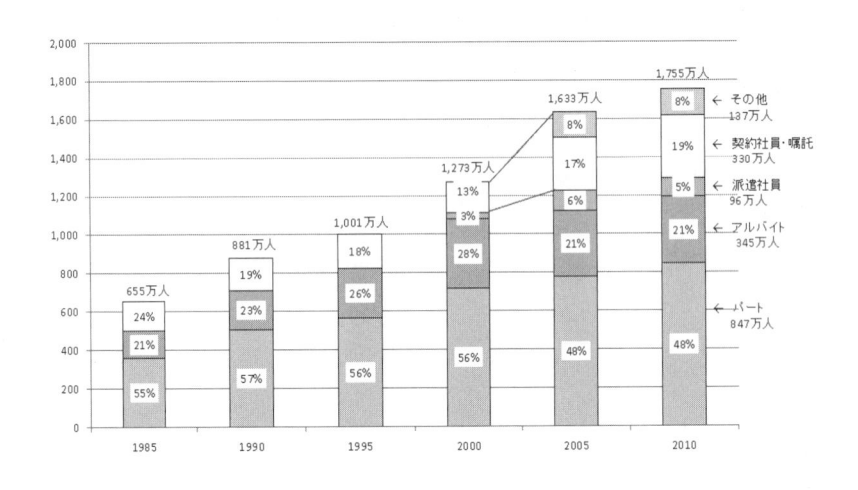

図156 非正規社員常雇分の推移

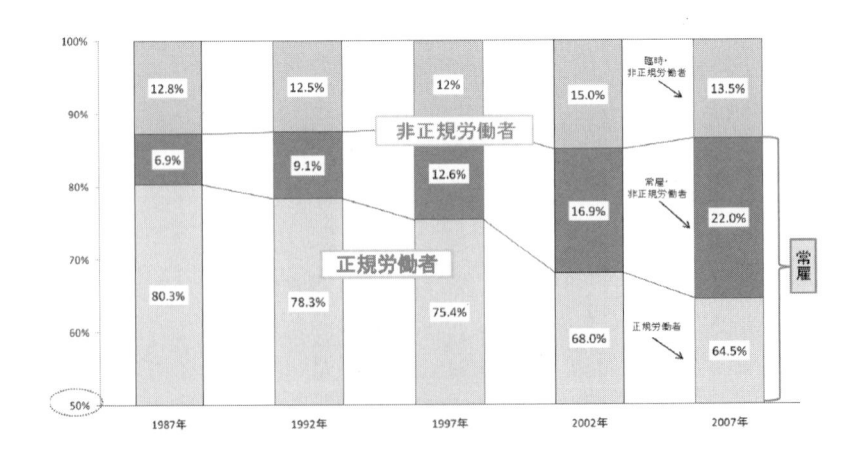

図157　会社規模別正社員非正規社員割合

図159　雇用形態別年間所得の分布

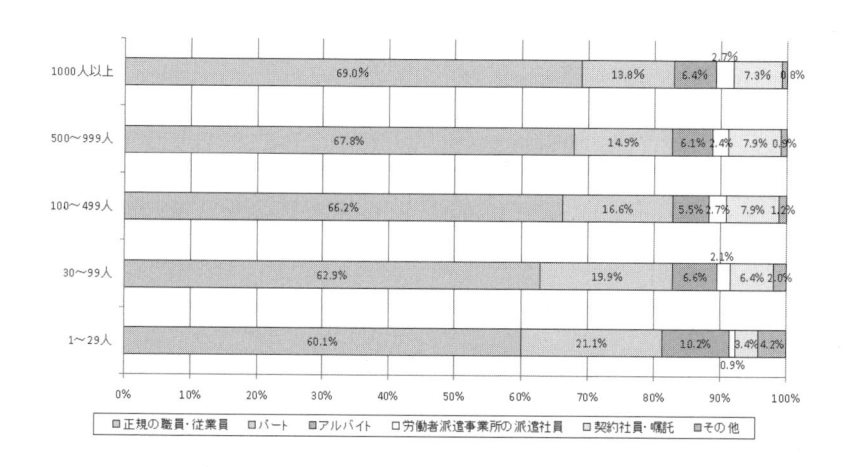

図158　雇用形態別年齢別賃金の推移（時給ベース）

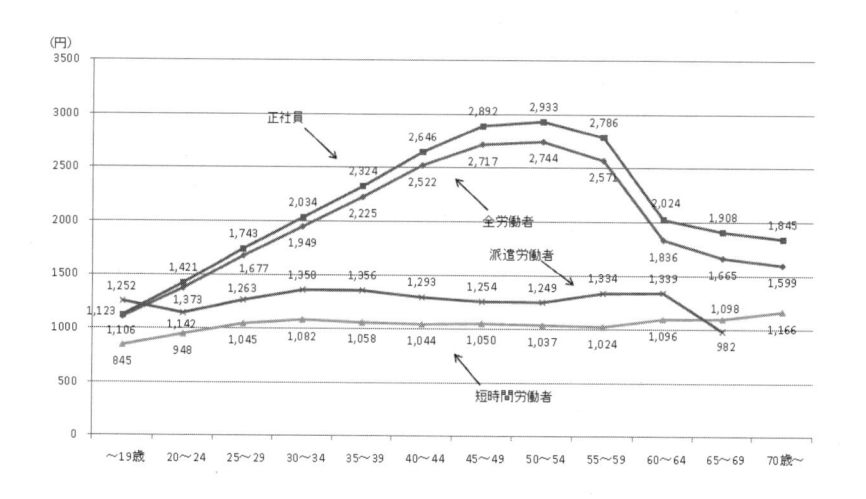

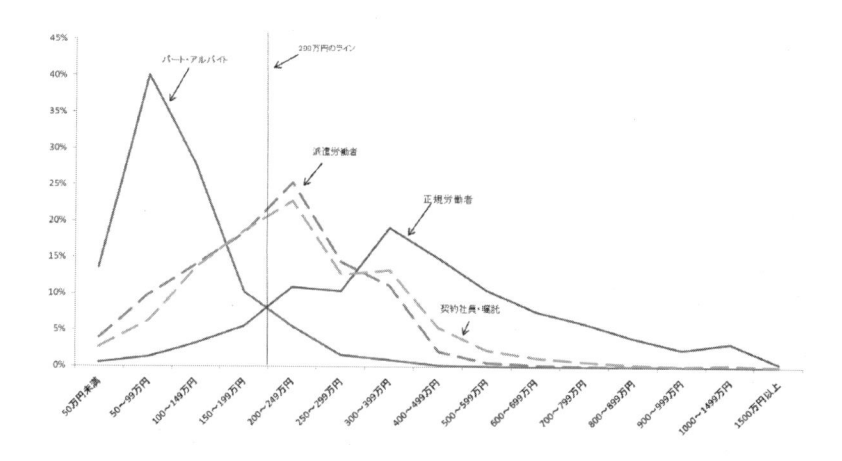

図160　雇用形態別婚姻率の分布

正規・非正規別の結婚している比率（男性雇用者、2002年）

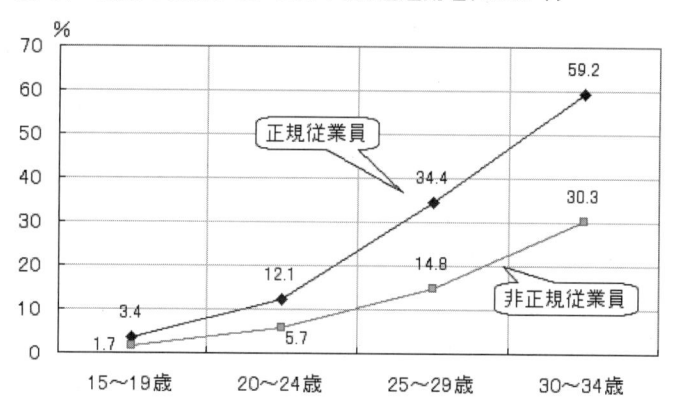

（注）在学者を除く。総務省統計局「就業構造基本調査」から特別集計。
（資料）厚生労働省「平成18年版労働経済の分析（労働経済白書）」

図161　正規・非正規社員別継続就業期間

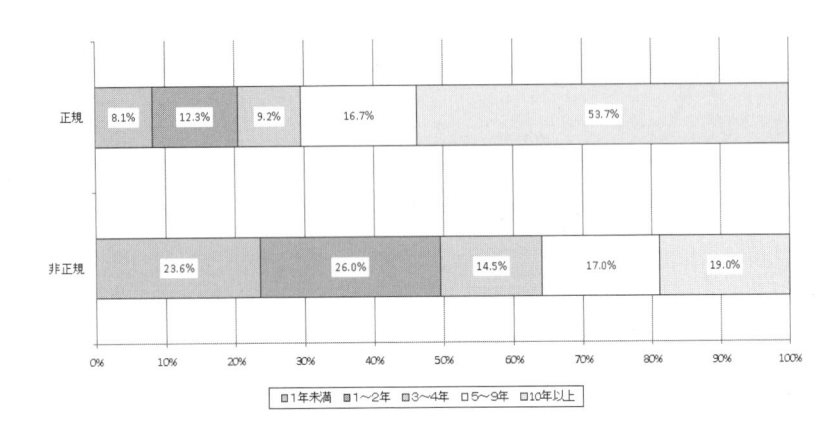

図163　正規非正規社員割合の性別推移

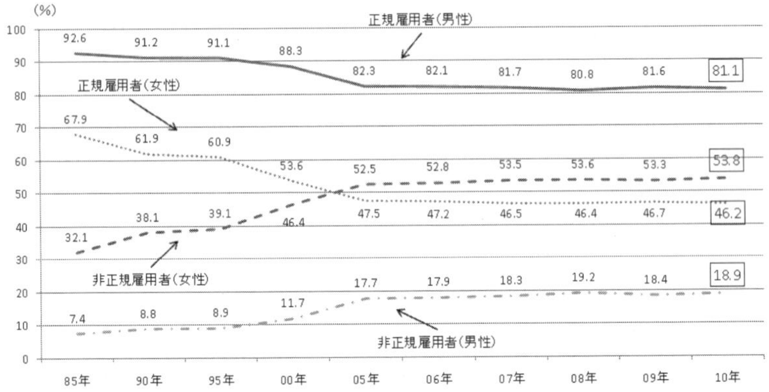

図162　女性年齢別就業率の国別比較

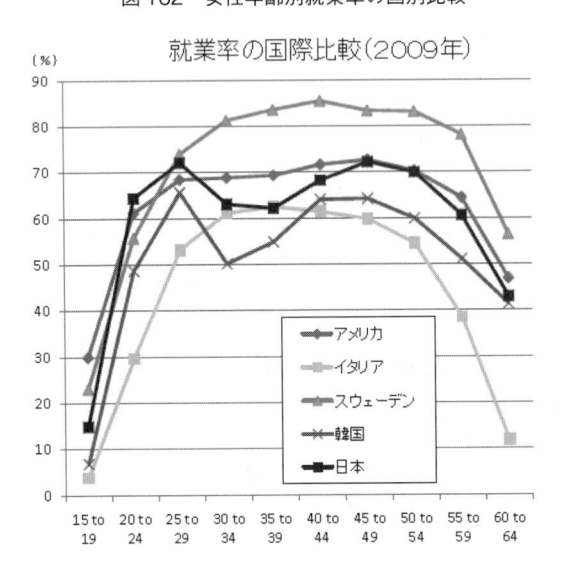

図164　正規非正規社員割合の年齢別推移

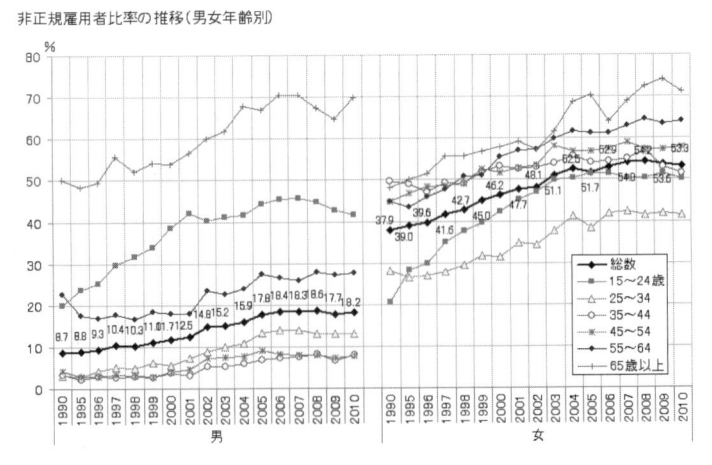

図 165　高齢者就業率の国別比較 2008 年 7 月

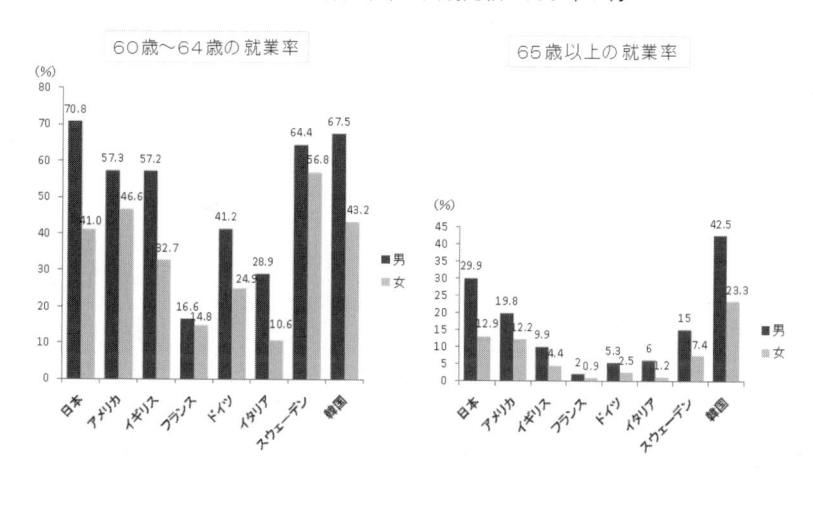

60歳～64歳の就業率

65歳以上の就業率

図 167　出生率と女性労働力率の関係

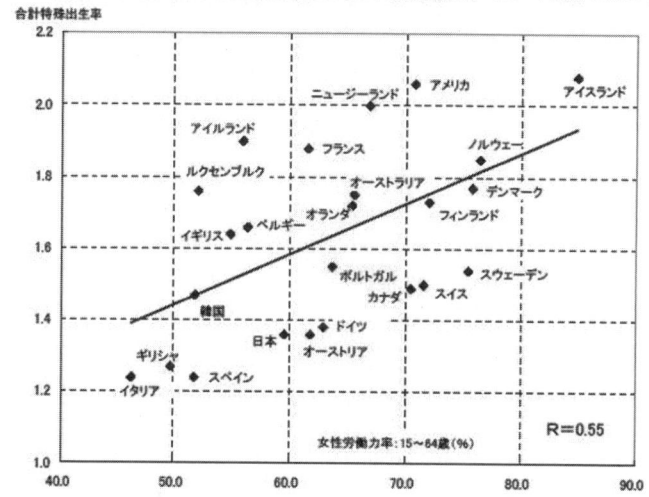

OECD加盟24か国における合計特殊出生率と女性労働力率（15～64歳）：2000年

図 168　出産希望の強さに関する国別比較

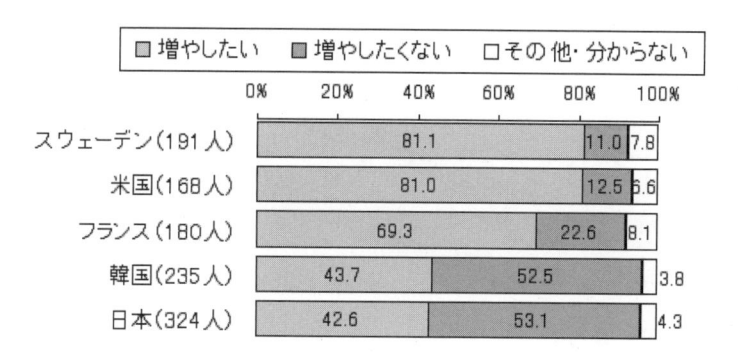

子供をもっと増やしたいか

	増やしたい	増やしたくない	その他・分からない
スウェーデン(191人)	81.1	11.0	7.8
米国(168人)	81.0	12.5	6.6
フランス(180人)	69.3	22.6	8.1
韓国(235人)	43.7	52.5	3.8
日本(324人)	42.6	53.1	4.3

(注)調査対象は各国20～49歳男女約1000人
　　この問は、希望子ども数にまだ達していない人に質問。
(資料)内閣府「少子化に関する国際意識調査」(2005年10～12月調査)

7　少子化対策

図 166　保育所入所の仕組

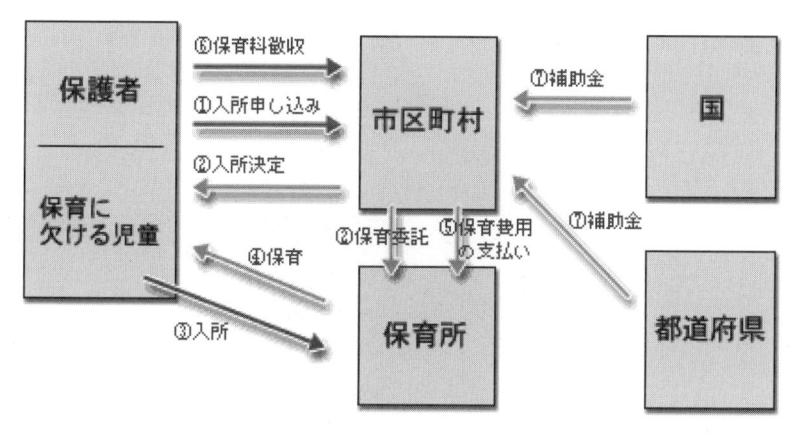

出所：日本保育協会「保育所への入所と費用の流れ」

図169 離婚率の国別比較

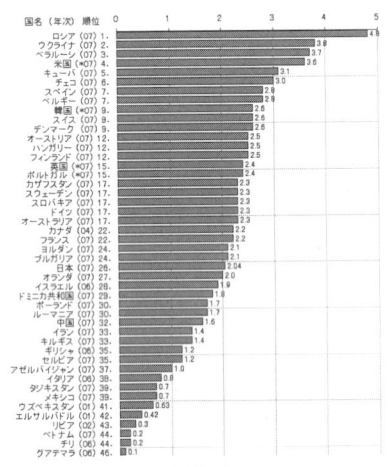

図170 平均寿命の国別推移

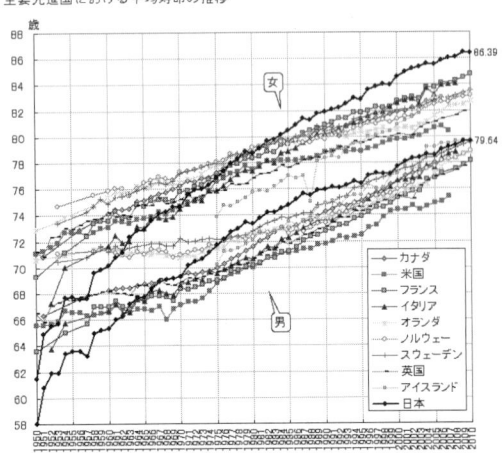

図171 人口の推移

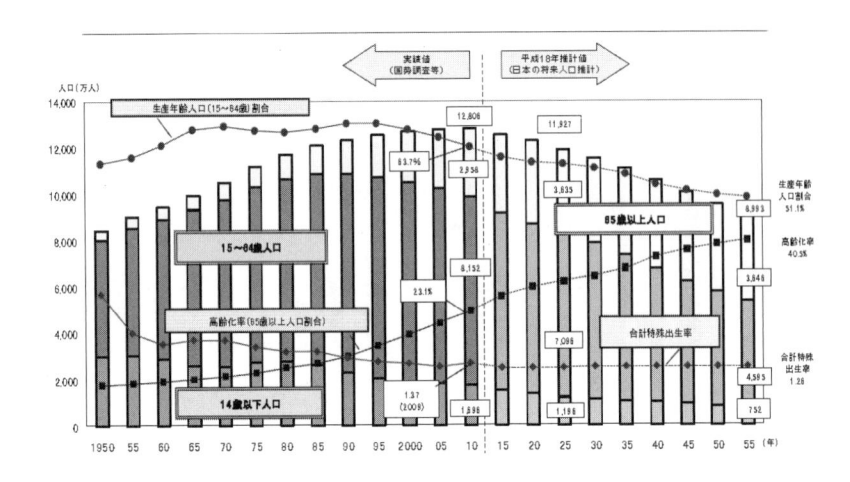

図172 人口ピラミッド

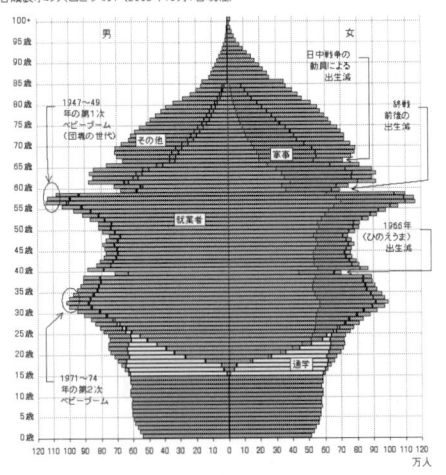

図173　80歳以上人口の男女差

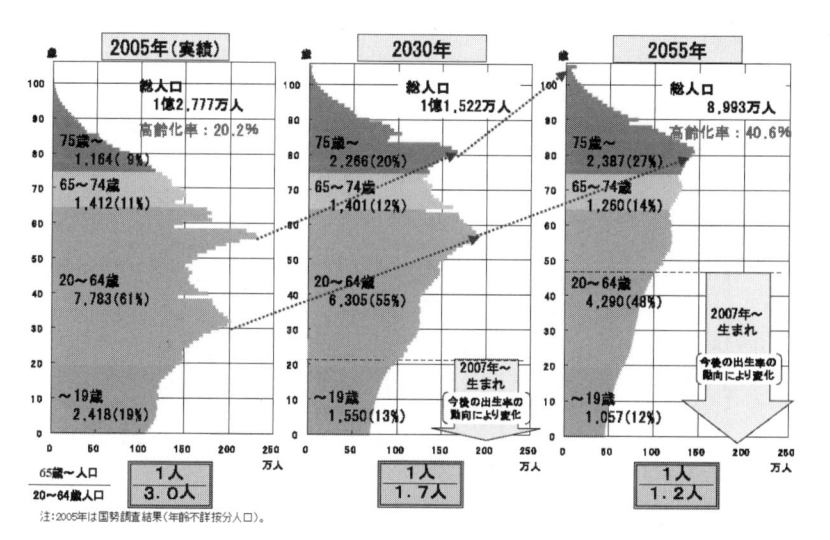

図175　将来推計人口

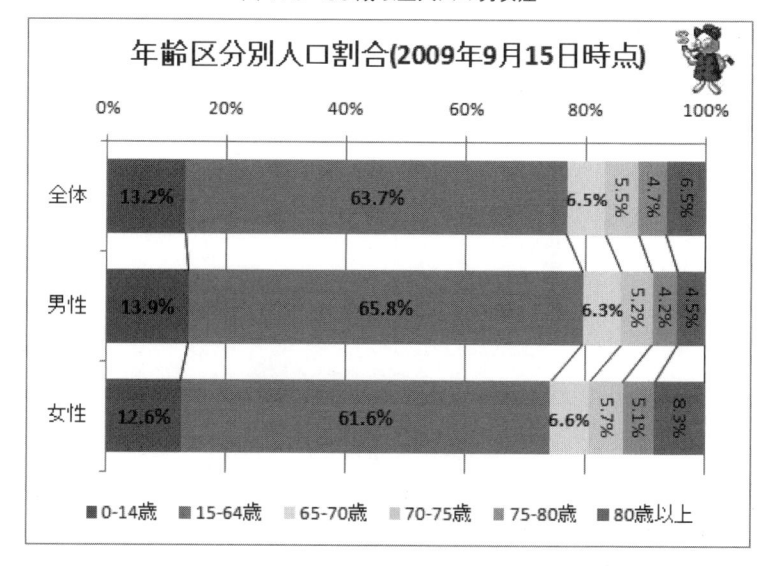

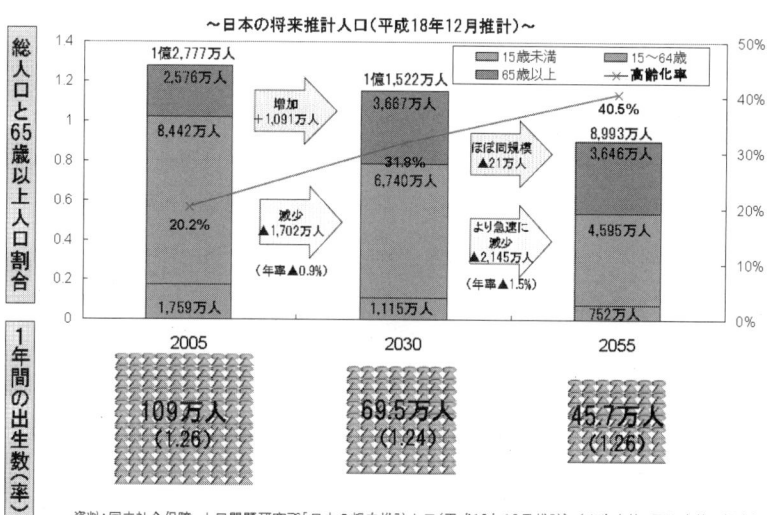

図174　人口ピラミッドの推移

図176　出生率の国別推移

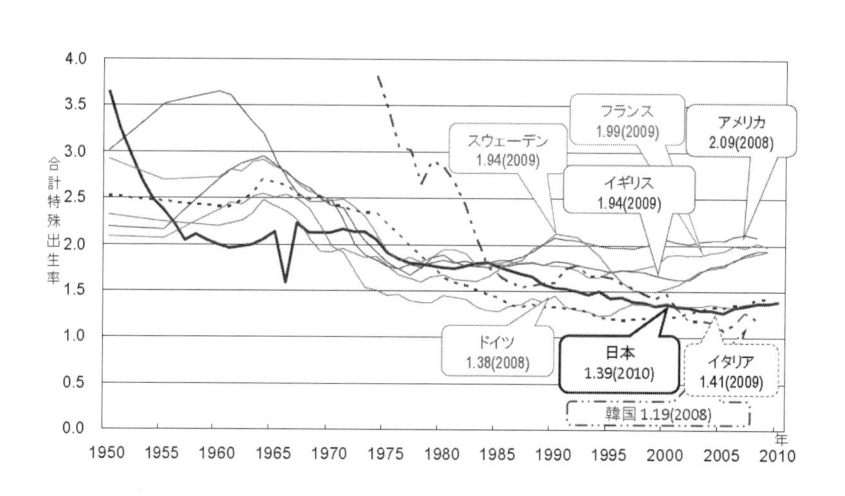

図177　国別出生率地図 2005-2010 平均

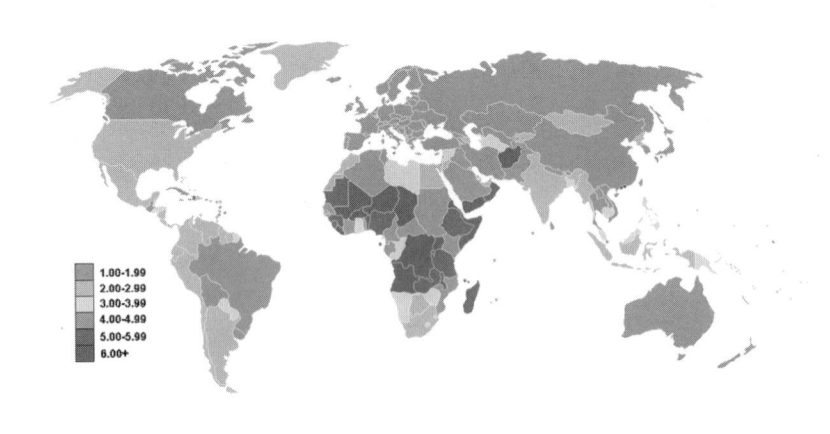

図178　国別人口増加率地図 2005-2010 平均

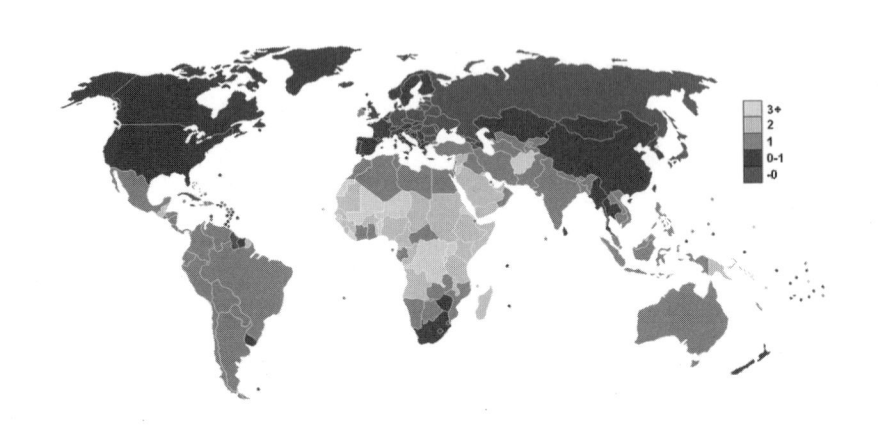

図179　合計特殊出生率の県別比較地図

都道府県別合計特殊出生率（平成１６年）

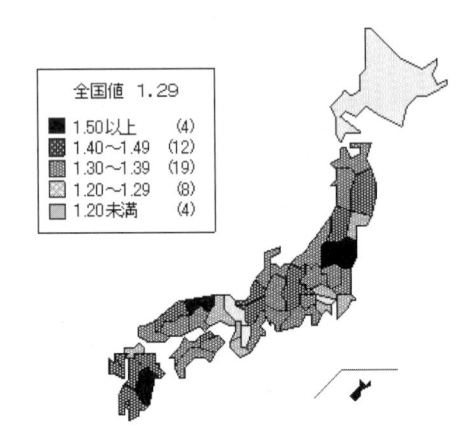

全国値　1.29
- 1.50以上　　（4）
- 1.40～1.49　（12）
- 1.30～1.39　（19）
- 1.20～1.29　（8）
- 1.20未満　　（4）

図180　出生数と出生率の推移

出生数及び合計特殊出生率の年次推移

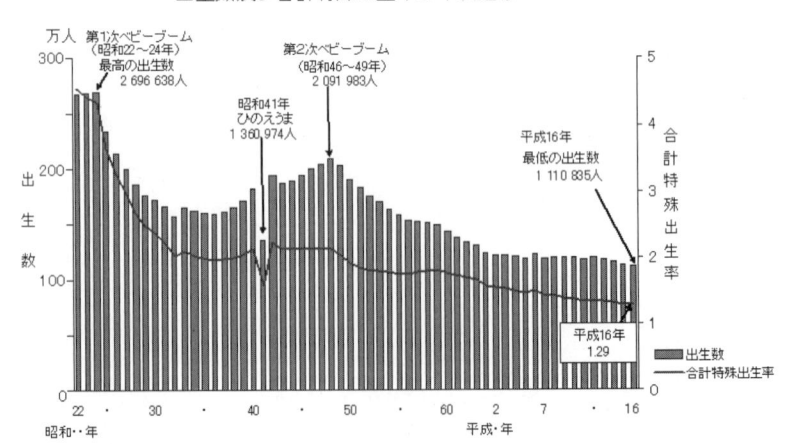

第1次ベビーブーム（昭和22～24年）最高の出生数 2 696 638人
昭和41年 ひのえうま 1 360 974人
第2次ベビーブーム（昭和46～49年）2 091 983人
平成16年 最低の出生数 1 110 835人
平成16年 1.29

- 152 -

図181 出生率の年齢階級別推移

合計特殊出生率の年次推移（年齢階級別内訳）

図183 婚外子割合の国別推移

世界各国の婚外子割合

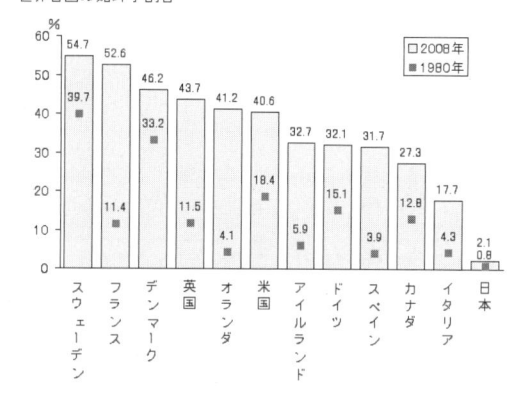

国	2008年	1980年
スウェーデン	54.7	39.7
フランス	52.6	11.4
デンマーク	46.2	33.2
英国	43.7	11.5
オランダ	41.2	4.1
米国	40.6	18.4
アイルランド	32.7	5.9
ドイツ	32.1	15.1
スペイン	31.7	3.9
カナダ	27.3	12.8
イタリア	17.7	4.3
日本	2.1	0.8

（注）未婚の母など結婚していない母親からの出生数が全出生数に占める割合である。
ドイツの1980年は1991年のデータである。2008年について英国、アイルランドは2006年、カナダ、イタリアは2007年のデータである。
（資料）米国商務省, Statistical Abstract of the United States 2011
日本：厚生労働省「人口動態統計」

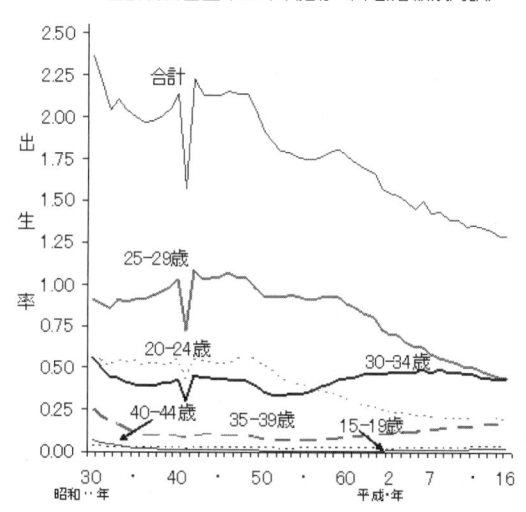

図182 出生数の母親年齢別推移

母親の年齢別にみた出生数の割合

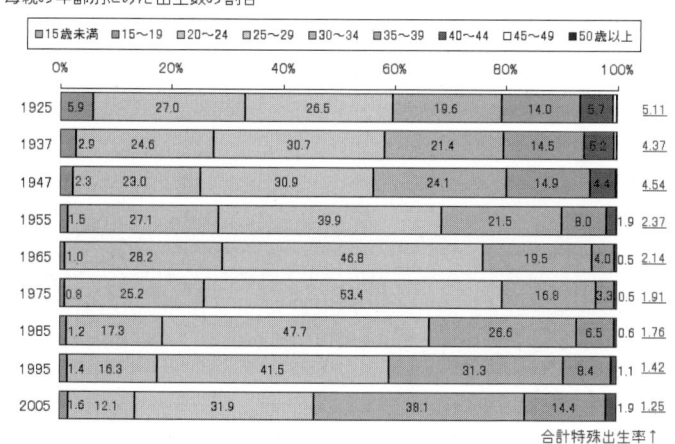

年	15歳未満	15～19	20～24	25～29	30～34	35～39	40～44	45～49	50歳以上	合計特殊出生率
1925		5.9	27.0	26.5	19.6	14.0	5.7			5.11
1937		2.9	24.6	30.7	21.4	14.5	6.2			4.37
1947		2.3	23.0	30.9	24.1	14.9	4.4			4.54
1955		1.5	27.1	39.9	21.5	8.0	1.9			2.37
1965		1.0	28.2	46.8	19.5	4.0	0.5			2.14
1975		0.8	25.2	53.4	16.8	3.3	0.5			1.91
1985		1.2	17.3	47.7	26.6	6.5	0.6			1.76
1995		1.4	16.3	41.5	31.3	8.4	1.1			1.42
2005		1.6	12.1	31.9	38.1	14.4	1.9			1.25

（注）15歳未満、45歳以上の構成比の表示は省略。
（資料）厚労省「人口動態統計」、社会保障・人口問題研究所「人口統計資料集2006」

図184 未婚率の年齢別推移

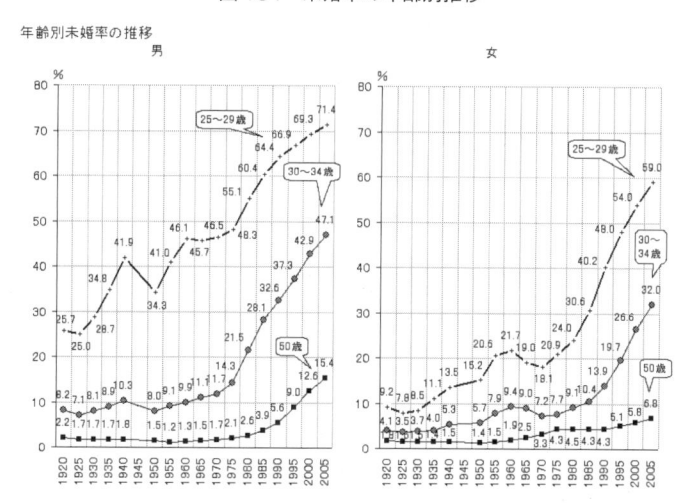

年齢別未婚率の推移　男　女

（注）50歳時の未婚率は「生涯未婚率」と呼ばれる。
（資料）国勢調査、人口統計資料集（社会保障・人口問題研究所）

- 153 -

図185 婚姻率と離婚率の推移

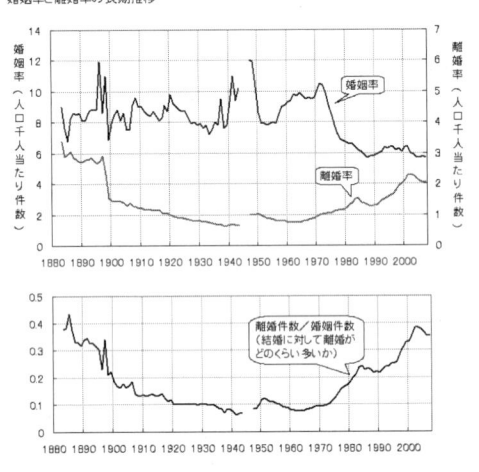

婚姻率と離婚率の長期推移

(注)最新年2007年は概数。
(資料)人口動態統計

図186 子供向け公的支出と出生率の関係

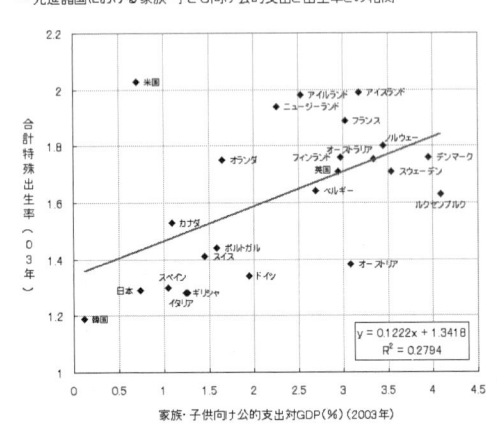

少子化対策と出生率
〜先進諸国における家族・子ども向け公的支出と出生率との相関〜

$y = 0.1222x + 1.3418$
$R^2 = 0.2794$

家族・子供向け公的支出対GDP(%)(2003年)

(注)対象は世銀定義によるOECD高所得国。公的支出は社会保険や税の支出。
　　家族・子供向け公的支出には児童手当などの他、出産手当、産休給付金などを含む。
(資料)世銀WDI、OECD (2007), Social Expenditure Database

図187 子供向け公的支出と出生率の国別推移

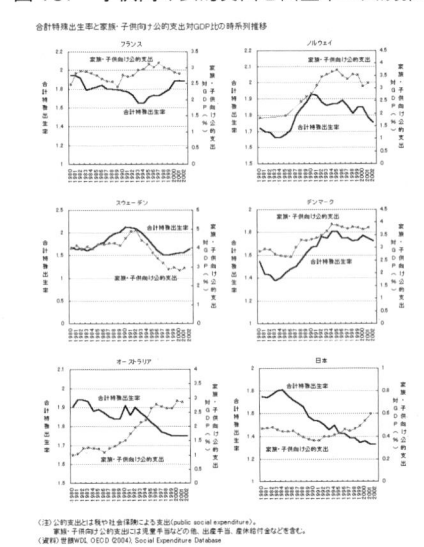

合計特殊出生率と家族・子供向け公的支出対GDP比の時系列推移

フランス　　ノルウェイ
スウェーデン　デンマーク
オーストラリア　日本

(注)公的支出には社会保険による支出(public social expenditure)。
　　家族・子供向け公的支出には児童手当などの他、出産手当、産休給付金などを含む。
(資料)世銀WDI、OECD (2004), Social Expenditure Database

図188 離婚率の国別推移

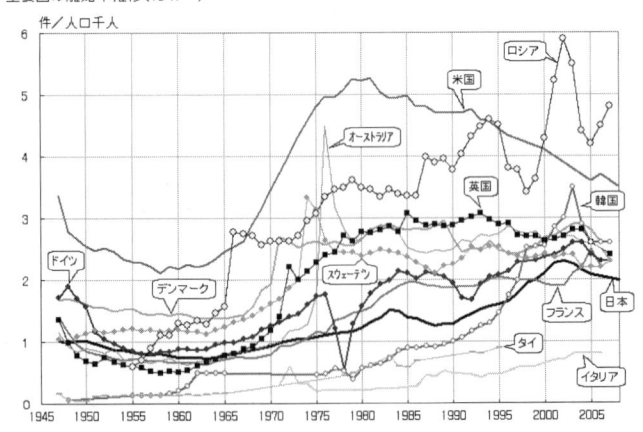

主要国の離婚率推移(1947〜)

件／人口千人

(注)ドイツの1990年までは旧西ドイツの数値である。英国の1970年まではイングランド・ウェールズの数値である。
　　ロシアの1986年までは旧ソビエト連邦の数値である。米国2000、05〜08は米国商務省推計
(資料)離婚に関する統計(平成21年度人口動態統計特殊報告)、Statistical Abstract of the United States 2010

図189 保育所数の推移

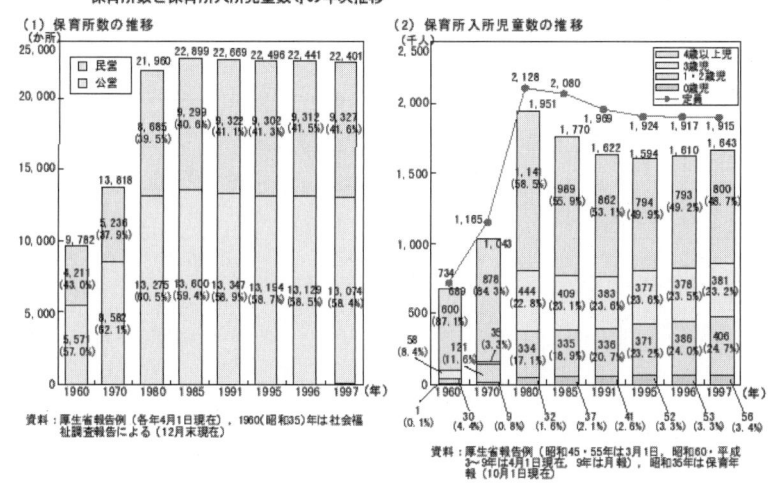

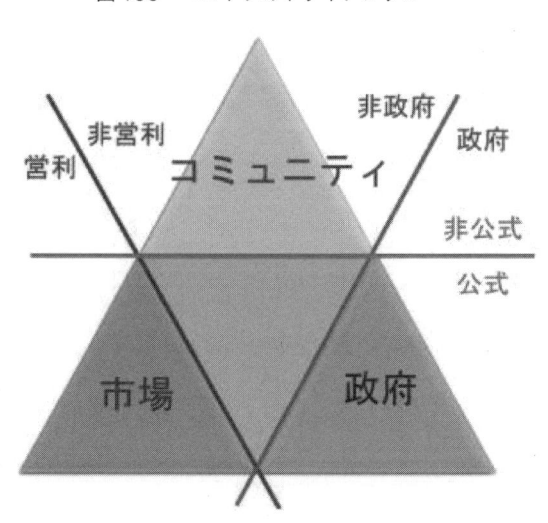

図191 政府支出GDP比の国別比較

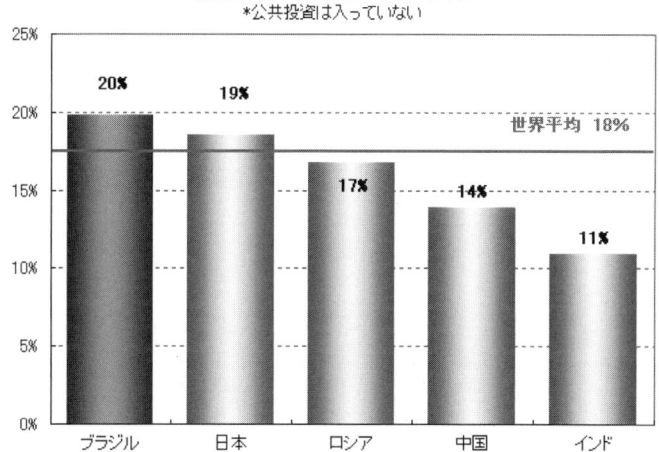

8 公務員改革

図190 ペストフのトライアングル

図192 財政規模と公務員数の関係

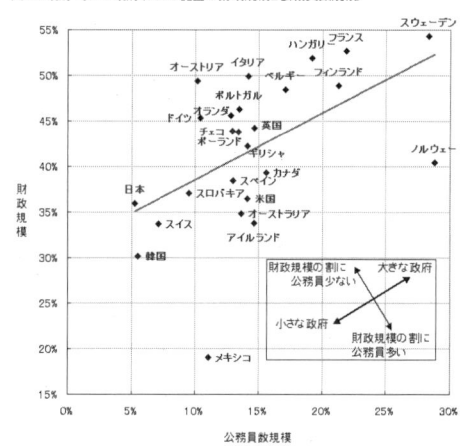

図193 労働人口に占める公務員割合の国別比較

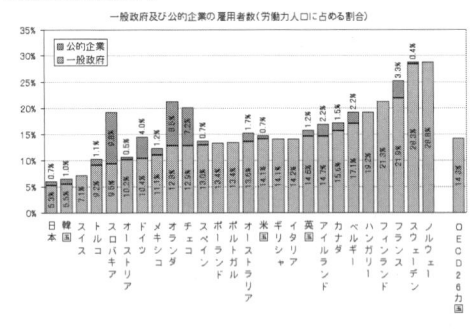

図194 人口千人当たりの公的部門における職員数の国別比較

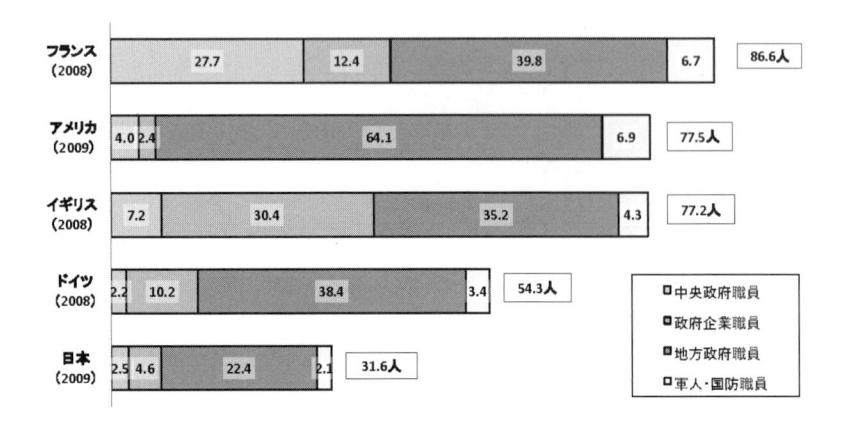

図195 省庁再編以降の国の行政組織職員数の推移

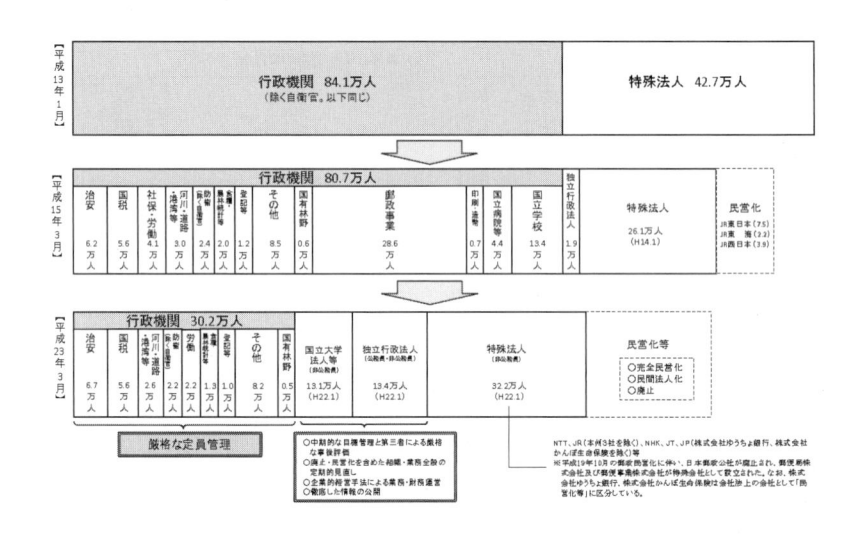

図196 地方公務員の団体別内訳

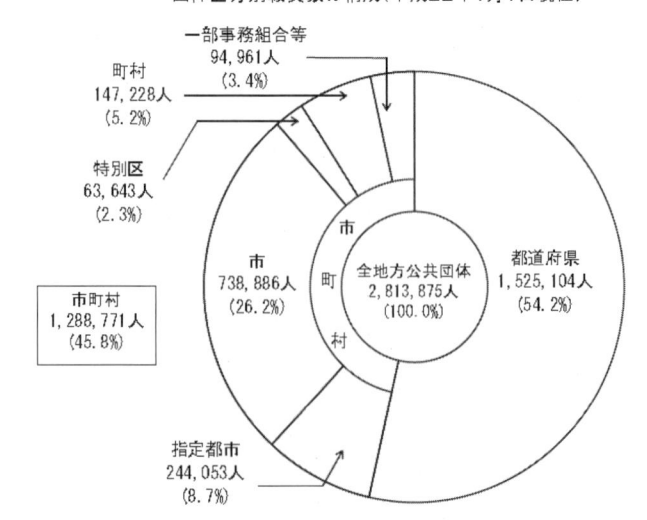

図197 地方公務員の職種別内訳

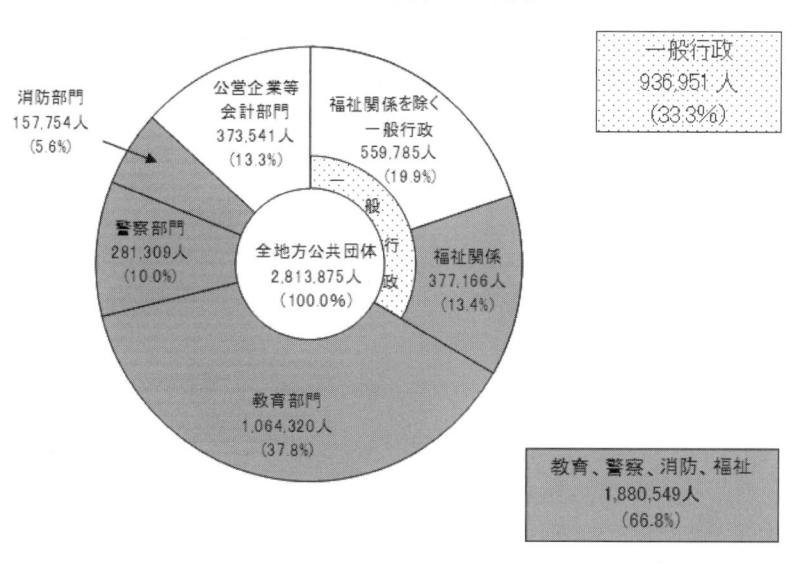

- 消防部門 157,754人 (5.6%)
- 公営企業等会計部門 373,541人 (13.3%)
- 福祉関係を除く一般行政 559,785人 (19.9%)
- 警察部門 281,309人 (10.0%)
- 福祉関係 377,166人 (13.4%)
- 教育部門 1,064,320人 (37.8%)
- 全地方公共団体 2,813,875人 (100.0%)

一般行政 936,951人 (33.3%)

教育、警察、消防、福祉 1,880,549人 (66.8%)

図198 都道府県職員の職種別内訳

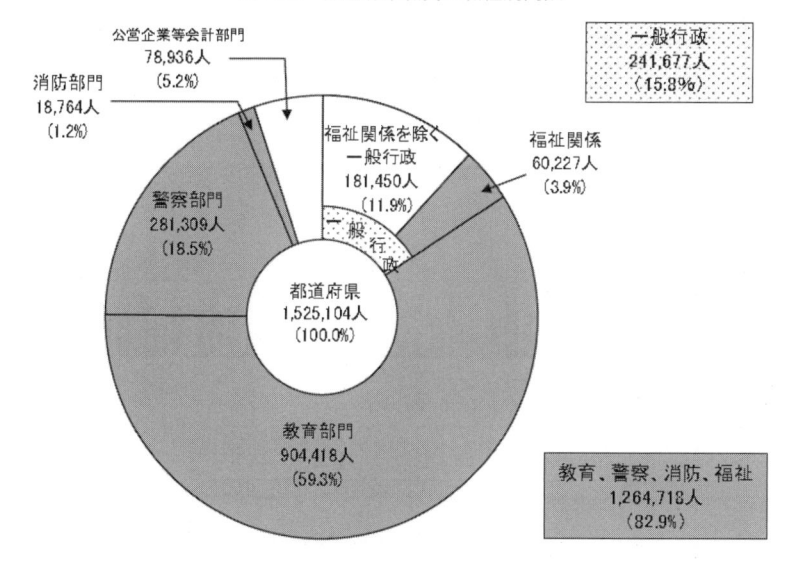

- 公営企業等会計部門 78,936人 (5.2%)
- 消防部門 18,764人 (1.2%)
- 警察部門 281,309人 (18.5%)
- 福祉関係を除く一般行政 181,450人 (11.9%)
- 福祉関係 60,227人 (3.9%)
- 教育部門 904,418人 (59.3%)
- 都道府県 1,525,104人 (100.0%)

一般行政 241,677人 (15.8%)

教育、警察、消防、福祉 1,264,718人 (82.9%)

図199 市町村職員の職種別内訳

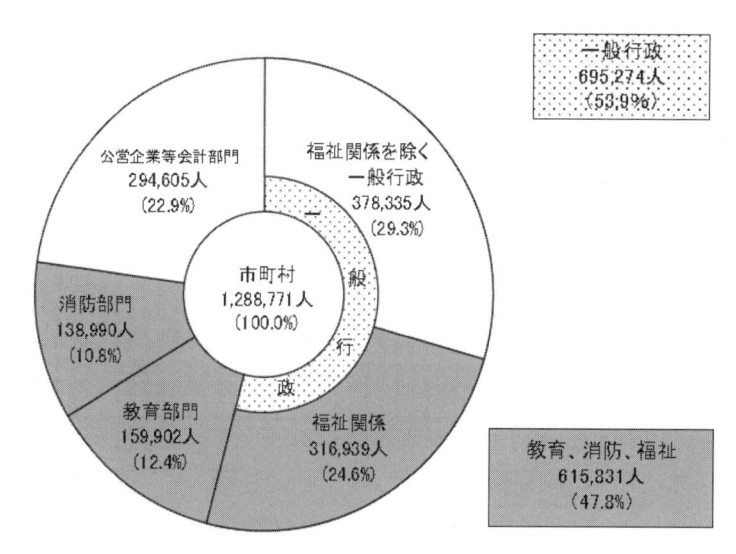

- 公営企業等会計部門 294,605人 (22.9%)
- 福祉関係を除く一般行政 378,335人 (29.3%)
- 消防部門 138,990人 (10.8%)
- 教育部門 159,902人 (12.4%)
- 福祉関係 316,939人 (24.6%)
- 市町村 1,288,771人 (100.0%)

一般行政 695,274人 (53.9%)

教育、消防、福祉 615,831人 (47.8%)

図200 国家公務員の出身大学

大学ランキング：国家公務員試験合格者数(2010年)

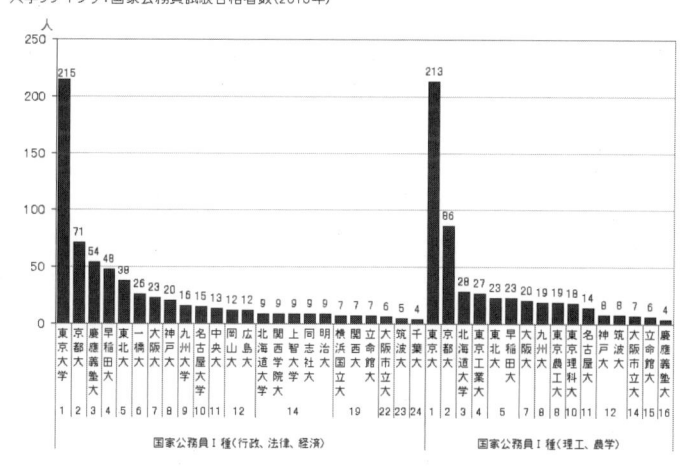

国家公務員Ⅰ種(行政、法律、経済)
1. 東京大学 215
2. 京都大 71
3. 慶應義塾大 54
4. 早稲田大 48
5. 東北大 39
6. 一橋大 26
7. 大阪大 23
8. 九州大 20
9. 名古屋大 15
10. 神戸大 13
11. 岡山大 12
12. 中央大 12
13. 広島大 9
14. 北海道大 9
14. 関西学院大 9
14. 上智大学院大 9
14. 同志社大 9
14. 明治大 9
19. 関西国立大 7
20. 横浜市立大 7
21. 立命館大 6
22. 大阪市立大 5
23. 筑波大 5
24. 千葉大 4

国家公務員Ⅰ種(理工、農学)
1. 東大 213
2. 京大 86
3. 北海道大 28
4. 東京工業大 27
5. 東北大 23
6. 早稲田大 23
7. 大阪大 20
8. 九州大 19
9. 東京農工大 19
10. 東京大 18
11. 筑波大 14
12. 名古屋大 8
13. 神戸大 8
14. 東京理科大 7
14. 大阪市立大 6
14. 立命館大 4
16. 慶應義塾大 4

(注)所管官庁の資料から作成
(資料)大学ランキング2012(週刊朝日進学MOOK)

9　外国社会保障

米　国

図201　米国の年金制度

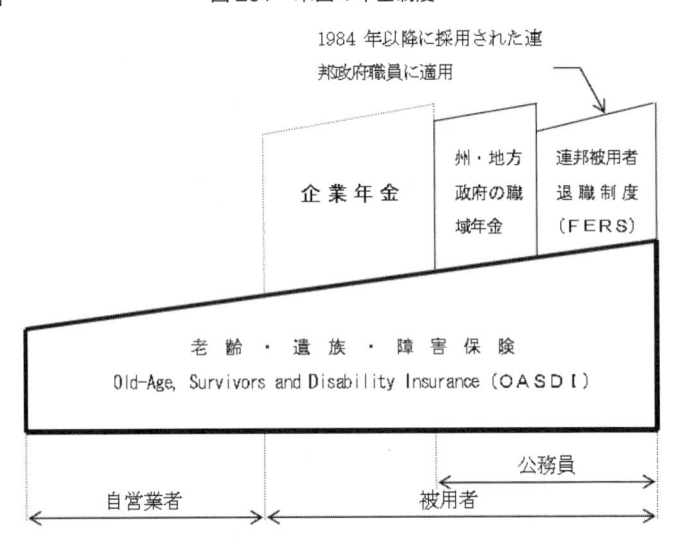

図202　米国におけるマネジドケア保険

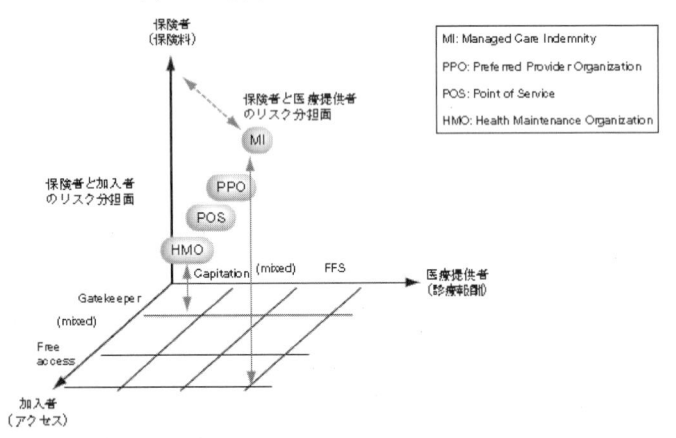

図203　米国歳出歳入内訳

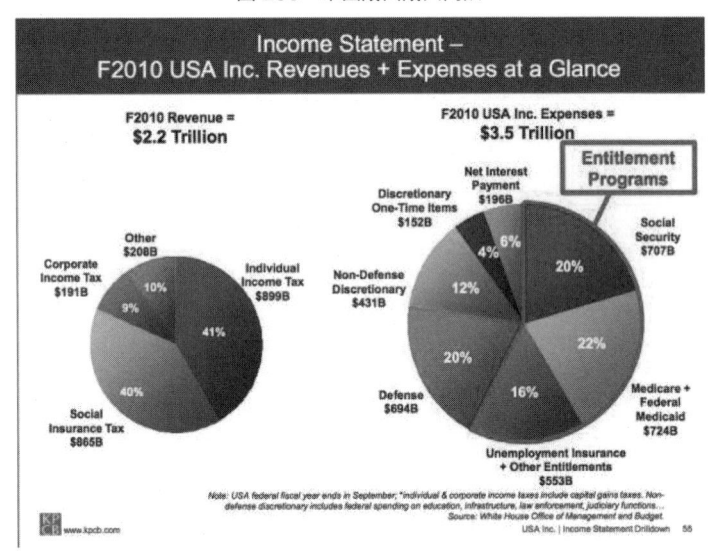

図204　米国連邦財政赤字の推移

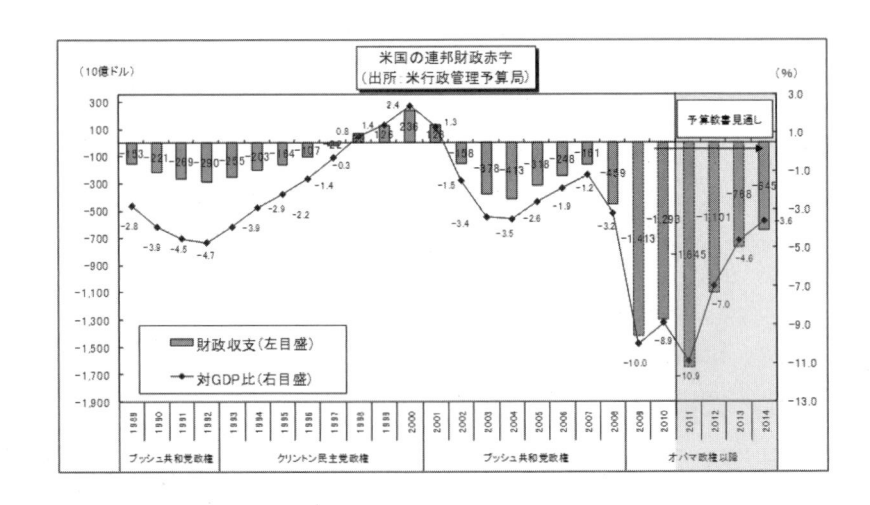

図205 米国債引受先の推移

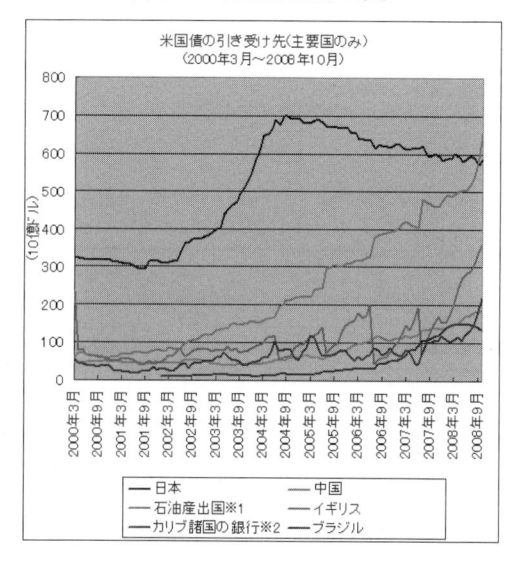

図206 ドイツの年金制度

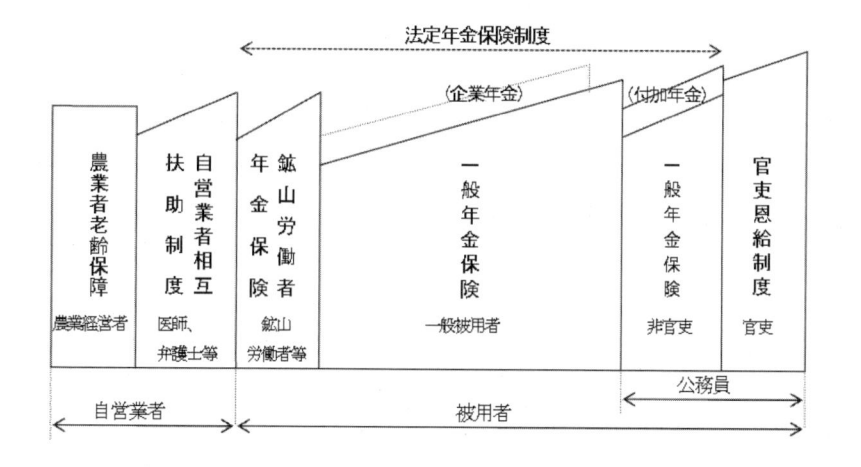

図207 スウェーデンの年金制度

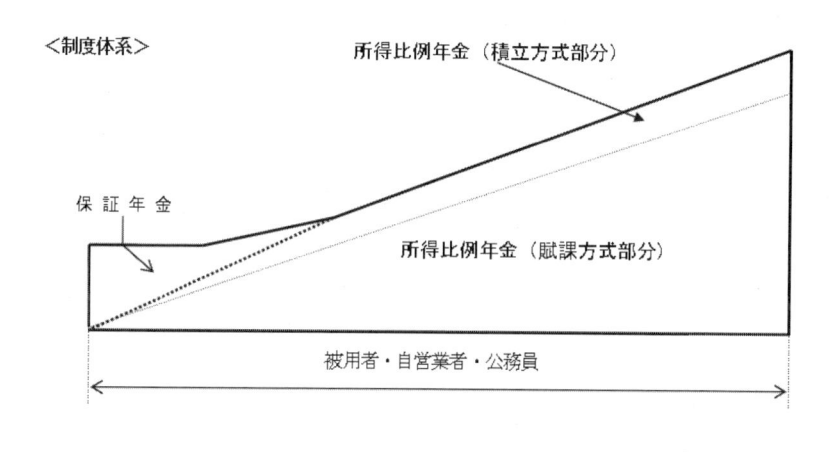

図208 世界のGDPに占める国・地域別シェアの推移

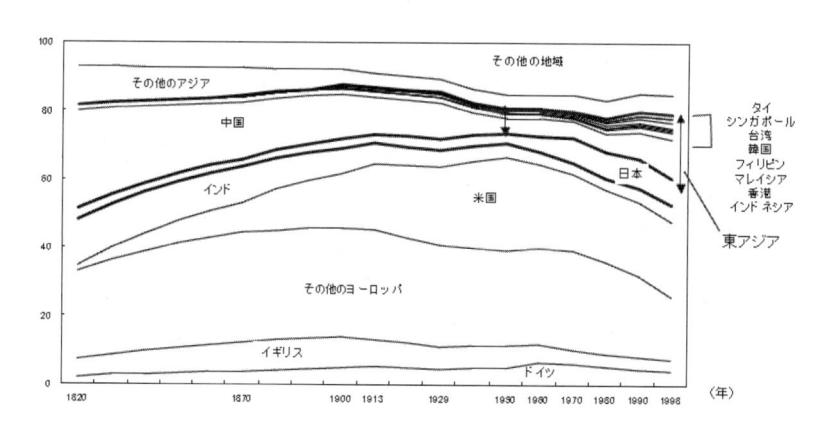

図209 中国の経済成長

**名目GDP推移
期間：1980年〜2016年
（2011〜2016年はIMF予想値）**

1992年10月
「社会主義市場経済の確立」を
共産党全国代表大会が決定

(出所：IMF「World Economic Outlook Database, April 2011」)

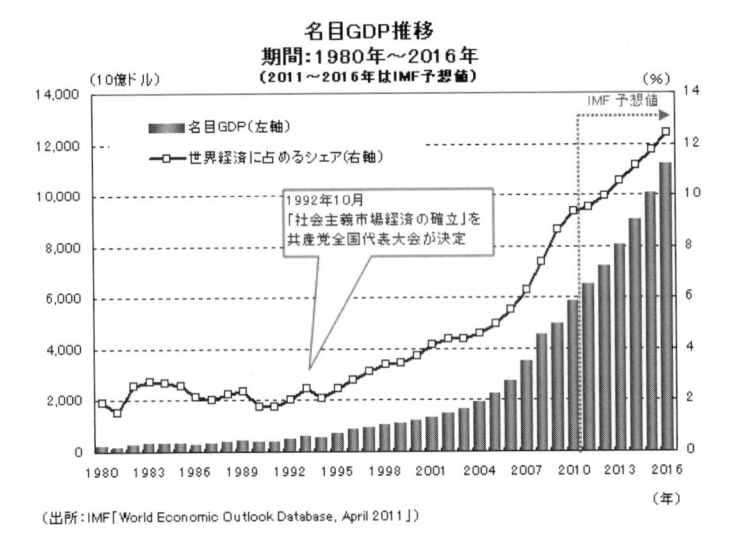

図210 中国の経常収支

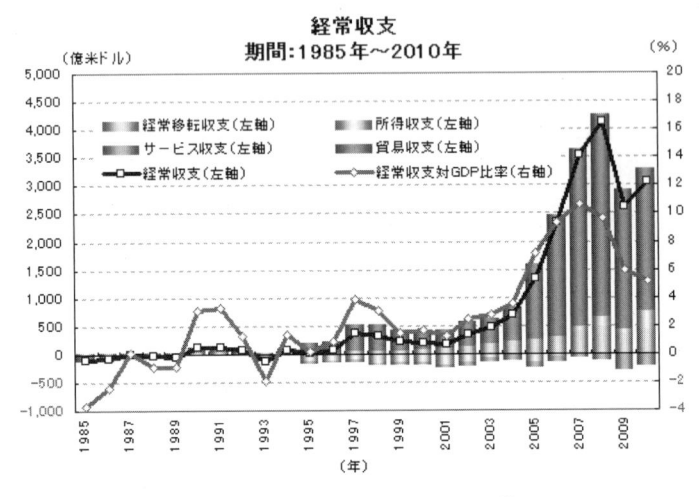

**経常収支
期間：1985年〜2010年**

経常移転収支（左軸）　　所得収支（左軸）
サービス収支（左軸）　　貿易収支（左軸）
経常収支（左軸）　　　　経常収支対GDP比率（右軸）

(出所：トムソンロイター、IMF「World Economic Outlook Database, April 2011」)

図211 中国社会保障の歴史

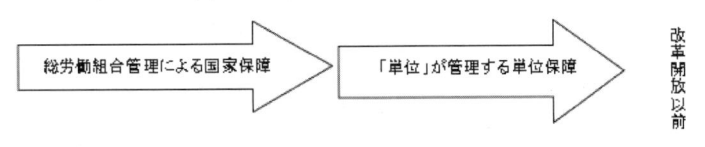

改革開放以前：
総労働組合管理による国家保障 → 「単位」が管理する単位保障

1951年〜69年：成立・調整段階　　1969−84年挫折・回復段階

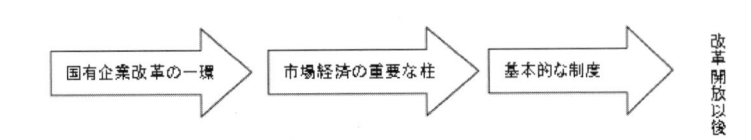

改革開放以後：
国有企業改革の一環 → 市場経済の重要な柱 → 基本的な制度

第一段階：1984−93　市場経済の確立
第二段階：1993−97　経済発展段階
第三段階：1998年〜現在　近代化、調和型社会

図212 中国新社会保険制度の概要

種類	根拠法規	財源（保険料）	給付内容	給付条件
養老年金保険	1997年7月16日、「企業の労働者・職員の統一された基本養老年金保険制度を確立することに関する決定」	・企業：月給総額の20％ ・個人：月給の8％	前年度地区平均月給の20％＋個人口座総額の120分の1	支給年齢　男性：60才　女性：50〜55才かつ保険料支払期間が15年を超える者
医療保険	1998年12月14日、「都市労働者・職員の基本医療保険制度の整備に関する国務院の決定」	企業：月給総額の6％ 個人：月給の2％	3段階　個人口座＝個人負担＋社会プール医療保険基金	社会プール医療保険金の支給の開始：個人負担は当該地区の平均賃金の10％を越えた部分。最高支給額：当該地区の平均賃金の400％
失業保険	1999年、1月22日、「失業保険条例」	企業：月給総額の2％ 個人：月給の1％	企業および本人の保険料の納付累計年数にしたがって、保険金： 1〜5年未満：最長12か月 5〜10年未満：最長18か月 ・10年：最長24か月	登録済み失業者2年を上回らない
生育保険	1994年12月1日「企業労働者・職員の生育保険の試行弁法」	企業：前年度の賃金総額の1％前後	産婦の出産に関する費用：診察費、検査費、出産費、手術費、入院費、薬代	一人子政策の遵守が前提
労災保険	2004年1月1日から実施する、「労災保険条例」	職業別、企業別の保険料率（事故率）によりランクづく	労災の医療費、看護費、身体障害者の弔慰金、一括的な補助金、身体障害者の補助器具代、葬儀費、遺族への弔慰金、死亡時の一括補助金	負傷、傷病　身体障害者に残る事故　労災による死亡事故　職業病

図211・212
出所：『公共研究』2巻2号
（千葉大学、2005年）

図213 中国の年金と医療

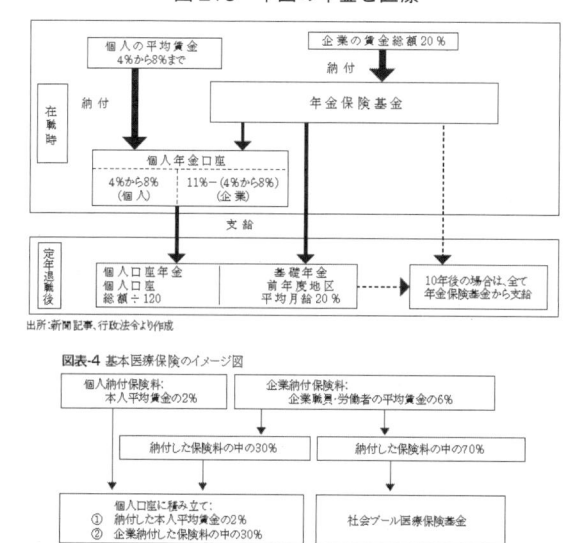

図表-4 基本医療保険のイメージ図

出所:『季刊家計経済研究』2003年春号（家計経済研究所）

図214 中国社会保険制度別カバー人口　単位：万人

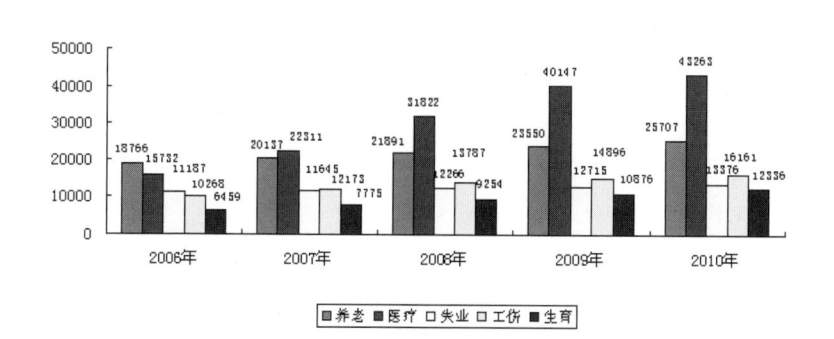

■养老　■医疗　□失业　□工伤　■生育

図215 中国共産党のピラミッド構造

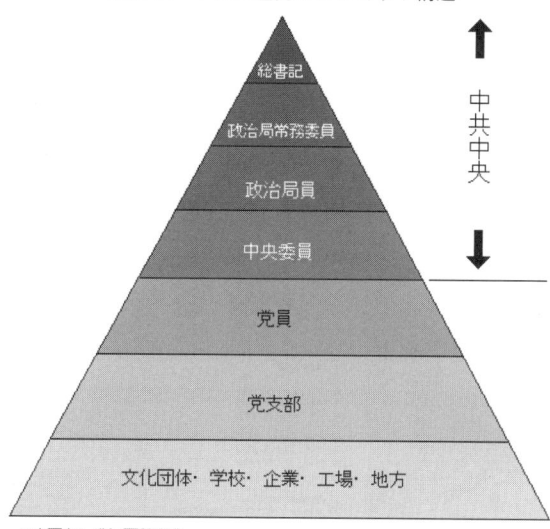

- 総書記
- 政治局常務委員
- 政治局員
- 中央委員
- 党員
- 党支部
- 文化団体・学校・企業・工場・地方

←中共中央→

©中国まるごと百科事典

図216 中国国家機構構成図

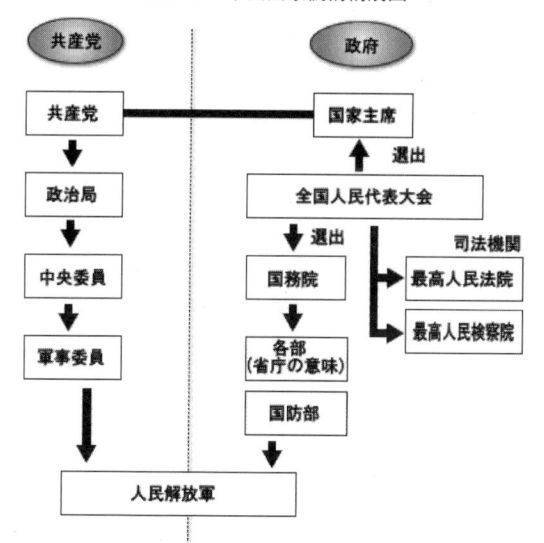

図217 社会保障協定の締結状況

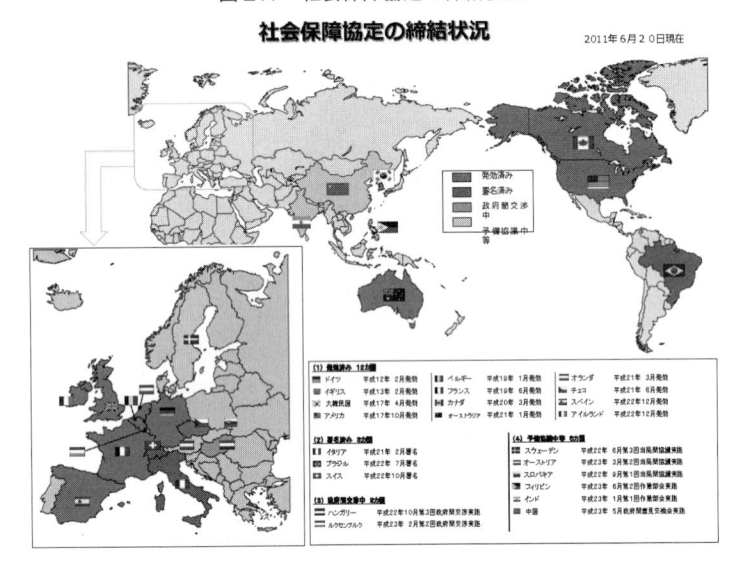

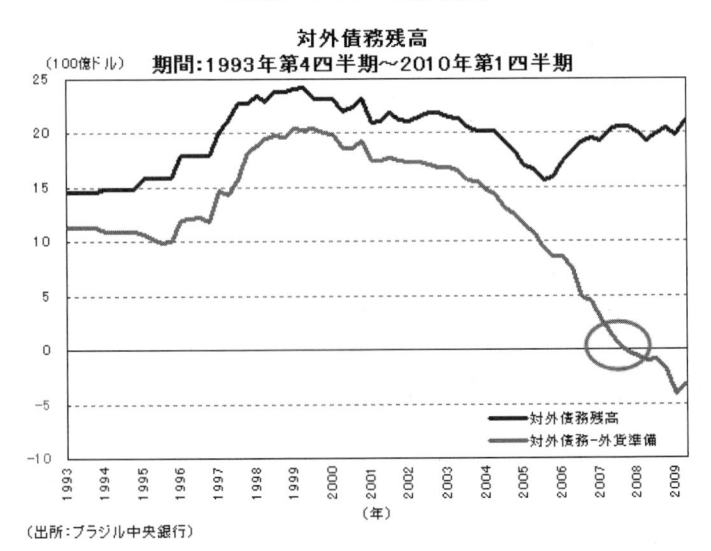

図218 ブラジルのインフレ終息状況

ラテンアメリカ

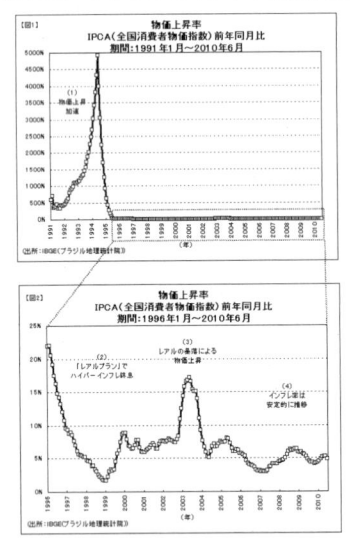

図219 ブラジルの貿易収支

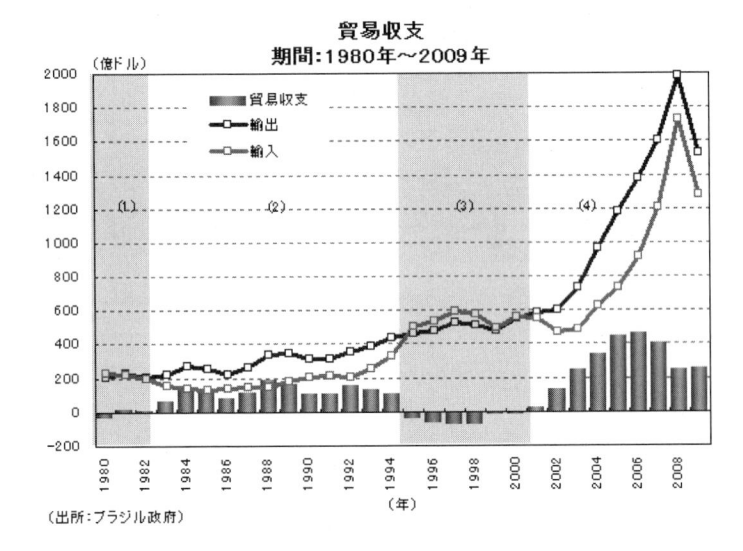

図220 ブラジルの対外債務

図221 ブラジルのインフレターゲット

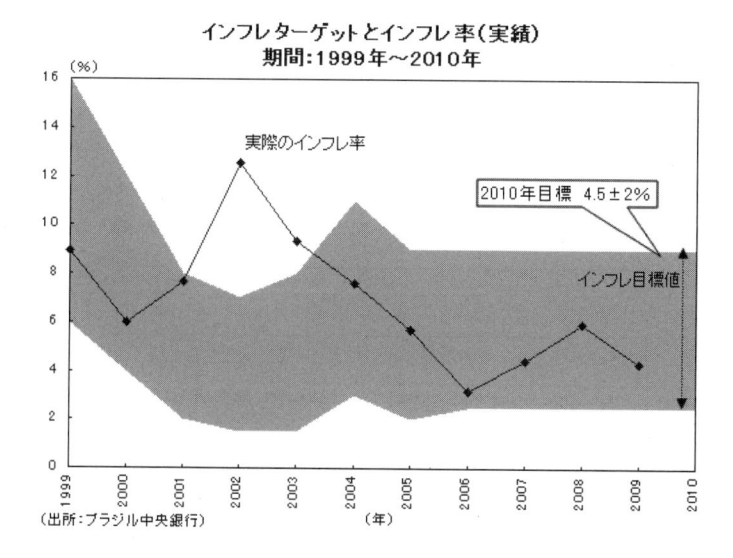

インフレターゲットとインフレ率(実績)
期間：1999年〜2010年

10 日本の三策

図222 消費税増税分の使い道

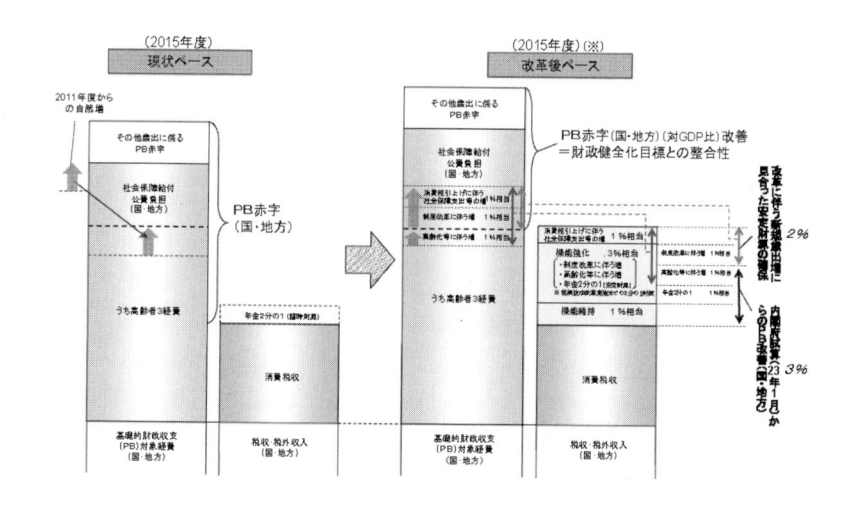

〈著者紹介〉

中江 章浩（なかえ・あきひろ）

1956年生まれ。東京大学法学部卒業。
1980年，厚生省（現厚生労働省）入省し，各局で社会保障行政の実務に携わる。この間，在伯サンパウロ領事館・国立医療病院管理研究所・WHO健康開発総合センターなどにも出向。
1996-1997年，ペルーの日本大使館人質事件において，救援チームの一員として日本から派遣され，大臣表彰。その後，官僚機構の限界を痛感して役所を飛び出す。
現在，帝京大学教授。

社会保障のイノベーション

2012（平成24）年3月23日　第1版第1刷発行
6509-5：P176　￥2000E-012-100-050

著 者	中 江 章 浩
発行者	今井 貴 稲葉文子
発行所	株式会社 信山社

〒113-0033　東京都文京区本郷6-2-9-102
Tel 03-3818-1019　Fax 03-3818-0344
info@shinzansha.co.jp
笠間才木支店　〒309-1611 茨城県笠間市笠間 515-3
笠間来栖支店　〒309-1625 茨城県笠間市来栖 2345-1
Tel 0296-71-0215　Fax 0296-72-5410
出版契約 2012-6509-5-01010 Printed in Japan

Ⓒ 中江章浩, 2012　印刷・製本／亜細亜印刷・渋谷文泉閣
ISBN978-4-7972-6509-5 C3332　分類328.652-c012 社会保障法

JCOPY　〈(社)出版者著作権管理機構 委託出版物〉
本書の無断複写は著作権法上での例外を除き禁じられています。複写される場合は，そのつど事前に，(社)出版者著作権管理機構（電話 03-3513-6969，FAX03-3513-6979，e-mail:info@jcopy.or.jp）の許諾を得てください。

信山社双書法学編

法学民法Ⅰ 総則・物権　平井一雄 著
法学民法Ⅱ 債権総論　平井一雄 著
法学民法Ⅲ 債権各論　平井一雄 著
法学民法Ⅳ 判例編　平井一雄・太矢一彦 著

法学刑法1 総　論　設楽裕文 編
法学刑法2 各　論　設楽裕文 編
法学刑法3 演習（総論）　設楽裕文 編
法学刑法4 演習（各論）　設楽裕文 編
法学刑法5 判例インデックス1000　設楽裕文 編

法学六法 '12

四六・並製・548頁　本体 1,000円（税別）

石川 明・池田真朗・宮島 司・三上威彦
大森正仁・三木浩一・小山 剛　編集代表

基本学習・携帯に便利な超薄型エントリー六法

定価 **1,050円**

―セールスポイント―

基本学習用に絞り込むことによる

・1,000円の価格設定による、購入の負担軽減。
・最薄型（13.9㎜）にすることで、ポケットに入る位の携帯性。
・2色刷り・ヨコ組みによる、見やすさ。

2012年度版より

・原子力基本法、動産債権譲渡特例法等を追加。
・事項索引の追加により、法令、条文へのアクセスが容易に。

標準六法 '12

四六・並製・1138頁　本体 1,280円（税別）

石川 明・池田真朗・宮島 司・三上威彦
大森正仁・三木浩一・小山 剛　編集代表

学部試験や大学院入試に最適六法!!

定価 **1,344円**